胡安源◎编著

湖南科学技术出版社

太极养生的道与术

胡安源解密太极养生的奥秘

U0784018

图书在版编目（CIP）数据

太极养生的道与术 胡安源解密太极养生的奥妙 / 胡安源编著. -- 长沙 ： 湖南
科学技术出版社，2019.1
ISBN 978-7-5357-9790-2

Ⅰ．①太… Ⅱ．①胡… Ⅲ．①太极拳－养生(中医)Ⅳ．①G852.11②R212

中国版本图书馆 CIP 数据核字(2018)第 076302 号

TAIJI YANGSHENG DE DAOYUSHU HUANYUAN JIEMI TAIJI YANGSHENG DE AOMIAO
太极养生的道与术　胡安源解密太极养生的奥妙
编　　著：胡安源
责任编辑：王跃军
出版发行：湖南科学技术出版社
社　　址：长沙市湘雅路 276 号
网　　址：http://www.hnstp.com
湖南科学技术出版社天猫旗舰店网址：
　　　　　http://hnkjcbs.tmall.com
印　　刷：长沙新湘诚印刷有限公司
　　　　　(印装质量问题请直接与本厂联系)
厂　　址：长沙市开福区伍家岭街道新码头 9 号
邮　　编：410008
版　　次：2019 年 1 月第 1 版
印　　次：2019 年 1 月第 1 次印刷
开　　本：710mm×1000mm　1/16
印　　张：19
字　　数：400000
书　　号：ISBN 978-7-5357-9790-2
定　　价：49.00 元

序 一

20世纪80年代，安源君在大学读书时曾跟我练过武术。一晃三十余年过去，当他把《太极养生的道与术》书稿交于我审阅时，我深感惊喜。

惊的是虽然知道他青少年时期就酷爱武术，但他所从事的学业和职业均与武术无关。然而，纵览全书，不仅是习练太极拳的感想与体会，也不仅仅是局限在一般的参悟与梳理，而是从传统文化中提炼的心得。太极拳已流传数百年，它将中华民族辩证的理论思维与武术、艺术、导引术、中医等完美结合，以中国传统儒、道哲学中的太极、阴阳辩证理念为核心思想，集颐养性情、强身健体、技击对抗等多种功能为一体，是高层次的人体文化。数百年来，太极拳论及研究文章数不胜数，且良莠不齐。安源君在博览群书的基础上，融会贯通，抽茧剥丝，将祖国医学、经络养生、运动理论、社会学等诸多学科集结一体，形成了具有从实践到理论研究高度的新成果，开辟了太极养生研究的先河。

喜的是在当前太极拳运动不仅风靡于国内，而且不断走向世界，焕发出勃勃生机之时，《太极养生的道与术》一书为太极拳的正确普及和推广做出了有益的贡献。太极拳作为一种包含东方包容理念的运动形式，其习练者针对意、气、形、神的锻炼，非常符合人体生理和心理的要求，对人类个体身心健康以及人类群体的和谐共处，有着极为重要的促进作用。但是，长期以来太极拳运动存在着神秘化、玄学化和简单化、体操化的两种极端倾向，造成或者玄妙无比、高深莫测，让人难窥蹊径、无法习练；或者等同于一般的肢体锻炼，达不到应有的健身养生效果。此书去粗取精、去伪存真，梳理了太极养生运动的正确路径，集科学性、大众性、实用性为一体，把太极拳的科学研究提升到一个新高度，是一部驱动、整合优秀传统文化与太极拳实践创新发展的大作。

通读了安源君的书稿，我感想颇多，其创作成果对弘扬优秀传统文化，打造健康中国、做健康人，推动全民健身活动的广泛开展，均具有较高的推广价值、实用价值，其社会意义是深远和重大的。祝贺《太极养生的道与术》一书早日出版。

李成银

2018 年 1 月于济南

作者为中国武术学会常委、武术九段、中国武术中青年学科带头人，资深教授、博士生导师。

序 二

　　胡安源君，山东淄博人氏。其师陈晋元与我同门，皆为北京陈式心意混元太极冯志强先师门下。

　　当今盛世，国力强大，传统文化复兴，而太极乃国学精粹之一。安源习拳有年，颇有心得，且博览群书，不辞辛苦，编著此《太极养生的道与术》，角度切合时人所需，乃为推广太极文化做了一件有益之事。其立意高远，结构庞大，内容广博，实为国内稀有的全面系统总结阐释太极养生之著述。

　　本人习练太极拳四十余年，从事太极拳教学三十余年，在此略谈一二心得。

　　太极拳是中国最古老的健身养生术之一，它融汇国学之精华，特别是《易经》、道教和《黄帝内经》之理，形成了独具汉民族特点的竞技和养生文化形态。

　　首先，太极拳来源于《周易》。《周易》的核心是阴阳理论和太极学说，它利用统一的、进化的、互补协调的观点对待万事万物。太极拳的创编者和后来继承者，正是在这种"太极阴阳"学说的指导下，来构思太极拳动作中的刚柔相济、开合相寓、虚实为根、快慢相间、内外兼修等一系列运动理论，以到达人体一系列对称的脏腑之间的平衡关系，以及通过稳定重心来增强人体劲力的随遇平衡的功能。

　　其次，太极拳内丹内转功法浓缩了道教养生术的精华。它以丹田运化为修炼核心，以气血、经络、津液畅通为宗旨，以运动锻炼内分泌、性腺为重点，通过"炼精化气、炼气化神"的过程，达到精、气、神三宝相凝聚及身心性命相平衡的目的。

　　再次，太极拳的螺旋缠丝运动和中医的经络学说完全契合。它要求拳式动作不论大小、快慢、开合都要走螺旋式的运动形式，使人体从腰和丹田到四梢，不论脏腑、肌肉、韧带、关节，从身体中枢，以致无微不至的毛细血管都在非顺即逆的反复旋转中运动，从而达到疏通经络的目的。

为养生而练太极者，多已过中年，身体或多或少已出现衰老甚至病痛之症状。太极养生乃长久而成，非一朝一夕可得。很多初学者习练一年了还没找到身体感觉，安源此书有助于读者在了解后树立信心，坚持下去。前人讲三年筑基，拳练人，重塑骨架结构，然后才到人练拳的阶段。从养生来说，拳架为导引，练拳不练功，到老一场空，功法对养生尤为重要。

希望喜爱太极的朋友们都能收获健康，延年益寿！

马广禄

2018年1月于深圳

作者为中国当代太极大师，陈式太极拳第十九代正宗传人，陈式心意混元太极拳第二世正宗传人，天津陈式太极拳专业委员会会长，香港陈式心意混元太极拳社名誉会长，香港警察总署特邀讲学武术指导，香港国术馆总会、香港中文大学高级讲学顾问，李嘉诚企业王朝（香港长江实业集团）高级私人教练。

前 言

　　人最宝贵的东西莫过于生命。生命是人生理的、心理的，物质的、精神上的一切事物的载体，如果丧失了生命，人生所获得的一切将成为虚有。然而，由于生老病死的自然规律，加上一些不可预测的因素，人的生命十分短暂，特别是在古代社会，由于生产力水平低下，营养和医疗水平十分有限，疾病、战乱、各种自然灾害更是时时威胁着人类，人的生命表现得异常脆弱和无常，上天赐予人最珍贵的礼物会在一瞬间被剥夺。

　　人生短暂，生命易逝，激起多少英雄豪杰、文人墨客的情思愁肠。"子在川上曰：逝者如斯夫，不舍昼夜"；庄子言"人生天地之间，如白驹过隙，忽然而已"；而曹操"对酒当歌，人生几何？譬如朝露，去日苦多"；《古诗十九首》中写到"人生寄一世，奄忽若飚尘"；苏轼"寄蜉蝣于天地，渺沧海之一粟。哀吾生之须臾，羡长江之无穷"……

　　正是出于对生命的珍爱，对延年益寿、长生久视，甚至羽化登仙的渴望，我国古人很早就发明了形式多样、各具千秋的养生方法。如诞生于2000多年前的《黄帝内经》开篇，黄帝就向岐伯请教养生之道。岐伯答曰："上古之人，其知道者，法于阴阳，和于术数，食饮有节，起居有常，不妄作劳，故能形与神俱，而尽终其天年，度百岁乃去。"并从养生延寿为切入点，系统论述了天人合一的养生之道和长寿之法，包括法于阴阳，和于术数，饮食有节，起居有常，不妄作劳，恬淡虚无、精神内守，虚邪贼风、避之有时等，最终达到"形体保养、形神共养、天人合一"的境界。

　　中国的医、道、儒、佛、武等诸家学说从不同的角度对养生进行了深刻的探索和实践，并相互渗透、融合，使养生文化灿烂多姿、异

太极养生的 道与术

彩纷呈，其中孜孜以求、最有成就的当属道教。道教乐生恶死，把长生久视、羽化登仙作为自己追求的终极目标。它从养生健身、延寿成仙的宗旨出发，全面继承和发展了中华传统诸家的各种炼养方法，并吸取外来佛教、印度养生学的精华，形成了自家多渠道、多层次的养生体系，包括导引按摩、吐纳行气、意念修炼、辟谷断食、内丹周天、滋补服食、香汤沐浴、起居摄生、房中养生、指印符咒等十大类，具有动静兼备、内外结合的特点，较之以治病为根本宗旨的医家以及以"技"为根本宗旨的武术气功，道教气功更富高层次的功法及精深系统的理论。在中国古代的佛、道、医、儒、武等诸家中，道教被公认为最擅长于养生。以儒治世，以佛治心，以道治身，并被许多封建帝王奉为教条。

以太极拳为主体的太极养生是中国传统武术和传统养生学中的瑰宝。它运用无极和太极的理论观及阴阳五行学说、八卦演变之法，结合人体内外运行之规律和中医学中的经络学说、道教内丹修炼之法，而形成了刚柔相济、动静相间的竞技和养生特点，是武与道的完美结合。目前，太极养生运动不仅风靡国内，而且走向世界，传播到世界各地，渐成时尚。粗略估计，全世界习练太极拳的有两亿多人，堪称养生方式之最。这门古老的技艺正在造福全人类，绽放出更加夺目的光彩。

从古至今，虽然论述太极拳及太极养生的文章和专著已有很多，但是系统阐释太极养生体系和内涵的著作还十分鲜见。本书从养生学的角度较为系统地梳理了太极养生的文化内涵、理论渊源和实践功法，既全面归纳总结了具有指导性的太极养生理论，又精选提炼出具体、经典和实用的养生功法，特别是融各派太极拳学说之长，深入探讨太极养生的实质和应用。本书文字深入浅出、通俗易懂，内容丰富翔实、易于学练，为每个太极拳爱好者通晓太极养生真谛、掌握养生知识提供了直接有效的方法和途径。

胡安源

甲午年立秋

目 录

上篇　养生：跨越时空的永恒追求

第一章　翻开生命的底牌 ·················· 2

第一节　人的"寿命在天"吗 ·················· 2

第二节　人的寿命到底有多长 ·················· 4

第三节　谁偷走了你的阳寿 ·················· 7

第四节　人究竟是怎么衰老的 ·················· 11

第二章　中医养生：天人合一的艺术结晶 ·········· 16

第一节　通则不痛　痛则不通 ·················· 19

　　　　——明经识穴，打通健康主航道

第二节　龙生九子　各有不同 ·················· 48

　　　　——识别体质，让身体春暖花开

第三节　法于阴阳　和于术数 ·················· 59

　　　　——顺时调养，天人合一通正道

第三章　道教养生：仙道贵生的不懈探索 ·········· 72

第一节　功法养生：户枢不蠹　流水不腐 ·········· 75

目

录

1

第二节　内丹养生：脱胎换骨　致道成仙 ················· 78

中篇　太极养生之道

第四章　一阴一阳之谓"道"　············· 94
——"太极"之源流

第五章　明天理之根源　究万物之始终　················· 97
——天下第一图：太极图

第一节　周敦颐《太极图（说）》　················· 97
第二节　周子太极图与太极拳理论 ················· 103
第三节　古太极图 ················· 105

第六章　手捧太极震寰宇　胸怀绝技压群英 ············· 108
——至理名作太极拳

第一节　太极拳的起源 ················· 108
第二节　太极拳的流派 ················· 114
第三节　太极拳理论思想 ················· 131

第七章　详推用意终何在　延年益寿不老春 ············· 136
——太极拳的养生原理

第一节　太极拳与"天人合一"思想 ················· 136
第二节　太极拳与阴阳学说 ················· 138
第三节　太极拳与中医经络理论 ················· 143

第四节 太极拳与传统"养气"观念 ·················· 144

第五节 太极拳与五行之道 ·················· 146

第六节 太极拳与道教内丹养生功法 ·················· 147

第八章 太极行健 ·················· 149

——太极拳的养生效用

第一节 太极拳的主要运动效用 ·················· 149

第二节 太极拳运动对身体各功能的影响 ·················· 153

第三节 太极拳运动的疾病防治功能 ·················· 157

下篇 太极养生之术

第九章 松静：太极养生之魂 ·················· 170

第一节 人人一太极 ·················· 170

　　——太极养生之放松原理

第二节 松开—松沉—柔顺 ·················· 171

　　——太极养生放松三阶段

第三节 "九松""十要""一轻灵" ·················· 175

　　——太极养生放松要诀

第四节 内固精神 独立守神 外示安逸 气定神闲 ·················· 181

　　——太极养生对"三盘"的松柔要求

第五节 至虚中生神 至静中生气 ·················· 185

　　——太极养生入静三阶段

第十章 呼吸：太极养生之引 …………………… 188

第一节 真气从之 病安从来 ………………………… 188

　　——"气"的分类

第二节 能呼吸 然后能灵活 ………………………… 190

　　——太极养生呼吸三阶段

第三节 内练一口气 外练筋骨皮 ………………… 195

　　——太极养生呼吸规律

第四节 拿住丹田练内功 哼哈二气妙无穷 ………… 197

　　——太极养生丹田内气训练法

第十一章 桩功：太极养生之基 ………………… 207

第一节 久练不如一站 ……………………………… 207

　　——桩功的分类

第二节 调神 调息 调形 …………………………… 208

　　——太极桩功三要素

第三节 提挈天地 把握阴阳 呼吸精气

　　独立守神 肌肉若一 …………………………… 212

　　——几种太极养生桩功简介

第十二章 拳架：太极养生之体 ………………… 222

第一节 舍去双手满身都是手 ……………………… 222

　　——太极手的修炼

第二节 "其根在脚" ……………………………… 226

　　——太极脚的修炼

太极养生的道与术

第三节 上下九节动 节节腰中发 ·················· 229

    ——太极腰裆胯的修炼

第四节 行气如九曲珠 运劲如百炼钢 ·················· 235

    ——太极拳架的修炼

目
录

上篇

养生：跨越时空的永恒追求

第一章 翻开生命的底牌

 ## 第一节 人的"寿命在天"吗

受各种因素的影响，人的寿命各不相同并难以预料，有的人昨天还生龙活虎，今天却猝死离世，可谓人生无常，吉凶难料。因此，从古至今就盛行"寿命在天"的观念。那么事实是否如此？

我国古代《孔子家语》一书中早就说过："人有三死，而非命也，己自取也。夫寝处不时，饮食不节，逸劳过度者，疾共杀之。"意思是说，有三种情况能加速人的死亡，即睡眠、饮食、劳累，而不是命运注定。

东汉著名的政治家曹操在《龟虽寿》中言："神龟虽寿，犹有竟时。腾蛇乘雾，终为土灰。老骥伏枥，志在千里。烈士暮年，壮心不已。盈缩之期，不但在天；养怡之福，可得永年。"其意在告诫人们，有志之人，虽然知道人寿有限，但是，绝不可相信成败寿夭全由天定。从现代科学的角度来看，人的寿命仅仅是指由生到死的时间概念。人出生后，带着先天的遗传因素，经历社会因素的洗礼、生物因素的干扰、特殊情况的遭遇等，使人的寿命不尽相同，人的寿命长短也不可能由先天的遗传因素决定。

世界上，只有人类才有可能改造影响寿命的外界环境，其他任何自然条件，只不过是人的机遇而已，如发展社会生产力，加快科技发展，改善生活条件，提高福利待遇，增强战胜各种疾病的能力等，都要靠人的力量，以延长人类的寿命。从某种意义上说，寿命应该是"由人注定"的。

名家鉴赏

庄子的那棵长生树

庄子，战国时期的著名哲学家。所著《庄子》（又名《南华经》）

不仅创新和发展了道家的理论体系，而且在养生学方面亦有很高的造诣。

《庄子·逍遥游》云："上古有大椿者，以八千岁为春，八千岁为秋。"那时，我们的祖先只把一年分为春秋两季，也就是说，这个大椿是以 16000 年为"一年"。树是如此，人又如何养生长寿呢？

一、顺应自然，缘督为经

庄子提倡顺应自然的养生之道。《庄子·养生主》中曰："缘督以为经，可以保身，可以全生，可以养亲，可以尽年。"督脉居人身之中，不偏不倚，以此作为行事的准则，自然可以健康长寿，颐养"天年"。随之，庄子以"庖丁解牛"的故事来阐明这个观点。

二、虚静恬淡，忘我无欲

养生重在养神，养神须做到"清静无为"，须"忘我"，而"无欲"则是"忘我"的前提。《庚桑楚》篇中认为：贵、富、显、严、名、利六者，容易扰乱人的意志；容、动、色、理、气、意六者，容易束缚人的心灵；恶、欲、喜、怒、哀、乐六者，容易影响人的品德；去、就、取、予、知、能六者，容易阻碍人的大道。"此四六者，不荡胸中则正，正则静，静则明，明则虚，虚则无为而不为也。"这是说，此 24 种内容不在胸中作怪，内心平正就能安静，安静就能明彻，明彻就能顺应自然。《天地》篇中还指出：五色乱目，五声乱耳，五臭薰鼻，五味浊口，五曰趣舍滑心，此五者，皆生之害也。只有去掉"四六"，除去"五害"，才能达到"忘我"的境地。

三、导引吐纳，动静结合

庄子崇尚像彭祖那样导引吐纳、动静结合的养生方法。《刻意》中曰："吹呴呼吸，吐故纳新，熊经鸟申，为寿而已矣；此导引之士，养形之人，彭祖寿考者之所好也。""形劳而不休则弊，精用而不已则竭。"所以，把形体锻炼与精神调养有机地结合起来，这样可以使"静而与阴同德，动而与阳同波"，与阴同德，就像大地一样，厚德载物；与阳同波，就像九天之上，自强不息。动静之间，营卫周流，气血无郁，何患之有！

四、乐观豁达，节制食色

《盗跖》篇云："人上寿百岁，中寿八十，下寿六十，除病瘐死丧忧患，其中开口大笑者，一月之中不过四五日而已矣。"庄子形象地比喻道：生活在草泽中的野鸡，走十步才啄到一口食，走百步才饮到一口水，逍遥自得，乐观无比，因之得以保生；而养在笼中的鸟儿，神态虽然旺盛，饮食虽然充实，但意志消沉，不得自乐，因之难以全生。庄子主张安居处，节色欲，定食饮。《胠箧》篇云："甘其食，美其服，乐其俗，安其居。"

庄子过着十分简朴的生活，对生与死却有着直面的认识。他的妻子去世，惠子来吊丧，看到庄子随意而坐，还敲着盆子唱歌，惠子指责他为什么不哭而歌？庄子坦淡地说：她刚刚离世，我怎能不悲伤呢？可是想到她起初本没有生命，没有形体，还没有气息。在恍恍惚惚之间变化而有了气息，气息幻化出了形体，形体生成了生命。如今又变成了死亡，如同春夏秋冬一样。我鼓盆而歌，是欢送妻子重新回归自然，所以我不哭。这种面对生与死洒脱的态度，乃是对生命的尊重和理解。

 第二节　人的寿命到底有多长

人的寿命究竟有多长？几千年来，这个富有吸引力的话题牵挂着千千万万人的心，问卦、算命、求神拜佛、祷告上帝……花样之多，无奇不有。

中医学将人的自然寿命活到的岁数称为"天年"。《素问·上古天真论》中曰："尽终其天年，度百岁乃去。"《尚书》提出"一曰寿，百二十岁也"，即人活到 120 岁，才是应该的岁数。大哲学家王充提出："百岁之寿，盖人年之正数也。犹物至秋而死，物命之正期也。"晋代著名养生家嵇康认为，"上寿"可达百二十，"古今所同"。据上述记载，中医学认为人的自然寿命应该是 100 ～ 120 岁。

那么，现代科学又是怎么认识"天命"的呢？

第一种计算寿命的方法，是科学家巴风根据"动物凡生长期长的，寿命也长"这一理论提出的"寿命系数"，即哺乳动物的寿命应当为其生长期的 5 ～ 7 倍。例如，狗的生长期为两年，其寿命是 10 ～ 15 年；牛的生长期为 4 年，其寿命是 20 ～ 30 年，骆驼的生长期为 8 年，其寿命是 40 年。按照这个规律计算，人的生长期为 20 ～ 25 年，其自然寿命则应为 100 ～ 170 岁。

第二种观点，是英国学者海尔弗利提出的，他认为把动物细胞分裂的次数和周期相乘即为其自然寿命。小鼠细胞的分裂次数是 12 次，分裂周期为 3 个月，其寿命应为 3 年；而人的细胞分裂次数为 50 次，分裂的周期大约是 2.4 年，照此计算，人的寿命应为 120 岁。

第三种观点，是根据哺乳类动物的性成熟期来推算寿命。最高寿命相当于性成熟期的 8 ～ 10 倍，而人类的性成熟期是 13 ～ 15 岁，据此推测人类的自然寿命应该是 110 ～ 150 岁。

以上 3 种推算方式虽然不尽相同，但无论哪种推算方法，其结果都表明，人的寿命都应该在百岁之上。

事实上，古今中外活到百岁的长寿老人不乏记载，活到 150 岁以上的也不罕见。以长寿著名的保加利亚，百岁以上的老人有 426 人，即 10 万人中有 5.2 人是长寿老人。广西巴马瑶族自治县是现在我国最有名的长寿地区，百岁以上的老人，10 万人中就有 11 人；90 岁以上的老人，10 万人中就有 137 人。这说明，人的自然寿命为 120 岁左右是可信的。

重温经典

千古奇书——《黄帝内经》

《黄帝内经》《易经》和《道德经》称为我国古代三大奇书。《黄帝内经》是集哲学、医学及民族智慧、情感、灵魂于一体的生命巨著，是一部传诵千秋、惠泽百世的盛典。

概括而言，它具有三个"第一"的价值。①它是第一部中医理论经典。这部著作第一次系统讲述了人的生理、病理、疾病、治疗的原则和方法，为我国古代劳动人民健康做出了巨大贡献。②它是第一部养生宝典。该书汇集了先秦时期的各种养生观点，全面探讨了养生之道，系统、深刻地提出了养生三境界——"形体保养，形神共养，天人合一"和7种养生法则——"法于阴阳，和于术数，饮食有节，起居有常，不妄作劳，恬淡虚无、精神内守，虚邪贼风、避之有时"以及"治未病"的养生思想。③它更是第一部关于生命的百科全书。本书从医学、天文学、地理学、心理学、社会学，以及哲学、历史等角度，围绕生命问题展开了详细的论述。

《黄帝内经》分为《素问》和《灵枢》两部分。《素问》重点论述了脏腑、经络、病因、病机、病证、诊法、治疗原则以及针灸等内容。《灵枢》是《素问》不可分割的姊妹篇，内容与之大体相同。除了论述脏腑功能、病因、病机之外，还重点阐述了经络腧穴、针具、刺法及治疗原则等。

《黄帝内经》基本精神及主要内容包括：整体观念、阴阳五行、藏象经络、病因病机、诊法治则、预防养生和运气学说，等等。"整体观念"强调人体本身与自然界是一个整体，同时人体结构和各个部分都是彼此联系的。"阴阳五行"是用来说明事物之间对立统一关系的理论。"藏象经络"是以研究人体五脏六腑、十二经脉、奇经八脉等生理功能、病理变化及相互关系为主要内容的。"病因病机"阐述了各种致病因素作用于人体后是否发病以及疾病发生和变化的内在机理。"诊法治则"是中医认识和治疗疾病的基本原则。"预防养生"系统地阐述了中医的养生学说，是养生防病经验的重要总结。"运气学说"研究自然界气候对人体生理、病理的影响，并以此为依据，指导人们趋利避害。

《黄帝内经》为古代医者托黄帝之名所作，其具体作者已不可考。总而言之，《黄帝内经》非出自一人之手，其笔之于书，应为战国时期，其个别篇章成于两汉时期。

第三节　谁偷走了你的阳寿

从古至今，有的人能够跨越古稀，甚至终享天年，有的人却命如纸薄，英年早逝，那么，影响人类寿命的主要因素是什么？早在两千年前，《黄帝内经》就探讨了这一问题。

黄帝问于岐伯说："我想了解一下人在生命开始时，是以什么作为基础？以什么作为捍卫呢？损失了什么就要死亡？得到了什么才能生存？"岐伯说："以母亲的血为基础，以父亲的精为卫外功能，由父精母血结合而产生神气，失神气就会死亡，有了神气才能维持生命。"

黄帝问："什么是神气呢？"岐伯说："当人体血气和调，营气、卫气运行通畅，五脏形成之后，神气藏之于心，魂魄也都具备了，才能成为一个健全的人体。"

黄帝说："人的寿命长短各不相同，有中途夭亡的，有年老长寿的，有猝然离世的，有的患病很久，希望听听它的道理。"岐伯说："如果五脏强健，血脉调顺，肌肉之间通利无滞，皮肤固密，营卫的运行不失其常度，呼吸均匀徐缓，全身之气有规律地运行，六腑也能正常地消化饮食，使精微、津液能敷布周身，以营养人体，各脏腑功能正常，就能够使生命维持长久而多寿。"

黄帝说："有些人可活到百岁而终，怎样才会达到这样的长寿呢？"岐伯说："长寿之人，其鼻孔和人中深邃而长，面部的骨骼高厚而方正，营卫的循行通调无阻，面部的三庭耸起而不平陷，肌肉丰满，骨骼高起，这种壮健的形体，是能活到百岁而终的天年象征。"

黄帝说："有人不能活到应该活到的岁数而死亡，这是为什么呢？"岐伯说："不能长寿的人，是他的五脏不坚固，鼻孔和人中沟不深邃，鼻孔向外开张着，呼吸急促疾速，或者面部之骨骼瘦小，脉管薄弱，脉中血少而不充盈，肌肉不坚实，肌腠松弛，再屡被风寒侵袭，血气更虚，血脉不通利，外邪就易于侵入，与真气相攻，真气败乱，促使其中年而终。"

现代医学认为，人的衰老是极其复杂的整体性退化过程，是很多因素共同作用的结果，但不外乎先天性（内因）后天性（外因）两方面。具体来说，也就是包括遗传、性别、性格，以及疾病、生活环境、生活方式（诸如饮食、营养、运动、爱好）等方面因素的影响。

一、遗传因素

遗传是生物种族的本质特性。人的遗传因素对人体的衰老进展有着重大影响，不论是在人的生理体质或者心理素质的形成上，遗传因素均奠定了重要的基础，这就成为衰老的内因。在长寿人口调查中，遗传与优生对长寿的影响尤为显著，无数资料表明，百岁老人有长寿家族史者居多。

二、性格因素

性格是人类特有的心理要素。据调查显示，长寿者性格开朗、心胸开阔、精神愉快、坚强乐观。

三、疾病因素

疾病可能会使人未老先衰，成为影响人类自然寿命的重要因素。在人的一生中，疾病是不可避免的，即使是老寿星，也很少无疾而终，而且，患有慢性病的人最终成为长寿者的也不乏其人。比如，已故的英国政治家温斯顿·丘吉尔，在10岁左右时曾"骨瘦如柴疾病缠身"，但却以91岁的高龄度过了自己的一生。可见，疾病虽然是影响寿命的重要因素，但并不是唯一的因素。关键还在于自身的保养锻炼。

四、生态环境

生态环境与衰老的关系，很早就引起了人们的关注。《黄帝内经》中曾有言："一州之气，生死寿夭不同，地势使势然也……高者其气寿，下者其气夭。"说明古代人已认识到地势高低与寿命相关。

据统计，现代工业发达国家的城市人的寿命，一般要比农村人的寿命少5年左右，这可能与城市工业的"三废"污染、噪声干扰等因素有关。科学家还发现，山区、农村的空气中，含有对长寿者有益的阴离子。这些均提示人们，在优美而又无污染的环境中生活，也是长寿的一个重要条件。

五、营养因素

人的生长、发育与生命活动，需要足够的营养物质和能量；人体抵抗疾病、从事各种活动，也需要丰富的营养物质；到了老年，衰老的机体更需要选择食用一些优质蛋白质。所以，生命活动的每一瞬间，都离不开一定量的营养物质，长期处于营养不良状态的人很容易提前衰老。但是，如果摄取营养过剩，也会使人体能量代谢失去平衡、导致肥胖症、高脂血症、高血压、冠心病、糖尿病等疾病的发生，使人面临衰老的巨大威胁。所以，只有合理、平衡的营养才有益于健康长寿。

六、运动因素

合理的运动可以强身健体，适当参加文体运动、社会活动，是获得健康与长寿的重要途径。

七、兴趣爱好

一般来说，长寿者通常有较多的爱好。有人认为，这样可以推迟和延缓脑细胞的衰老。爱好主要依靠人为的培养，老年人更需要培养一些业余爱好，如赏花、养鸟、育鱼、绘画、书法以及参加各种文娱活动等。

除去先天遗传因素外，后天性因素对人的寿命影响越来越大。《2016世界卫生统计报告》显示，世界每年有430万人死于因烹饪燃料造成的空气污染，300万人死于室外污染，1000多万人在70岁之前死于心血管病和癌症，80万人自杀；47.5万人被凶杀，其中80%为男性。据卫计委报告显示，目前，我国心脑血管疾病患者已超过2亿人，死亡人数占总死亡人数的1/3；高血压患者超过了2亿人，平均每年增加1000万人；糖尿病患者9240万人，1.4亿人血糖还在增高。心血管病、癌症、艾滋病和糖尿病被称为威胁人类健康的"四大杀手"，而导致这些疾病的主要原因是长年累月的不良生活方式。《黄帝内经》中明确提到："今时之人不然也，以酒为浆，以妄为常，醉以入房，以欲竭其精，以耗散其真，不知持满，不时御神，务快其心，逆于生乐，起居无节，故半百而衰也。"所以，要想远离"四大杀手"，必须"法于阴阳，和于术数，饮食有节，起居有常"。

随着社会经济的发展，世界人口平均寿命在不断提高。世界卫生组织发布的《2016世界卫生统计报告》显示，进入21世纪以来，人类的预期寿命增长了5岁，是20世纪60年代以来出现的最快增幅。2015年世界人均寿命为71.4岁，其中日本人均寿命为世界最高，平均为83.7岁，中国人均寿命为76.1岁。

延伸阅读

古人养生语录

（1）"恬淡虚无，真气从之，精神内守，病安从来。"
（2）"仁者寿也：胸怀宽广者，益寿；反之，胸怀狭隘者，不益健康，有害生命；德行不克，纵服玉液金丹，未能延寿；道德日全者不祈善而有福，不求寿而自延，此养生之大旨也。"

（3）"悲哀愁忧则心动，心动则五脏六腑皆摇。"

（4）"五谷为养，五果为助，五畜为益，五菜为充，气味合而服之，以补精益气。""安生之本，必资于食；不知食宜，不足以存生也。"

（5）"起居有常，卫生合理"。春三月：应晚睡早起，漫步于庭院，舒缓身体；夏三月：晚睡早起，不怕白天长，胸中无怒气，违反伤心；秋三月：早卧早起，使神志保持安宁，违之伤肺；冬三月：早睡晚起，藏阳除寒，违之伤肾。

（6）"久视伤血，久卧伤气，久坐伤肉，久立伤骨，久行伤筋。"

（7）"圣人春夏养阳，秋冬养阴。"即春夏保养心和肝，秋冬保养肺和肾。

（8）"所食愈少，心愈开，年愈益；所食愈多，心愈塞，年愈损。""多饮伤神，厚味昏神，饱食闷神。"

（9）养生五难："名利不灭，此为一难；喜怒不除，此为二难；声色不净，此为三难；滋味不绝，此为四难；神虚精散，此为五难；五难绝，寿自延。"

（10）乾隆皇帝养生经："吐纳肺腑，活动筋骨，十常四勿，适时进补。"十常即为：齿常叩，津常咽，鼻常揉，耳常弹，晴常运，面常搓，足常摩，肛常提，腹常旋，肢常伸。四勿：食勿言，卧勿语，饮勿醉，色勿迷。

第四节　人究竟是怎么衰老的

随着年龄的增长，衰老的迹象总是无法掩饰——眼角出现皱纹、头发逐渐灰白、需要戴老花镜才能看清东西……那么，身体是从什么时候开始衰老的呢？

中医学认为，人之所以会衰老是因为阴阳失调、脏腑虚衰、精气神衰和气血虚衰。

《黄帝内经》认为，"阴阳者，生杀之本始""生之本，本于阴阳""阴平阳秘，精神乃治"；"人身之阴阳，相抱而不脱，是以百年有常"。这就是说，阴阳的动态平衡是健康的基础、长寿的保障。同时，人体的五脏，心、肝、脾、肺、肾功能衰退都易导致人体衰老。

《内经》中黄帝问："人的血气盛衰，以及从生到死这一过程的情况，可以讲给我听吗？"岐伯说："人生长到10岁的时候，五脏开始发育到一定的健全程度，血气的运行畅通，其气在下，所以喜动而好走。人到20岁，血气开始充盛，肌肉也正在发达，所以行动更为敏捷，走路也快。人到30岁，五脏已经发育强健，全身的肌肉坚固，血气充盛，所以步履稳重，爱好从容不迫地行走。人到40岁，五脏六腑十二经脉，都很健全，已到了不能再继续盛长的程度，从此腠理开始疏松，颜面的荣华逐渐衰落，鬓发开始花白，精气由平定盛满到了不能再向上发展的阶段，精力已不十分充沛，所以好坐。人到50岁，肝气开始衰退，肝叶薄弱，胆汁也减少，所以两眼开始昏花。人到60岁，心气开始衰弱，会经常忧愁悲伤，血气已衰，运行不利，形体惰懈，所以好卧。人到70岁，脾气虚弱，皮肤干枯。人到80岁时肺气衰弱，不能藏魄，言语也时常发生错误。人到90岁，肾气也将枯竭了，其他四脏经脉的血气也都空虚了。人到了100岁，五脏的经脉都已空虚，五脏所藏的神气都消失了，只有形骸存在而精神已经死亡。"

精、气、神在中医学中被称为人体的"内三宝"。气是精、神的基础，在气的活动基础上，才有精的生化及神的活动。气是精、神的根蒂，气足则精足，气虚则精虚，精气旺盛，精神才充沛。

人和自然界的其他物种一样，都有一个出生、成长、成熟、衰亡的过程。人体是一个有机整体，但每个零件走向衰老的时间有先后。美国专家通过研究总结了人体衰老时间表。

人体衰老时间表及应对方式

时间	衰老部位	应对方式
20 岁	肺部。肺功能的减弱是从 20 岁开始的，当人进入 40 岁后，有时走路都会变得气喘吁吁，部分原因是控制呼吸的肌肉和肋骨变得僵硬，使肺部运转困难，肺的残气量亦增加。	吸烟是导致肺部衰老的第一大杀手，最好戒烟；其次，应多运动锻炼，特别是肺活量方面的锻炼，如跑步等；第三，多到空气新鲜的郊外、氧气充足的树林中走一走，洗洗肺。此外，多吃新鲜蔬菜、水果，如梨可以润肺，葡萄、苹果也都有利于肺部的保护。
25 岁	皮肤。25 岁时，身体合成胶原蛋白的速度放缓，皮肤的衰老开始了。当死皮细胞不脱落，生成的新皮细胞又不多时，皱纹就出现了。	多吃绿叶蔬菜和黄色、橘色的水果等含有类胡萝卜素的食物，适当补充维生素 C，可延缓皮肤的衰老。
30 岁	耳部。人到 30 岁，鼓膜和中耳的 3 块听小骨弹性下降，听力开始走下坡路。到 40～50 岁时，高频听觉就已明显减退。	使用耳机的时间不能太长，建议 1 小时左右休息一会儿，让耳朵透透气。多吃含锌、铁、钙丰富的食物，有助于扩张微血管，改善内耳的血液供应，防止听力减退。
35 岁	骨骼。人的骨细胞一直在不断损耗与补给中，人到 35 岁，损耗速度开始加快，最终损耗大于补给。女性步入更年期后，骨骼更日趋脆弱，容易发生骨质疏松症。	多食用含钙、磷高的食品，如鱼、虾、牛奶、骨头汤、杂粮、绿叶蔬菜等。坚持科学的生活方式，坚持体育锻炼，50 岁以上者尽量每年进行一次骨密度检查。

40 岁	心脏。人的心脏会在 40 岁左右开始衰老，向全身输送血液的效率降低，血管壁弹性下降，动脉变硬，容易导致脂肪在冠状动脉堆积。	多做运动。运动能够诱导生理性的心脏生长，增强心脏的修复功能，对于保护心脏免受病理性重塑具有一定作用。
50 岁	肾脏。人到 50 岁时，其肾脏开始衰老，憋尿的能力变差，男性前列腺开始出现增生等问题。	多喝水，每天至少喝 8 杯水，且不要憋尿。合理膳食，营养均衡，多锻炼身体少吃药，不滥用抗生素有利于肾功能。平时也可以多按摩腰部。
60 岁	味觉嗅觉。人的一生中最初舌头上分布大约 10000 个味蕾。到老年后这个数可能减半。过了 60 岁，人的味觉和嗅觉逐渐衰退。	尽量不抽烟、不喝酒，也是对嗅觉和味觉的保护。长年吸烟、患鼻炎等疾病会导致嗅觉味觉过度、过早衰退。
70 岁	肝脏。肝脏似乎是唯一能挑战衰老进程的器官，其再生能力很强，也是最后开始衰老的器官。	忌油腻、辛辣、高脂肪的食物，多吃谷类食物、蘑菇、海带、青苹果等。同时，须保证充足、高质量的睡眠，适当运动。

　　衰老虽然是自然规律，不可避免，但是科学养生能够有效地延缓衰老，实现健康长寿。据可考的道教南宗前四祖，其平均寿命在 100 岁以上，最高活到137 岁。

　　我国古代的养生方法不仅具有独到的健身养生、疗病保健的价值，而且有助于人们树立正确的人生观、塑造理想的人格、促进个人的发展，在延长人类寿命、缓解人口老龄化压力、构建和谐社会等方面具有重要价值。所以，只要摒弃不良的生活习惯，科学养生，得享天年不是梦！

中华长寿养生师祖——彭祖

太极养生的道与术

彭祖，远古时期五帝之一——颛顼的玄孙。父亲是吴回的长子陆终，母亲是鬼方首领之妹女嬇。

相传彭祖活了880岁。（其实按照当时年龄的计算方式，其实际寿命当为146岁）。他的养生之道被后人整理成为《彭祖养性经》《彭祖摄生养性论》传世。

彭祖在历史上影响很大。孔子对他推崇备至；庄子、荀子、吕不韦等先秦思想家都有关于彭祖的言论。屈原的《楚辞·天问》中还记载："彭铿斟雉，帝何飨？受寿永多，夫何久长？"意思是他善于食疗，所以寿元悠长。道家把彭祖奉为先驱和奠基人之一，许多道家典籍保存着彭祖养生遗论。先秦时期，彭祖在人们心中是一位仙人。到了西汉，刘向《列仙传》把彭祖列入仙界，并称为列仙，彭祖逐渐成为神话中的人物。

相传，在三皇五帝中的尧帝时期，中原地区洪水泛滥成灾。《孟子·滕文公上》记载："当尧之时，天下犹未平，洪水横流，泛滥于天下。"《史记·夏本纪》又说："当帝尧之时，洪水滔天，浩浩怀山襄陵，下民其扰。"作为当时部落首领的尧帝指挥治水，由于长期心怀部落和部众安危，尧帝积劳成疾，卧病在床，数天滴水未进，生命垂危。就在这危急关头，彭祖根据自己的养生之道，立刻下厨做了一道野鸡汤。汤还没端到跟前，尧帝就闻见香味，竟然翻身跃起，食欲大动，随后一饮而尽，次日容光焕发。此后尧帝每日必食此鸡汤，虽日理万机，却百病不生，一时传为美谈并流传下来。之后，尧便把彭城封给他，所以后世称他为彭祖。舜的时候，他从师尹寿子，学得真道，遂隐居武夷山。

到商代末年，彭祖已有767岁（或说有800余岁）。尽管这么大年纪，可他仍不显衰老。他自幼喜好恬静，不追求名誉，不汲汲于世事，不刻意打扮自己，终日以养生修身为事。商王请他做大夫，他推托不了，只好应诺，却常常以有病为由，不上朝听政。他精通补导之术，常常服用水桂、云母粉、麋角散。他平日沉默寡言，从不夸耀自己有道，也从不做一些诡惑变化鬼怪之事以博取名誉。

他也经常四处周游，从不乘车马，即使要出外周游百日、数十日，也不带干粮，回来之后，衣食与平常也没什么两样。他善于导引行气，经常从早到晚闭气内息，之后，揉擦眼睛，按摩身体，舐唇咽唾。有时身体疲乏不适，他就导引闭气，攻治患处，遍其九窍、五脏、四肢，以至毛发都气流通畅，身体又舒服如初。商王听说后，便亲自来向他问道，他闭口不语；给他数万金，他如数收下，全分给贫穷的百姓。

传说，彭祖活到767岁，仍无衰老迹象，耳不聋，眼不花，背不弯，腰腿不疼。商朝君王派彩女询问彭祖长寿秘诀，彭祖回答："欲举行登天，上补仙宫，当用金丹。其次，养精神，服草药，可以长生。"彩女又问他的身世，彭祖唉声叹气地说："吾遗腹而生，3岁丧母，又逢战乱，流落西域，几百余年。"又说"他一生丧49妻，亡54子，屡遭忧患。"谁知又过了70多年，有人发现他还在流沙国游玩，直至800多岁才离人世。

第二章 中医养生:天人合一的艺术结晶

"养生"一词,最早见于先秦、战国时期的《黄帝内经·灵枢·本神》。书中云:"故智者之养生也,必顺四时而适寒暑,和喜怒而安居处,节阴阳而调刚柔,如是则僻邪不至,长生久视。"《庄子》中专门有一篇《养生主》,"养生主"意思就是养生的要领。庄子认为,养生之道重在顺应自然,忘却情感,不为外物所滞。

养生指保养、调养、颐养生命,就是根据生命的发展规律,以调阴阳、和气血、保精神为原则,运用调神、导引吐纳、四时调摄、食养、药养、节欲、辟谷等多种方法,以期达到保养生命、健康精神、增进智慧、延长寿命目的的科学理论和方法,也就是将疾病消灭在萌芽阶段,达到《内经》所说的"治未病"的境界。

从广义上讲,人类防病、治病,提高健康水平的所有手段都属于养生的范围,但是,我们通常所说的养生指的是狭义的养生,是通过非药物的方法达到提高自我康复能力的知识。

养生是中国文化的永恒主题之一,有着数千年的历史。养生文化在发展过程中融合了我国自然科学、人文科学和社会科学诸多元素,糅合了诸子百家的思想精华,汇集了历代劳动人民的才能和智慧,它是一棵充满勃勃生机和浓厚东方神秘色彩的智慧之树,在世界养生文化中光彩灿烂、独树一帜。

中医养生是以传统中医理论为指导,遵循阴阳五行生化收藏之变化规律,对人体进行科学调养,保持生命健康活力。它的理论基础和中医一样是天人合一的整体观,可以说是我国天人合一思想在养生领域的艺术结晶。

中医养生主要包括:经络养生、体质养生、顺时养生、气功养生、运动养生、房事养生、情志养生、睡眠养生、环境养生、起居养生、膳食养生、娱乐养生、部位养生、药物养生、沐浴养生、排毒养生、静神养生、瑜伽养生等内容。

传统中医发展简史

中国历史上有"神农尝百草……一日而遇七十毒"的传说，反映了我国古代劳动人民在与自然和疾病作斗争的过程中发现药物、积累经验的艰苦历程，也是中药起源于生产劳动的真实写照。

早在夏商周时期（公元前2070～公元前256年），中国就已出现药酒及汤液。西周（公元前1046～公元前771年）的《诗经》是中国现存文献中最早记载有药物内容的书籍。现存最早的中医理论典籍《内经》提出了"寒者热之，热者寒之"、"五味所入""五脏苦欲补泻"等学说，为中药基本理论奠定了基础。

现存最早的药学专著《神农本草经》是秦汉时期（公元前221～220年）众多医学家搜集、总结了先秦以来丰富药学资料而成书的。此书载药365种，至今尚为临床所习用。它的问世，标志着中药学的初步确立。

在3000多年前的殷商甲骨文中，已经有关于医疗卫生以及十多种疾病的记载。周代已经使用望、闻、问、切等诊病方法和药物、针灸、手术等治疗方法。秦汉时期，形成了《黄帝内经》这部具有系统理论的著作。此书是现存最早的一部中医理论性经典著作。张仲景所著的《伤寒杂病论》，专门论述了多种杂病的辨证诊断、治疗原则，为后世的临床医学奠定了发展基础。汉代外科学已具有较高水平。据《三国志》记载，名医华佗已开始使用全身麻醉剂"麻沸散"进行各种外科手术。

从魏晋南北朝（220～589年）到隋唐五代（581～960年），脉诊取得了突出的成就。晋代名医王叔和所著的《脉经》归纳了24种脉象。该书不仅对中国医学有很大影响，而且还传到了国外。这一时期医学各科的专科化已趋成熟。针灸专著有《针灸甲乙经》；《抱朴子》和《肘后方》是炼丹的代表著作；制药方面有《雷公炮炙论》；外科学著作有《刘涓子鬼遗方》；《诸病源候论》是病因专著，《颅囟经》是儿科专著；《新修本草》是世界上第一部药典；眼科专著有《银海精微》，等等。另外，唐代孙思邈的《千金要方》和王焘的《外台秘要》等均为我国古代早期大型方书。

唐代（618～907年）社会经济的繁荣，促进了中药学的发展。唐朝政府率先完成了世界第一部药典性本草——《唐本草》的编撰工作。全书载药850种，并增加了药物图谱，进一步完善了中药学的规模格局。

宋代（960～1279年）在医学教育中，针灸教学有了重大改革。王惟一著有《铜人腧穴针灸图经》。后来，他又设计制造等身大针灸铜人两具，用于实习操作。这一创举，对后世针灸的发展影响很大。

明代（1368～1644年），有一批医学家提出把伤寒、温病和瘟疫等病区分开。到了清代，温病学说达到成熟阶段，出现了《温热论》等医学专著。

从明代开始，西方医学传入中国，一批医学家们主张"中西医汇通"，成为当代中西医结合的先声。

明代医药学家李时珍历时27年，完成了中药学巨著《本草纲目》，全书载药1892种，成为中国本草史上最伟大之集大成之作。

■中医养生三大观■

（1）天人合一的养生观。中医学认为，天地是个大宇宙，人体是个小宇宙，天人是相通的，人无时无刻不受天地的影响，就像鱼在水中，水就是鱼的全部，水的变化，一定会影响到鱼。同样的，天地的所有变化都会影响到人。所以中医养生强调天人一体，养生的方法随着四时的气候变化、寒热温凉，做适当的调整。

（2）阴阳平衡的健康观。阴阳平衡的人就是最健康的人，养生的目标就是求得身心阴阳的平衡。阴就是构成身体的物质基础。阳就是能量。阴阳是相对的，凡是向上的、往外的、活动的、发热的、都属于阳；凡是向下的、往里的、发冷的、都属于阴。身体之所以会生病是阴阳失去平衡，造成阳过盛或阴过盛，阴虚或阳虚，只要设法使太过的一方减少，太少的一方增加，使阴阳再次恢复原来的平衡，疾病自然就会消失于无形。所以，中医养生高度强调阴阳平衡。

（3）身心合一的整体观。中医养生注重的是身心两方面，不但注意有形身体的锻炼保养，更注意心灵的修炼调养，身体会影响心理，心理也会影响身体，两者为一体的两面，缺一不可。

第一节　通则不痛　痛则不通
——明经识穴，打通健康主航道

中医学认为，经络是运行气血的路线，它分布于身体各处，内到脏腑器官，外达皮肤表面而营养全身。如果说我们的身体是座摩天大楼，那么经络就是隐藏在大厦墙中的电线网络。一旦电路出现故障，大厦就会陷入黑暗之中。《黄帝内经》认为：经络是"人之所以生，病之所以成，人之所以治，病之所以起"

的根本，发挥着"决生死，处百病"的作用。

　　人体有十二经脉加上躯干前的任脉、躯干后的督脉，共 14 条经脉，来引导气血流通，而穴位就是经脉上生命能量的出入口。十二经脉左右相对环绕全身，在这些经络上面有 361 个经穴，起着枢纽的作用。同时，经络和五脏六腑、五官相对应、相联系，人的脏腑器官和五官有病，整条经络就会出现异常。

　　经络不仅是为人体正常运转输送能量的通道，同时也是帮助人体抗御病邪、保护健康的防火墙。所以，我国古人发明了经络养生法，即运用针刺、艾灸、按摩等方式，刺激经络、穴位，以激发精气，达到调和气血、旺盛代谢、通利经络、增进人体健康的目的。

延伸阅读

被现代科学验证的经络

经络
- 经脉
  - 十二经别
  - 十二经筋
  - 十二皮部
  - 十二经脉
    - 手三阴经
      - 手太阴肺经
      - 手厥阴心包经
      - 手少阴心经
    - 手三阳经
      - 手阳明大肠经
      - 手少阳三焦经
      - 手太阳小肠经
    - 足三阳经
      - 足阳明胃经
      - 足少阳胆经
      - 足太阳膀胱经
    - 足三阴经
      - 足太阴脾经
      - 足厥阴肝经
      - 足少阴肾经
  - 奇经八脉
    - 督脉
    - 任脉
    - 冲脉
    - 带脉
    - 阴维脉
    - 阳维脉
    - 阴跷脉
    - 阳跷脉
- 络脉
  - 十二络脉
  - 浮络
  - 孙络

　　长期以来，有人以"看不见，摸不着"的理由否定经络的存在。因为对人体解剖后，即使用高倍率的显微镜从表皮到深部组织进行广泛搜索，都没有见到有异于周围组织的"经络管状结构"。

　　然而，我国著名的经络学家祝总骧教授和他的团队，利用 3 种科学方法，证明了经络的客观存在，引起世界轰动。

首先，他们利用电激发下的机械探测法发现，人体有一些高度敏感点，刺激它们的时候，人体会有酸麻胀的感觉，而且这种感觉有时候还会上下窜动。在将这些敏感点连接后，会得到一条敏感线。这条线和古代经络图上经络的分布惊人的相似。

其次，他们又利用皮肤电阻抗测试法发现，当探测电极触及人体经脉时，电阻会突然下降，出现一个低电阻点。将这些点连成线，这条线也正好和古代经络线一致，并且和电激发下的机械探测方法测出的敏感线重合。

最后，他们用橡皮锤和医用听诊器作为测试工具，用橡皮锤在人体上沿古代经脉线进行力量均匀的垂直叩击。每当小锤叩击到经脉线上时，就会听到一个音量加大、声调高亢洪亮，如叩在空洞地方的那种"空空"的声音。他们把它叫做高振动点，将这些点连成一条线，这条线又恰好和前面测出的两条线相重合。

祝总骧教授和他的团队用这3种方法证实了《黄帝内经》中论述的14条经脉的存在。英国剑桥大学前名誉校长李约瑟博士见到祝总骧教授时兴奋地说："我曾预言，经络之谜终将由中国人自己解开，有幸言中，实为我余生之幸。"

一、手太阴肺经：管理人体的宰相

手太阴肺经（简称肺经），起始于中焦，向下联络大肠，回过来沿着胃上口，穿过膈肌，属于肺脏。从肺系——气管、咽喉部横出腋下（中府、云门），下循上臂内侧，走手少阴，手厥阴经之前（天府、侠白），下向肘中（尺泽），沿前臂内侧桡骨边缘（孔最），进入寸口——桡动脉搏动处（经渠、太渊），上向大鱼际部，沿边际（鱼际），出大指的末端（少商）。它的支脉：从腕后（列缺）走向示指内（桡）侧，出其末端，接手阳明大肠经。

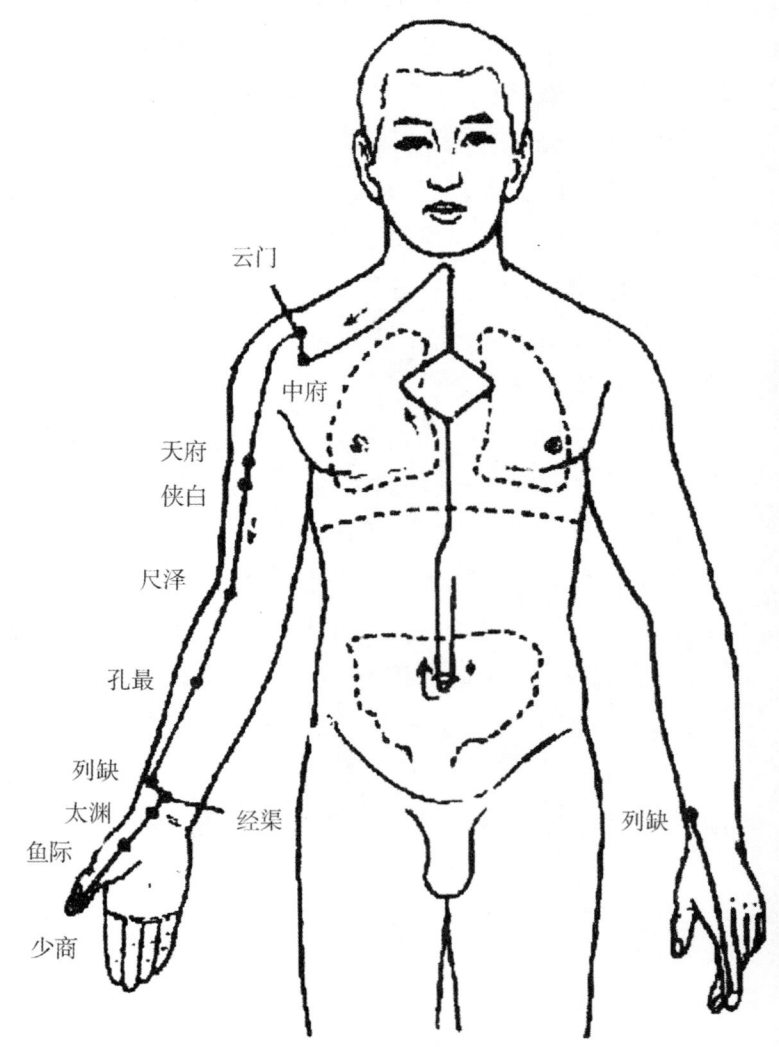

手太阴肺经循行和腧穴示意图

肺经是体现和调节肺脏功能的经脉。《黄帝内经》云："肺者，相傅之官，治节出焉。"相傅就是宰相，可见肺脏地位的重要和尊贵。肺叶娇嫩，容易受风邪侵袭，怕寒热，故肺又有"娇肺"之称。

"肺为气之主，主一身之气"。肺脏的主要功能是吸入自然界的清气，呼出体内污浊之气，使气血散布全身，以营养机体。肺功能异常，会使人患一系列关于"气"的疾病，如咳嗽、气喘、胸闷等，也就是我们常说的呼吸系统疾病。而刺激肺经来调节肺脏，是缓解这些病痛最快速的方法。"诸气者，皆属于肺。"所以，气虚的培补、气逆的顺调、浊气的排放、清气的灌溉，都可以通过调节肺功能来实现。

一些皮肤问题也与肺经密切相关。"肺主皮毛"，肺经经气过剩，会导致皮肤血液循环过强，皮肤就容易出现发红、过敏等现象；肺经经气虚衰，会导致皮肤血液循环不足，皮肤容易暗淡无光。美容当从调和肺经开始。肺气足皮肤光滑，毛孔细；肺气足精力旺盛人不虚胖，不易感冒，不忧愁。

中医将脏腑和情志相联系，五脏对应五志，肺对应的是悲，"悲则气消"，即过度悲伤会使肺经异常，肺气消散。由此可见，肺经虽然不决生死，但调理好了，人便可心情舒畅，容光焕发。

小贴士

■ 调理肺经可防治的疾病 ■

循环病：锁骨上窝，以及上臂、前臂内侧上缘，沿肺经的循环线出现的麻木、疼痛、发冷、酸胀等异常感觉。

器官病症：咳嗽、感冒、鼻塞、流鼻涕、胸闷、气喘、气短、咯血、多痰。

情绪问题：自卑、忧伤、烦恼等负面情绪。

其他疾病：一些过敏性皮肤病、色斑、皮肤暗黄等。

二、手阳明大肠经：人体的"清道夫"

手阳明大肠经（简称大肠经），起于示指桡侧端（商阳穴），经过手背行于上肢伸侧前缘，上肩，至肩关节前缘，向后与督脉在大椎穴处相会，再向前下行入锁骨上窝（缺盆），进入胸腔络肺，通过膈肌下行，入属大肠。其分支从锁骨上窝上行，经颈部至面颊，入下齿中，回出夹口两旁，左右交叉于人中，至对侧鼻翼旁，经气于迎香穴处与足阳明胃经相接。

大肠经是体现和调节大肠功能的经脉。《黄帝内经》中云："大肠者，传道之官，变化出焉。""传道"即传导体内垃圾。大肠位于腹中，上接小肠，接收小肠传来的食物残渣，吸收多余水液后，将其化为粪便排出。

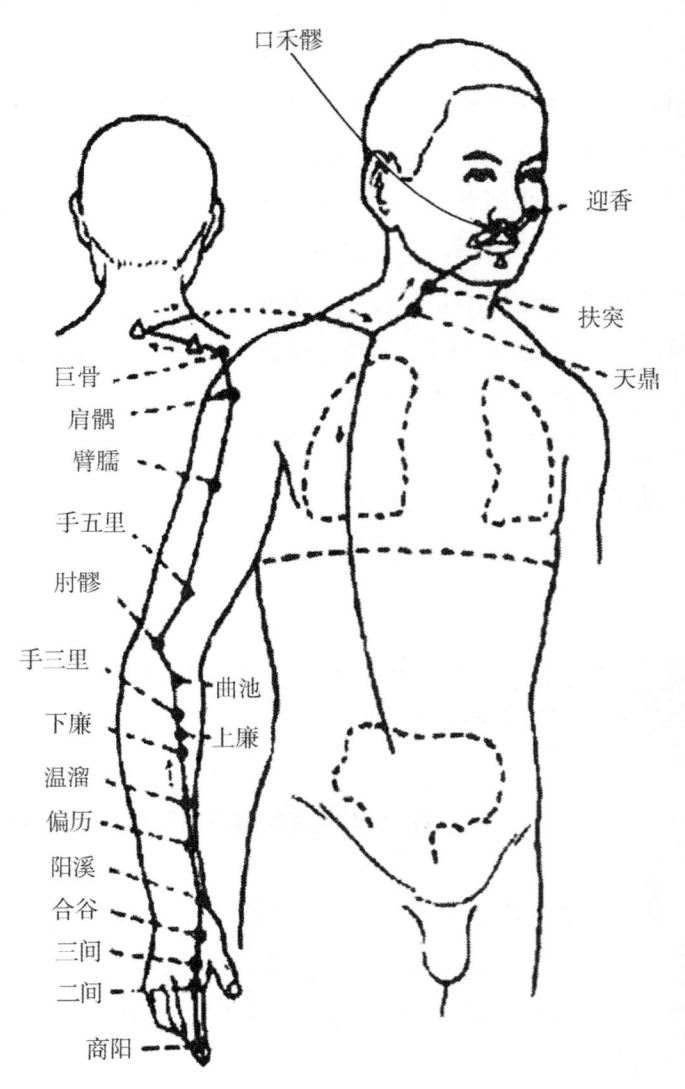

手阳明大肠经循行和腧穴示意图

因此，大肠运转失常所表现出的症状通常与排便有关，大肠虚寒，无力吸收水分，就会导致肠鸣、腹痛、腹泻等症状；大肠火气旺盛，体内水分干涸，就会导致便秘等病症，而便秘会使人体内部垃圾堆积，丧失自我清洁功能。毒素无法从大肠顺利排出，就会另寻通道，这时大肠经便是最好的选择。比如说，面部是大肠经的循行处，当毒素停留此处时，人便会出现青春痘、雀斑，甚至牙痛和皮肤病。

大肠吸收水液，参与调解体内水液代谢和内分泌，故中医又有"大肠主津"之说。此处的"津"是指汗、涎、泪、尿、体液等。因此，经常调理大肠经可缓解人体因缺水而出现皮肤干燥、易生皱纹、黯淡无光等症状。

调理好大肠经，不但可促进体内垃圾及时排出，还可以保持正常的新陈代谢，保证皮肤的光泽润滑。

小贴士

■ 调理大肠经可防治的疾病 ■

循环病：示指、手背、上肢、肩背等经络循环处疼痛、酸胀或麻木，脖子粗，眼睛发黄，眼睛发涩，口发干，鼻流涕，鼻出血，牙龈肿痛，牙痛，咽喉肿痛，发热。

器官病症：腹痛，腹泻，腹胀，肠鸣，便秘，便血，脱肛，痢疾，呕吐。

其他疾病：支气管炎，感冒，咳嗽，三叉神经痛，闭经，痤疮。

三、足阳明胃经：人的水谷之海

足阳明胃经（简称胃经），循行部位起于鼻翼旁（迎香穴），挟鼻上行，左右侧交会于鼻根部，旁行入目内眦，与足太阳经相交，向下沿鼻柱外侧，入上齿中，还出挟口两旁，环绕嘴唇，在颏唇沟承浆穴处左右相交，退回沿下颌骨后下缘到大迎穴处，沿下颌角上行过耳前，经过上关穴，沿发际，到额前。

胃经分支从大迎穴前方下行到人迎穴，沿咽喉向下后行至大椎，折向前行，入缺盆，下行穿过膈肌，属胃，络脾。直行向下一支是从缺盆出体表，沿乳中线下行，挟脐两旁（旁开2寸），下行至腹股沟外的气街穴。本经脉又一分支从胃

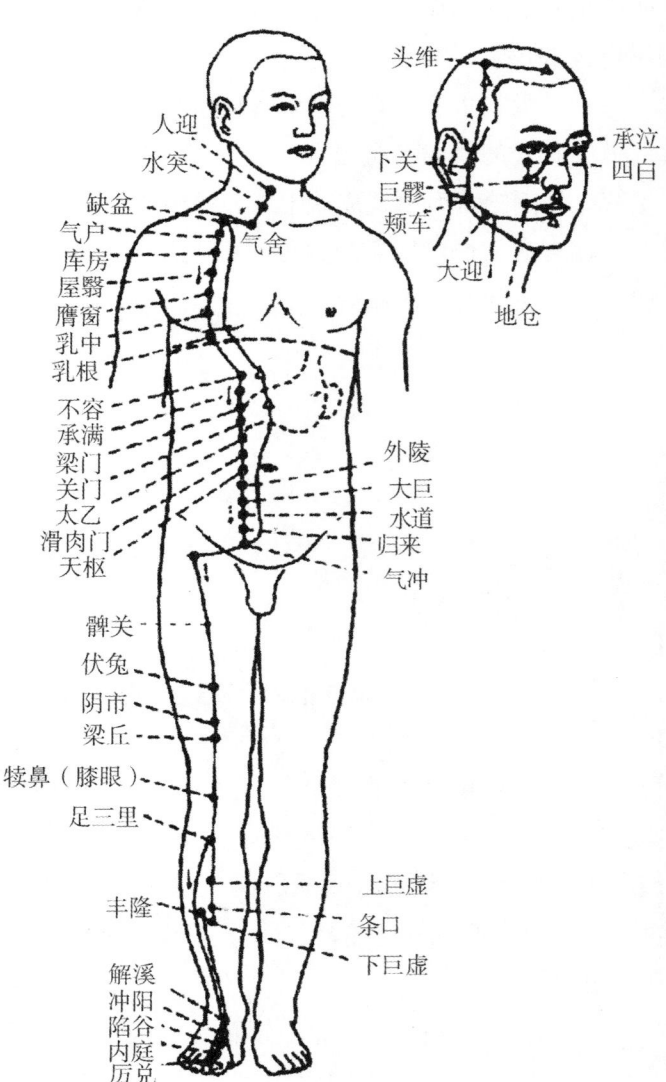

足阳明胃经循行和腧穴示意图

下口幽门处分出，沿腹腔内下行到气街穴，与直行之脉会合，而后下行大腿前侧，至膝膑沿下肢胫骨前缘下行至足背，入足第2趾外侧端（厉兑穴）。本经脉另一分支从膝下3寸处（足三里穴）分出，下行入中趾外侧端。又一分支从足背上冲阳穴分出，前行入足大趾内侧端（隐白穴），交于足太阴脾经。

胃经是体现和调节胃功能的经脉。《黄帝内经》云："胃者，仓廪之官，

五味出焉。"所谓"仓廪之官"，就是粮仓的管理者，说明胃是负责消化吸收食物的重要脏器。人进食的水谷先到达胃，胃将它们分解成精微之物，吸收精微中的营养，将其转化成气血、津液，再分配给各个组织器官和脏腑，即"五味出焉"。

胃是人体能量的总调配师，五脏六腑的营养都来源于胃。胃脏正常运转，人正常的生命活动才得以维持，因此人们称其为"后天之本"。

调理胃经不但能直接切断各种胃病的发展通道，还能使人的气血充盈，精力无穷。如果胃经出现淤堵，则会直接影响胃功能。如果胃失和降，导致饮食滞留于胃，人就会出现胃脘胀痛、无食欲等症状；如果胃气上逆，还可出现恶心、呕吐、呃逆等症状；而胃功能受损，还会使其他脏器因失营养而出现功能障碍，进而导致人体很容易引发相关疾病。

此外，胃经是胃脏气血传达的主要通道，通达颜面，面部的供血主要由胃经控制。因此，面部皮肤的干枯、松弛等与胃经气血亏虚、供血不足密切相关。

小贴士

■ 调理胃经可防治的疾病 ■

循环病： 面神经炎，鼻出血，口眼㖞斜，口舌生疮，咽喉肿痛，颈部肿痛，牙痛，发热，乳腺炎，胸、腹、股、膝、胫至中趾等胃经循环线肿痛、麻木、发冷等。

器官病症： 胃胀痛，多食易饥，消化不良，泛酸，肠鸣。

情绪问题： 狂躁，易受惊，强迫症，忧郁症。

四、足太阴脾经：全身运化之枢机

足太阴脾经（简称脾经），属于脾，循行部位起于足大趾内侧端（隐白穴），沿内侧赤白肉际，上行过内踝的前缘，沿小腿内侧正中线上行，在内踝上 8 寸处，交出足厥阴肝经之前，上行沿大腿内侧前缘，进入腹部，属脾，络胃，向上穿过膈肌，沿食管两旁，连舌本，散舌下。其分支从胃别出，上行通过膈肌，注入心中，交于手少阴心经。

脾经是体现和调节脾脏功能的经脉。《黄帝内经》云："脾与胃以膜相连"，两者关系密切，均为后天之本，为气血生化之源。脾又堪称胃的辅助者，脾主转输运化，主升举清阳，胃腐熟后的饮食只有经过脾的去粗取精，上输于肺才能输遍全身，营养机体。脾功能正常，人的仓廪才能充盛，人体后天水谷精微才能化源不绝。

《黄帝内经》还强调脾的作用，因为它还"主一

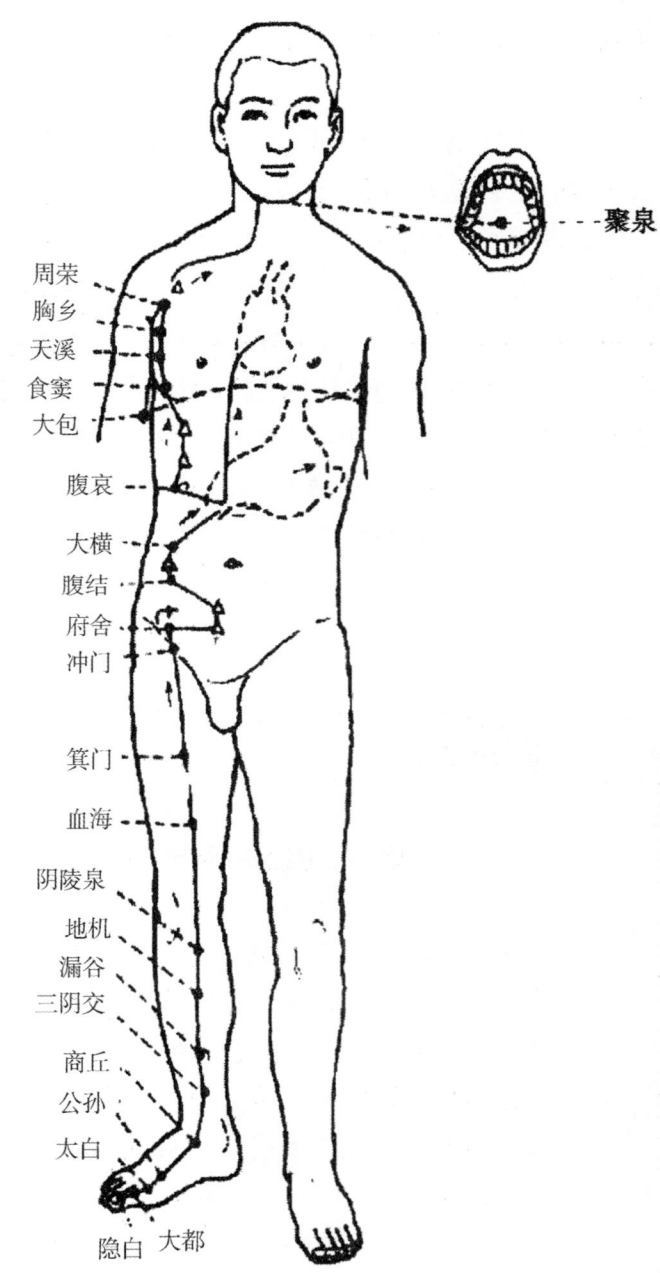

聚泉

周荣
胸乡
天溪
食窦
大包

腹哀

大横
腹结
府舍
冲门

箕门

血海

阴陵泉
地机
漏谷
三阴交

商丘
公孙
太白

隐白　大都

足太阴脾经循行和腧穴示意图

身肌肉"。倘若脾出现病变，人体就可能发生一系列与肌肉相关的病症，如懈怠、疲惫、乏力，甚至重症肌无力、肌肉萎缩等。

此外，"脾主统血"，脾脏除了运化气血外，还控制血不外溢出脉管，与主血运行的心脏一起负责人体的血液循环系统。在心脾两脏的作用下，血液才能在脉道里正常运行，一旦脾脏功能失常，人体就容易发生血性病变。

可见脾脏功能不能小觑，人体消化系统、心脑血管系统、运动系统的众多病症与其密切相关。脾胃二经相表里，后天体质不足者，经常调理脾经，增强脾胃功能，可达到延年益寿的目的。

小贴士

■ 调理脾经可防治的疾病 ■

循环病：大脚趾内侧、脚外侧、小腿、膝盖、大腿内侧、腹股沟等脾经的循环线上出现的冷、麻、痛、胀等不适症状。

器官病症：浑身乏力，胃痛，腹胀，呕吐，打嗝，便溏，小便量少，黄疸，结石，免疫力低下，肥胖症。

五、手少阴心经：决生死的君王

手少阴心经（简称心经）。该经起自心中，出来后归属于心系（心脏周围的组织），向下通过膈肌，联络小肠。其分支从心系向上夹着食管连于目；其直行主干又从心系上肺，向下斜出于腋下，沿上肢内侧后边，至肘中，沿前臂内侧后边，到手掌后豌豆骨突起处进入掌内后边，沿小指桡侧到达其末端。脉气由此与手太阳小肠经相连。该经发生病变，主要表现为咽干、

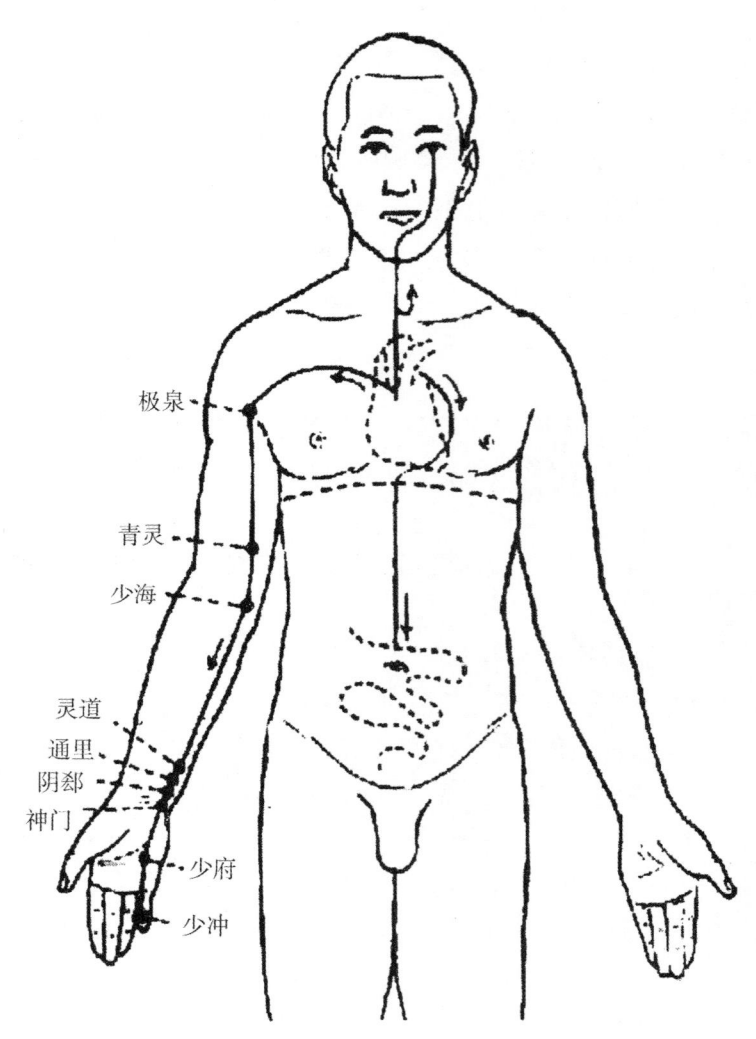

手少阴心经循行和腧穴示意图

心痛、口渴、目黄、胸胁痛和上肢前边内侧本脉过处发冷，疼痛，手掌热痛等。

心经是体现和调节心脏功能的经脉。《黄帝内经》曰："心者，君主之官，申明出焉。"一语点明了心在五脏六腑中的统摄地位。"心主血脉"，心不停地跳动，推动血液在全身脉管中循环、周流，血液负责把运载的营养物质输送到五脏六腑、四肢百骸、肌肉皮毛，给身体各个组织器官补充营养，以维持身体正常的生理活动，而心经就是通过调控心脏功能来管理肌肉和身体的。一旦

心经动力不足，气血不畅，心脏就会功能退化，人体血液循环就会受到影响，各组织器官也会因缺乏养分而功能减退，甚至衰竭。

心经除了可以控制心脏，还可以控制心态，即"神明"。中医学认为，心主神明，即人的魂魄、意志、喜怒忧患、惊恐等都是由心来主宰，心脏自身的节奏韵律可以控制人的心理变化。《黄帝内经》中说"心者，五脏六腑之大主也，精神之所舍也"，可见一个人心经异常，导致心脏失常，其精神也会处于不良状态，如烦躁、抑郁、健忘、痴呆，甚至癫痫。

心经多血少气，十二经之气皆感而应心，十二经之血皆贡而养心，故心经实为生之本，神之居，血之主，脉之宗。而对于人体而言，它不仅可决身体之生死，还能决精神之生死，不愧为经络中的"君王"。

小贴士

■调理心经可防治的疾病■

循环病：心胸烦闷，心口疼痛，咽干，口渴，眼睛发黄，肋骨疼痛，手臂内侧小指的延长线疼痛或麻木，手心发热等。

器官病症：冠心病，高血压，肺心病，心律失常，心肌梗死等一系列心脑血管系统疾病，以及糖尿病。

情绪问题：过喜，过悲，惊恐，易怒，心神不宁，抑郁等。

其他疾病：失眠等神经系统疾病。

六、手太阳小肠经：心脏功能的传达者

手太阳小肠经（简称小肠经），起于小指尺侧端（少泽穴），沿手背尺侧至腕部外侧（阳谷穴），沿前臂外侧尺骨后缘上行，经尺骨鹰嘴与肱骨内上髁之间（小海穴），沿上臂外侧后缘，出于肩关节后面（肩贞穴），绕行于肩胛部上窝（肩中俞），交会于督脉之大椎穴，从大椎向前经足阳明经的缺盆，进入胸部深层，下行至任脉的膻中穴处，络于心，沿食管过横膈，到达胃部属小肠。

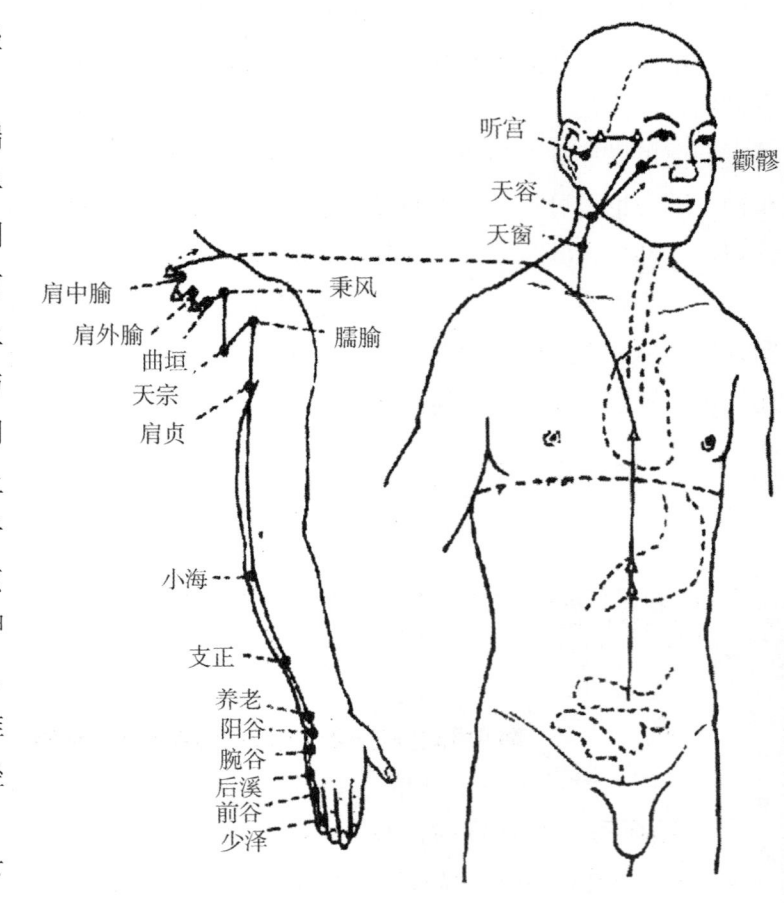

手太阳小肠经循行和腧穴示意图

小肠经是体现和调节小肠功能的经脉。《黄帝内经》曰："小肠者，受盛之官，化物出焉。""受盛"是指初步加工过的东西，而小肠接受的正是经过胃初步消化过的水谷。小肠将这些水谷腐熟，转化成人体能够吸收的精微，再利用脾将其上输心肺，输布全身，为全身各组织器官提供营养。这就是所谓的"化物出焉"。同时，小肠还可以"泌别清浊"，即不仅将食物精微吸收到体内，还能将剩余的水分送入膀胱，形成尿液，并将谷物残渣输送到大肠，进而排出体外。

小肠功能正常，则机体营养充足，大小便正常；小肠功能失常，则人失调养，

大便稀薄，小便短小。

　　小肠经可调节小肠功能，"主液所生病者"。"液"包括月经、乳汁、白带、精液、胃液、胰液、前列腺液等，因此，所有与"液"有关的疾病，都可以从小肠经上寻求解决之道。小肠经循于面部，面部的各种问题，如黄褐斑、青春痘、面肿等，也可以通过调节小肠经来解决。

　　心经与小肠经相表里，调理小肠经还可以有效调节心经，改善心脏供血不足，调理众多心脑血管疾病。而心脏病早期，小肠经的循行处常出现征兆，如患者通常"面如桃花"。可见，倘若能够了解小肠经，便能及时发现心脏异常，及早防治，保护自己的健康。

小贴士

■ 调理小肠经可防治的疾病 ■

　　循环病：面肿，色斑，痤疮，目黄，口腔炎，咽喉肿痛，耳鸣，耳聋，肩臂外侧后缘小肠循行线处出现酸胀痛麻等症状及颈项僵直。

　　器官病症：腹泻，腹胀，腹痛，消化不良，大便不利，心绞痛，心肌梗死，冠心病，睾丸炎症及小肠疝气，痛经，小便赤涩。

　　其他疾病：疲劳，倦乏，记忆力衰退。

七、足太阳膀胱经：重要的排毒工具

足太阳膀胱经（简称膀胱经），其循行线起于内眼角（睛明穴），上过额部，交于督脉直至巅顶（百会穴）。循行部位：足太阳膀胱经起于内眼角（睛明穴），上过额部，交于督脉直至巅顶（百会穴）。

巅顶部的分支：从头顶（百会穴）分出至耳上角。巅顶向后直行分支：从头顶下行（至脑户穴）入颅内络脑，复返出来下行项后（天柱穴）。又下分为两支：其一，沿肩胛内侧（大杼穴始），夹脊旁，沿背中线旁1.5寸，下行至腰部，进入脊旁筋肉，络于肾，下属膀胱，再从腰中分出下行，夹脊旁，通于臀部，经大腿后面，进入腘窝中。

其二，从肩胛内侧分别下行，通过肩胛，沿背中线旁3寸下行，过臀部，经过髋关节部（环跳穴），

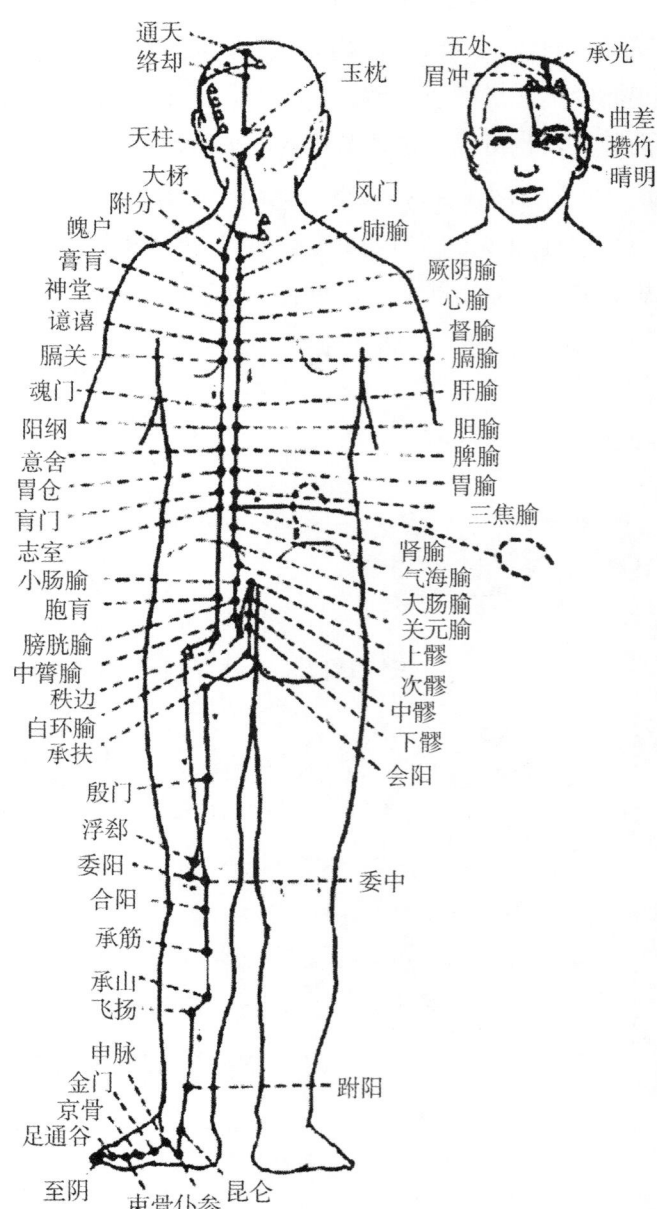

足太阳膀胱经循行与腧穴示意图

沿大腿外侧后边下行，会合于腘窝中，向下通过腓肠肌，经外踝后面（昆仑穴），在足跟部折向前，经足背外侧至足小趾外侧端（至阴穴），与足少阴肾经相接。

膀胱经是体现和调节膀胱功能的经脉。《黄帝内经》云："膀胱者，州都之官，津液藏焉……""州都"即水聚之处，可见膀胱的作用是储存水液。从生理功能而言，膀胱是人体储藏和排泄尿液的器官，如果膀胱的储尿功能出现障碍，人就会出现尿频、尿急、遗尿、小便不利、尿失禁等症状，甚至出现小便癃闭不通等。敲打膀胱经，可有效地调节膀胱功能，改善遗尿和小便不畅等。

小便是承载人体垃圾的液体，膀胱的责任就是为人体排出毒素。相对于大肠排便、毛孔发汗等其他排毒途径，膀胱排尿无疑是最为重要的。人体 3 天不排便、数天不发汗都不会有大问题，但是如果 3 天不排尿，那么一定是出了大问题。

膀胱经的重要性，不仅在于它行使着膀胱的排毒功用，还在于它是人体最长的一条经脉，贯穿头、背、腰、臀、下肢、足等各部。膀胱经一旦瘀阻，使酸毒、脂肪等毒素滞留在体内，会影响全身，导致身体各部位出现病变，如肥胖、脱发、失眠、头痛、流鼻血、耳鸣、肩背疼痛、关节痛、高脂血症、糖尿病、高血压、易疲劳等。此外，由于其他具有排毒功能的经脉最终将并归入膀胱经，因此膀胱经异常还可导致各内脏器官的病症。

膀胱经就像是家庭中的下水管道，一旦不畅，会严重影响日常生活。因此平时我们要注意调理膀胱经，及时清除体内垃圾。

小贴士

■ 调理膀胱经可防治的疾病 ■

循环病： 发热怕寒，头痛，鼻出血，鼻塞，流涕，眼睛发痛，迎风流泪，颈部、腰背和膝后至足等膀胱经的循行部位肿痛、麻木。

器官病症： 尿频，尿急，尿痛，遗尿，血尿，小便不利，痔疮，癫痫。

八、足少阴肾经：人的先天之本

足少阴肾经（简称肾经），其经脉循行：起于足小趾下，斜走足心（涌泉），出于舟骨粗隆下，沿内踝后，进入足跟，再向上行于腿肚内侧，出于腘窝内侧半腱肌腱与半膜肌之间，上经大腿内侧后缘，通向脊柱，属于肾脏，联络膀胱，还出于前（中极，属任脉），沿腹中线旁开0.5寸、胸中线旁开2寸，到达锁骨下缘（俞府）。

肾脏直行之脉，向上通过肝和横膈，进入肺中，沿着喉咙，挟于舌根两侧。肺部支脉，从肺出来，联络心脏，流注胸中，与手厥阴心包经相接。

肾经是体现和调节肾脏功能的经脉。《黄帝内经》曰："肾者，作强之官，伎巧出焉。"中医学认为，肾藏精，

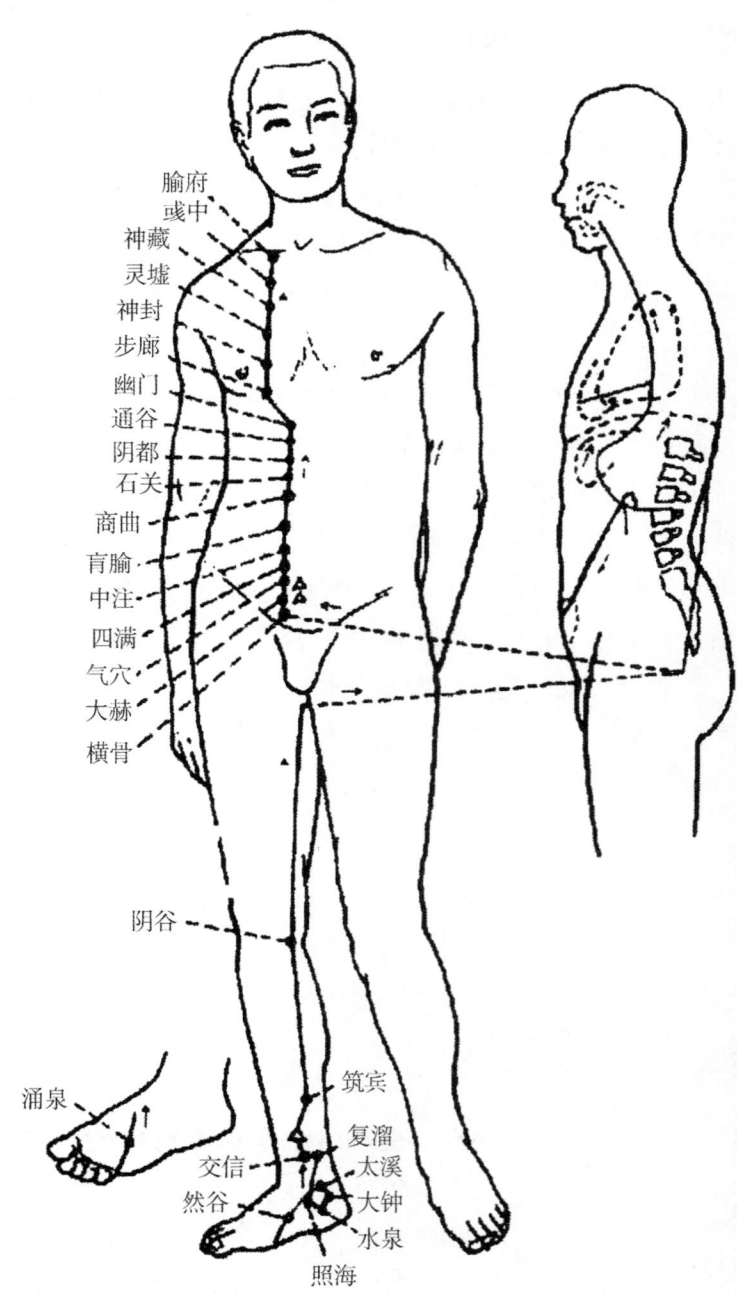

俞府
或中
神藏
灵墟
神封
步廊
幽门
通谷
阴都
石关
商曲
肓俞
中注
四满
气穴
大赫
横骨

阴谷

涌泉

筑宾
复溜
太溪
大钟
水泉
交信
然谷
照海

足少阴肾经循行和腧穴示意图

太极养生的道与术

"主骨主髓"，此处的髓包括骨髓、脊髓和脑髓。肾精能主骨髓而滋养骨骼，是人的力量之源，决定人的生长和发育，故身材矮小、力量不足、发育迟缓等都是由肾精不足引起的。大脑决定着人的行动、感觉和思维，因此，肾精不足，使大脑缺失营养，还会导致智力低下、记忆力减退、思维缓慢、动作迟缓等一系列病症。研究表明，阿尔茨海默综合征（老年痴呆症）与肾脏的衰老密切相关。

肾精除了能生髓外，还控制着男性的精子和女性的卵细胞，因此肾脏与生殖密切相关，这就是所谓的"伎巧出焉"。大多数不孕不育患者，都表现为肾脏功能异常。

肾经主要调理"肾"方面的疾病，因此有关发育和生殖系统病症都可以通过肾经来缓解或解决。由此可见，肾经"掌管"着人的生命活动，是名副其实的"先天之本"。

《黄帝内经》还认为，肾在志为惊恐。也就是说，保持肾功能稳定，人就不容易惊恐，意志力就会比较坚定，更容易做到临危不乱、勇往直前。而肾经和膀胱经相表里，肾经正常，是膀胱排毒正常的保证之一。

小贴士

▓ 调理肾经可防治的疾病 ▓

循环病：咽喉肿痛，下肢内侧后缘肾经循行线肿痛、麻痹，足心热痛等。

器官病症：咳痰带血，口干舌燥，哮喘，水肿，便秘，腹泻，阳痿，遗精，不孕不育，心悸，腿脚酸软，容易疲劳，耳鸣耳聋，视物模糊，肌肉萎缩，牙齿松动，头发干枯。

情绪问题：无食欲，恐惧，失眠，健忘，神经衰弱，抑郁。

九、手厥阴心包经：心脏的贴身护卫

手厥阴心包经（简称心包经），起于胸中，出属心包络，向下穿过膈肌，依次络于上、中、下三焦。它的支脉从胸中分出，沿胁肋到达腋下3寸处（天池穴）向上至腋窝下，沿上肢内侧中线入肘，过腕部，入掌中（劳宫穴），沿中指桡侧，出中端桡侧端（中冲穴）。另一分支从掌中分出，沿无名指出其尺侧端（关冲穴），交于手少阳三焦经。

心包经是体现和调节心包功能的经脉。《黄帝内经》曰："膻中者，臣使之官，喜乐出焉。"这里的"膻中"就是指心包。心是君主之官，主宰人的生命，因此人体在心脏之外便生出了一层保护它的薄膜，

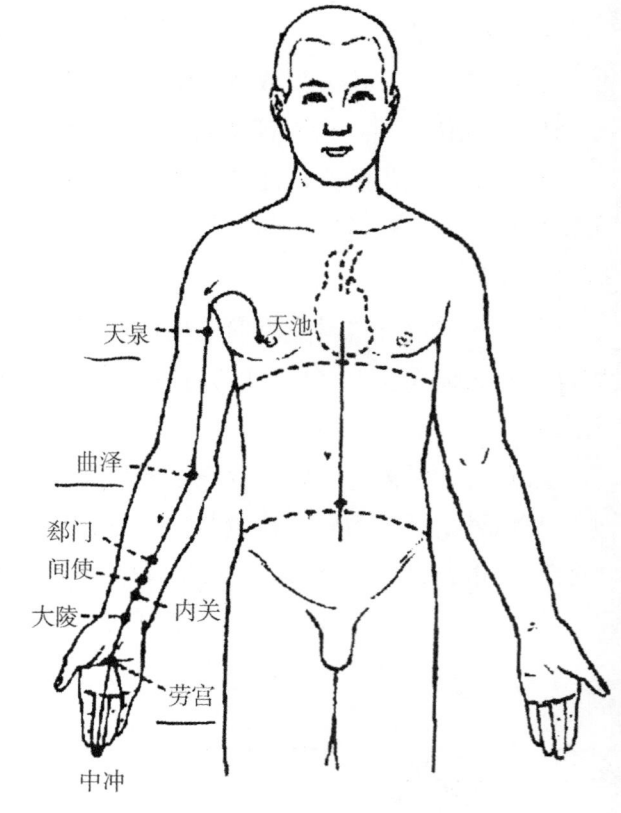

手厥阴心包经循行和腧穴示意图

这就是心包。心包的作用是代心受过、替心受邪，即外邪入侵人体时，它首当其冲保护心脏，为心脏"遮风避雨"，尽一切可能使心脏免受损伤。

心包经正是基于心包的一条经脉，负责保护心脏，阻止邪气入侵。另外，调理心包经还可以有效地增强脾胃功能，提升人体免疫力。

除了代心受过外，心包这个"使臣"还需传达"君主旨意"。因此，心脏疾病常常最先表现在心包经上。将天泉穴和曲泽穴之间的距离三等分，心包经的阻滞点便在靠近曲泽的1/3处。心肌梗死、心绞痛或冠心病早期患者点揉此处常常感觉疼痛难耐。可见，充分认识心包经可以有效地预防心脑血管疾病。

太极养生的道与术

■ **调理心包经可防治的疾病** ■

循环病：手心热，上肘部挛痛，腋肿，胸肋满闷等。

器官病症：心悸、心痛、心肌梗死、心绞痛、冠心病等一系列与心脏有关的疾病，以及咳嗽、气喘、乳痈等。

情绪问题：心神不宁，失眠，焦躁，抑郁等。

十、手少阳三焦经：人体健康总指挥

手少阳三焦经（简称三焦经），起始于第4指（无名指，小指次指）之末端，上行出于第4、第5掌骨之间，沿手背到达腕关节背部，再向上行于前臂外侧尺桡骨（臂外两骨）之间，穿过肘关节部，沿上臂外侧上行至肩关节部，与足少阳胆经交叉走其后面，进入锁骨上窝（缺盆），散布于胸腔之中部（膻中），散络于心包，下行穿过膈肌，从胸至腹统属于上、中、下三焦。

三焦经是体现和调节三焦功能的经脉。《黄帝内经》曰："三焦者，决渎之官，水道出焉。"我国自古就重视水道的

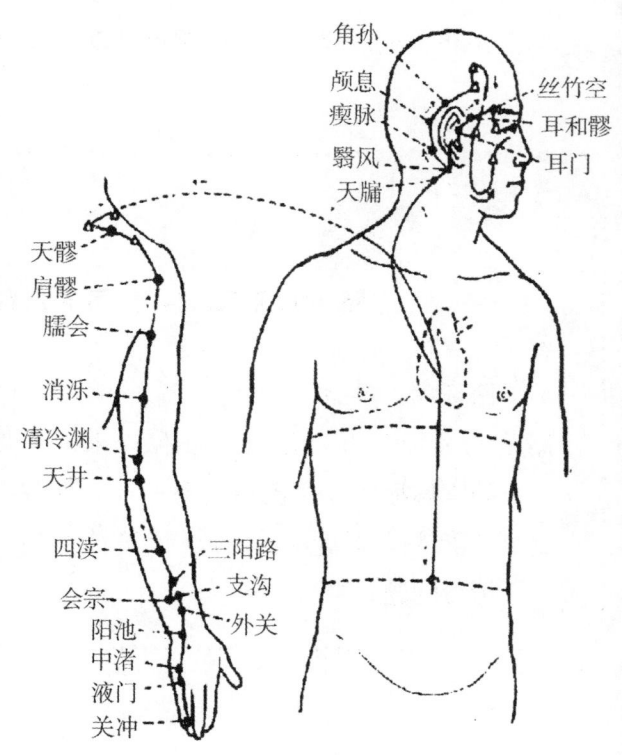

手少阳三焦经循行和腧穴示意图

疏通，大禹因为治水被举为圣王。可见三焦对于人体的重要性。三焦为六腑之一，是容纳其他五脏六腑的场所，也是人体中最大的一个腑。古人将三焦分为3个部分：上焦存心肺，中焦存脾胃、肝胆，下焦存肾、膀胱、大小肠。《内经》认为，三焦是一个总管，负责调动运化人体元气，分配全身的气血和能量，使各个脏腑协调运转，共同为人体服务。三焦一旦出现问题，人的五脏六腑系统也会跟着出问题。调理三焦经，可保持人体脏腑功能稳定，百病自然不生，而脏腑出现问题时，也可以通过调理三焦使其恢复正常运转。

三焦为人体水液运行的通道，即所谓的"水道出焉"。现代有医家将三焦等同于淋巴系统、内分泌系统或微循环，可见三焦与其功能确有类似之处。三焦不畅，人体水液代谢失常，便会发生咳痰、水肿等疾病。

三焦经负责辅助三焦，总司人体气血和能量。三焦经少血多气，故因生气导致的疾病可调理三焦，如心肋不舒、心痛、耳鸣、精神失常等。调理三焦经还可以缓解心气抑郁，纾解心情，使人的情绪长期保持良好的状态。此外，因心包与三焦相表里，故三焦的问题也可以通过调节心包经来解决。

小贴士

■ 调理三焦经可防治的疾病 ■

循环病： 耳聋，耳鸣，目外眦痛，口腔炎，耳后、肩臂、肘外侧至无名指等本经循行线部位麻木和肿痛。

器官病症： 面部色斑，鱼尾纹，胃脘痛，黄疸腹胀，心痛，水肿，遗尿，尿频，尿急，尿痛，顽固性打嗝，消化不良，大小便失禁。

情绪问题： 心烦，失眠。

十一、足少阳胆经：人体促消化的总管

足少阳胆经（简称胆经），起于眼外角（瞳子髎穴），向上到达额角部，下行至耳后（完骨穴），外折向上行，经额部至眉上（阳白穴），复返向耳后（风池穴），再沿颈部侧面行于手少阳三焦经之前，至肩上退后，交出于手少阳三焦经之后，向下进入缺盆部。

耳部分支：从耳后（完骨穴）分出，经手少阳的翳风穴进入耳中，过手太阳经的听宫穴，出走耳前，至眼外角的后方。

眼外角分支：从眼外角分出，下行至下颌部足阳明经的大

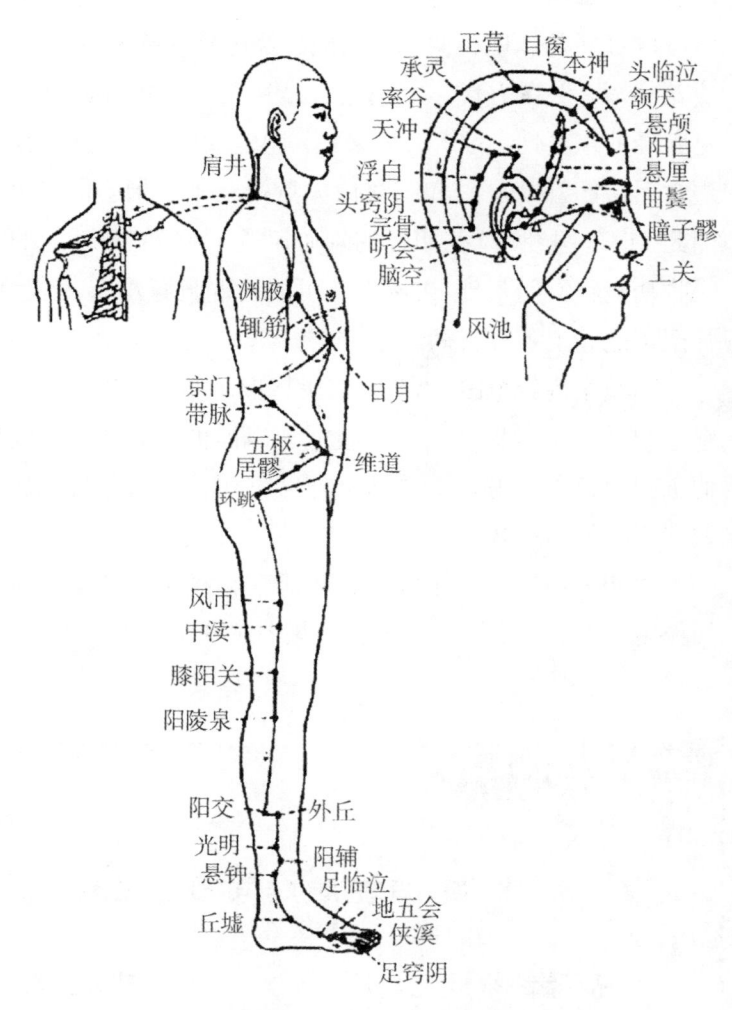

足少阳胆经循行和腧穴示意图

迎穴附近，会合于手少阳经到达目眶下，下行经颊车，由前脉会合于缺盆后，然后向下入胸中，穿过横膈，联络肝脏，属于胆，沿着胁肋内，出于少腹两侧腹股沟动脉部，经过外阴部毛际，横行入髋关节部（环跳）。

缺盆部直行分支：从缺盆分出，向下至腋窝，沿胸侧部，经过季胁，下行至髋关节部（环跳穴）与前脉会合，再向下沿大腿外侧，出膝关节外侧，行于腓骨前方，直下至腓骨下段，再下到外踝的前面，沿足背部，进入足第4趾外侧端（足窍阴穴）。

足背分支：从足背（临泣穴）分出，沿第1、第2趾骨间，出趾端，穿过趾甲，回过来到趾甲后的毫毛部（大敦，属肝经），与足厥阴肝经相接。

胆经，是体现和调节胆功能的经脉。《黄帝内经》曰："胆者，中正之官，决策出焉。"在古代，中正之官是决策者，担任此官的人一般是名门贵族，可见胆经的重要性。对于人体来说，胆辅助肝脏消化食物，储存由肝生成的胆汁。进食后，胆汁从肝脏和胆囊内大量排至十二指肠，以促进食物的消化与吸收。因此，调理胆经，增强胆经的气血流量，保障胆囊功能的正常，是保证人体消化、吸收功能正常的基础。否则人体可能出现胆囊发炎、消化不良、腹胀、便溏等病症，甚至可能患上各种胃病。

《黄帝内经》曰："凡十二脏皆取于胆。"也就是说，只要适当地刺激胆经，强迫胆汁分泌，提升人体吸收能力，提供人体造血系统所需要的充足材料，其他脏腑的营养就好，人体即会非常健康。而对于患脂肪肝和胆结石的人来说，调理胆经最简单和有效。

"胆主决断"，中医学认为胆在精神思维活动中具有判断事理、做出决断的作用。胆气充实则会使人行事果断，毫不畏惧，即是我们常说的"有胆量"。

小贴士

■ 调理胆经可防治的疾病 ■

循环病：皮肤无光泽，头痛，目眩，目外眦痛，腮痛，腋下肿痛，股膝外侧至足趾等胆经循行部位肿痛。

器官病症：胆囊炎，胆结石，多汗，口苦，呕吐，厌食，腹胀，便溏，心脏不适。

情绪问题：胆怯，易叹气，失眠，多梦。

十二、足厥阴肝经：化毒制怒的将军

足厥阴肝经（简称肝经），起于足大趾爪甲后丛毛处（大敦穴），沿足背内侧向上，经过内踝前1寸处（中封穴），上行小腿内侧（经过足太阴脾经的三阴交），至内踝上8寸处交出于足太阴脾经的后面，至膝内侧（曲泉穴）沿大腿内侧中线，进入阴毛中，环绕过生殖器，至小腹，夹胃两旁，属于肝脏，联络胆腑，向上通过横膈，分布于胁肋部，沿咽喉之后，向上进入鼻咽部，连接目系（眼球连系于大脑部位），向上经前额到达巅顶与督脉交会。

目系分支：从目系走向面颊的深层，下行环绕口唇之内。

肝部分支：从肝分出，穿过横膈，向上流注于肺，与手太阴肺经相接。

联系脏腑：属肝，络胆，与肺、胃、肾、脑有联系。

肝经是体现和调节肝脏功能的经脉，《黄帝内经》曰："肝者，将军之官，谋虑出焉。"从古至今，将军的作用就是率领军队，抵御外敌，保家卫国。

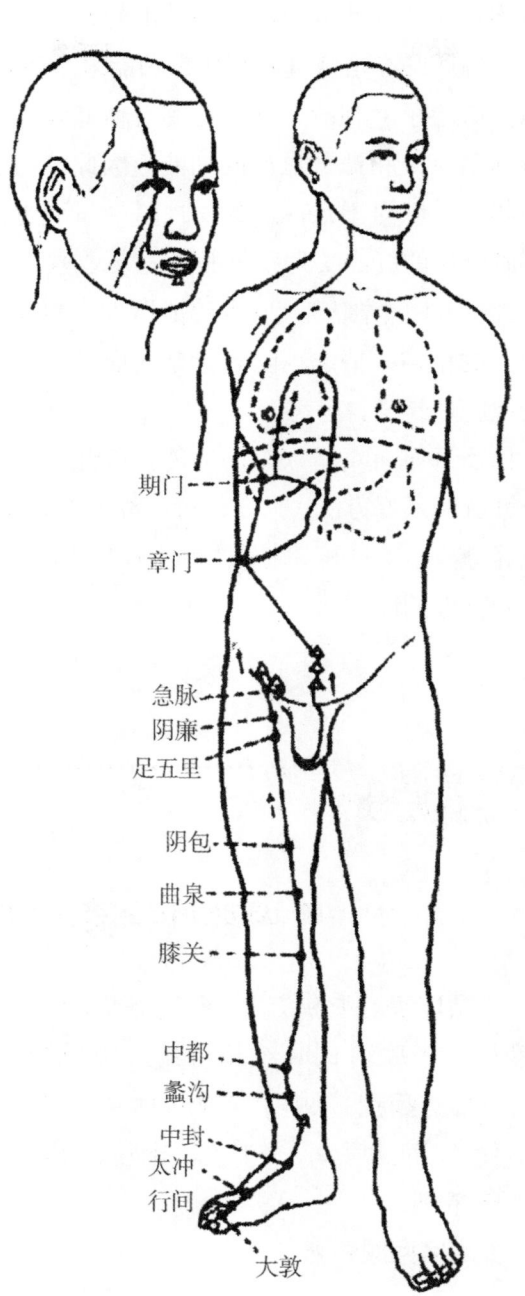

期门
章门
急脉
阴廉
足五里
阴包
曲泉
膝关
中都
蠡沟
中封
太冲
行间
大敦

足厥阴肝经循行和腧穴示意图

对于人体而言，代谢过程中产生的一系列有害物质，以及外来的毒素、药物的

上篇 养生：跨越时空的永恒追求

分解产物，都在肝脏排毒。此外，肝脏还能吞噬、隔离或消除入侵或内生的各种有害抗原。因此，一旦肝脏功能异常，致病因素便可长驱直入，侵犯脏腑。此时，调理肝经是恢复肝脏化毒功能最直接有效的方法。

肝脏除了"制敌"外，还为身体储藏养分。所谓"肝主藏血"，是指肝脏具有储藏血液和调节血量的功能，因此，与女性的经、带、胎、产等生理活动密切相关。肝血不足，可使女性月经量变少，甚至还会导致不育症。因此，调控肝脏气血的肝经实为女子的"先天之本"。

此外，中医学认为"肝主疏泄"，负责维持全身肌体的疏通和畅达。肝气失常，会使人的精神、情志也随之异常。而"肝在志为怒"，肝气失常后，人最直接的表现就是易躁、易怒。

由于肝脏负责了众多的功能，因此格外容易受伤。时常调理肝经，是我们养护肝脏的最好方法。只有保持肝经通畅、肝脏正常运行，人体才能对抗病邪、蓄藏养分、心平气和。由于"肝主谋虑"，经常调理肝经还能促使人深谋远虑，有运筹帷幄的能力。

小贴士

▣ 调理肝经可防治的疾病 ▣

循环病： 视物模糊，面色晦暗，咽干，腰痛，小肠疝气，小腿肿痛，遗尿，下肢内侧肝经循行线上出现的麻木、肿痛、发寒等病症。

器官病症： 胸闷，胸肋疼痛，乳腺增生，呕吐，打嗝，遗尿，小便不利，腹泻，阳痿，遗精，疝气，口苦，抽搐，小腹肿痛，月经不调。

情绪问题： 易怒。

十三、任脉：全身阴经的总领

任脉是人体奇经八脉之一。它起于胞宫即子宫，与手三阴经交汇，而足三阴经又上交于手三阴经，因此任脉联系了所有的阴经，对全身阴经的脉气有统领的作用，故被称为"阴脉之海"。凡经血、津液均为任脉所司，由经脉不畅导致的各种病症可通过任脉来调节。

肾经、脾经、肝经等主导生化或调节气血的经脉交于任脉，故肾脾肝出现的病变，都可以通过任脉反映于胞宫，从而导致女性患月经病或其他妇科疾病。只有任脉通畅，女性才会"月事以时下"，否则可能出现月经提前、月经不调或闭经症状。

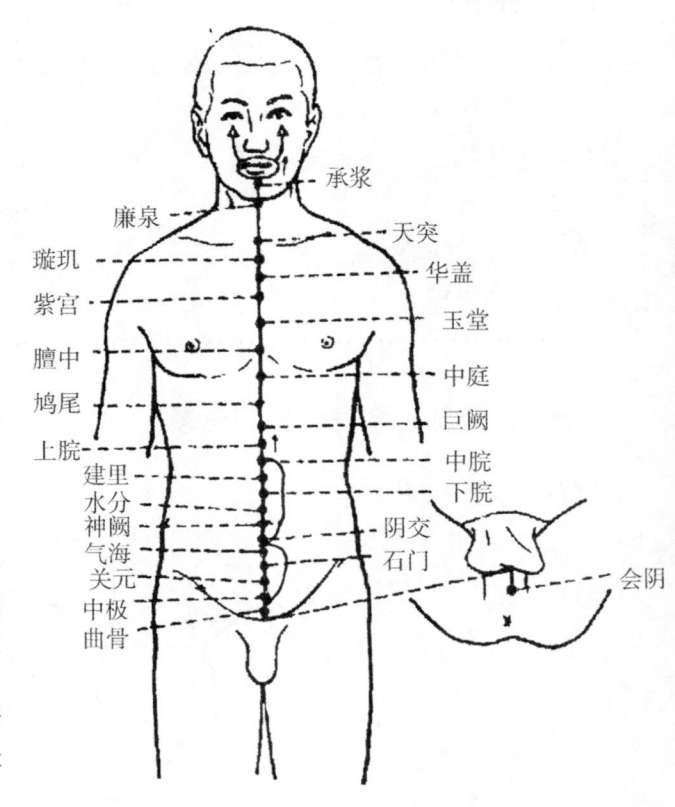

任脉循行和腧穴示意图

"任"有担任、妊养之意，可见任脉与女子的生育系统密切相关，主管人体生殖生理活动的是肾脏，起辅助作用的是脾胃，而生殖的具体过程必须在胞宫里完成。联系和调节脏腑与胞宫功能的便是任脉。因此，对生殖系统病症来说，任脉便是最好的"大药"。

此外，任脉的通、盛、衰、竭，与女性不同年龄的生理变化密切相关，这与现代医学中的雌性激素所起的作用类似。而任脉环行于腹部正中，和人体的生殖系统相对应，故本经脉上有很多穴位历来就是补肾益气、提高性功能的重要穴位。

小贴士

■ 调理任脉可防治的疾病 ■

循环病：疝气，睾丸肿痛，白带异常，月经不调，闭经，不孕不育，小便不利，遗尿，遗精，阳痿，阴中痛，产后受风，腰膝酸软，小腹积块，隔中寒，乳痈，头晕眼花等。

面部问题：面瘫，色斑，皱纹，眼袋等。

十四、督脉：全身阳经的总领

督脉起于小腹内胞宫，下出会阴部，向后行于腰背正中至尾骶部的长强穴，沿脊柱上行，经项后部至风府穴，进入脑内，沿头部正中线，上行至巅顶百会穴，经前额下行鼻柱至鼻尖的素髎穴，过人中，至上齿正中的龈交穴。

第一分支：与冲、任二脉同起于胞中，出于会阴部，在尾骨端与足少阴肾经、足太阳膀胱经的脉气会合，贯脊，属肾。

第二分支：从小腹直上贯脐，向上贯

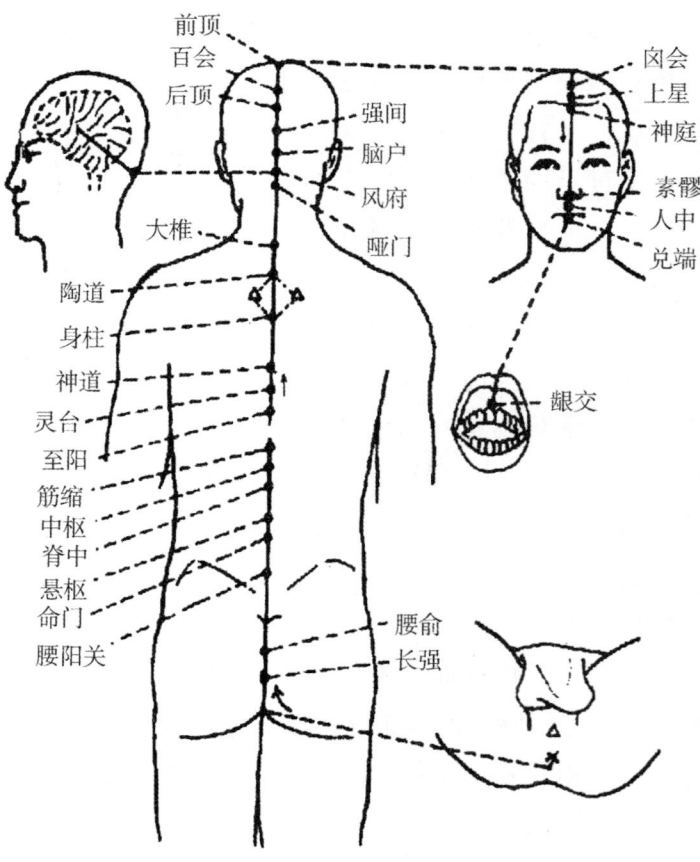

督脉循行和腧穴示意图

心，至咽喉与冲、任二脉相会合，至下颌部，环绕口唇，至两目下中央。

第三分支：与足太阳膀胱经同起子眼内角，上行至前额，于巅顶交会，入络于脑，再别出下项，沿肩胛骨内，脊柱两旁，到达腰中，进入脊柱两侧的肌肉，与肾脏相联络。

督脉为奇经八脉之一。"督"有总管、督率之意。督脉与手足六阳经相交会，总领诸阳经，具有调节阳经气血的作用，故被称为"阳脉之海"。此外，督脉与任脉、冲脉同始于肾下的胞宫中，前与冲脉同行，后与足太阳膀胱经并行，因此又称为"总摄主经"、"督领经脉之海"。可见，督脉在全身的经脉系统中起到了一个"统帅"的作用。各经脉出现异常，都可以通过调理督脉来调节经气血，使其恢复通畅。

督脉的循行路线经过背部和头部。古来有"背为阳""头为诸阳之会"的说法，所以督脉还是人体阳气宣发、元气运行的通道。人挺直脊背可增强督脉的气血通畅，激发人体阳气，以提升人的精气神。

督脉沿脊柱内部上行，入络脑，又络肾，和脑、髓、肾关系密切，可反映三者的生理功能和病理变化。肾为"先天之本"，主髓、主生殖。因此，不孕不育、脊背僵直等疾患皆与督脉有关。大脑是人精神活动的场所，所以督脉与人的神智、精神状态也密切相关。精心调理督脉，不但能有效地调节诸经运作，维护身体健康，还能使人保持心情愉快，充满活力。

小贴士

■ 调理督脉可防治的疾病 ■

循环病：头痛，头晕，耳鸣，眼花，近视，青光眼，白内障，牙痛，鼻炎，嗜睡，癫痫，颈椎病，颈项僵直，手足颤抖，抽搐，麻木，脑卒中，打呼噜，记忆力衰退。

器官病症：胸部肿瘤，肺肿瘤，肺气肿，哮喘，心脏病，心绞痛，心肌梗死，肝硬化，肝大，结石，肾病，血尿，盆腔炎，卵巢囊肿，子宫肌瘤，阴道炎。

第二节　龙生九子　各有不同
　　　　　——识别体质，让身体春暖花开

　　薯条、麻辣烫、羊肉串、狗肉煲……有些人视为美味佳肴，可对于另一些人却如同"砒霜"，这是因为人体质的个体差异。

　　体质是指机体素质，是指人体秉承先天遗传，受后天多种因素的影响，所形成的与自然、社会环境相适应的功能和形态上相对稳定的固有特征。它反映机体内阴阳运动形式的特殊性，这种特殊性由脏腑盛衰所决定的，并以气血为基础。

　　《黄帝内经》最早根据人的形体、肤色、性格、情感、意志以及对季节气候的适应能力等方面的差异，将人的体质分为木、火、土、金、水五大类型。后人根据临床上的症状表现、脉象、舌苔等，把体质细分为平和、气虚、阴虚、阳虚、痰湿、湿热、血瘀、气郁、特禀9种类型，并形成了因人而异的体质养生理论和方法。

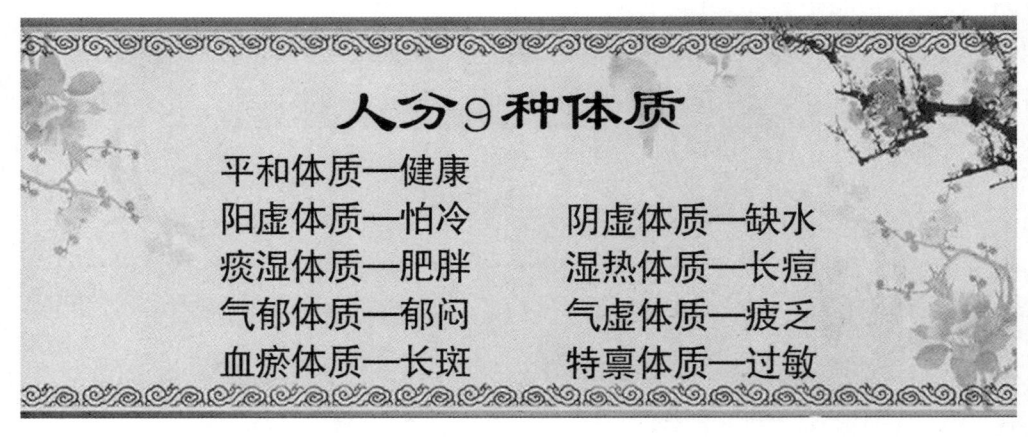

人分9种体质

平和体质—健康
阳虚体质—怕冷　　　　阴虚体质—缺水
痰湿体质—肥胖　　　　湿热体质—长痘
气郁体质—郁闷　　　　气虚体质—疲乏
血瘀体质—长斑　　　　特禀体质—过敏

一、平和体质：养生博采"中庸之道"

　　平和体质的总体特征：阴阳气血调和，脏腑功能之间的配合非常好，政令畅达。

　　平和体质的人形体匀称健壮，面色、肤色润泽，头发稠密有光泽，目光有神，鼻色明润，嗅觉通利，唇色红润，不易疲劳，精力充沛，耐受寒热，睡眠良好，胃口好，大小便正常，舌色淡红，苔薄白，脉和缓有力；性格随和开朗，好相处；平时生病少，自我康复能力强。

在现代人群中，平和体质所占比例约为32.75%，即1/3左右。男性多于女性，年龄越大，平和体质的人越少。

小贴士

▣平和体质养生方法▣

养生原则：不伤不扰，顺其自然。

生活起居：作息规律，劳逸结合，保持充足的睡眠时间，注意四季养生。

饮食调养：饮食有节，适量定时，合理搭配；进食寒温适度、应时应节、新鲜食物为宜。

体育锻炼：根据年龄和性别，参加适度的运动。

情志调摄：保持乐观开朗的心态，积极进取，节制偏激的情绪，及时消除生活中不利的事件对情绪的负面影响。

二、气虚体质：健脾避风养正气

气虚体质特点：形体消瘦或偏胖，体倦乏力，面色苍白，语声低怯，常自汗出，且动则尤甚，心悸食少，舌淡苔白，脉虚弱。若患病则诸症加重，或伴有气短懒言、咳喘无力；或食少腹胀、大便溏泄；或脱肛、子宫脱垂；或心悸怔忡、精神疲惫；或腰膝酸软、小便频多，男子滑精早泄，女子白带清稀。

气虚体质形成的原因有先天禀赋不足，后天失养，如孕育时父母体弱、早产、人工喂养不当、偏食、厌食，或因病后气亏、年老气弱等。

小贴士

■ 气虚体质者养生方法 ■

补气养气。因肺主一身之气，肾藏元气，脾胃为"气生化之源"，故脾、胃、肺、肾皆当温补。

运动锻炼：一些柔中含刚、以内养为主的传统健身法，如气功、太极拳、八段锦、五禽戏，有利于养气、补气，改善体质。还可以通过一些现代运动来调理气虚，如慢跑、步行、爬山等。

饮食调养：气虚体质者适合吃性平偏温、具有补益作用的食品。如大枣、苹果、红薯、土豆、山药、莲藕、香菇、鸡肉、猪肚、牛肉、羊肉、蜂蜜、糯米、小米、黄豆等。此外，时刻保持良好愉悦的心情非常重要，这对于调理气虚效果是非常明显的。

药物养生：气虚者宜常服金匮薯蓣丸。脾气虚，宜选四君子汤，或参苓白术散；肺气虚，宜选补肺汤；肾气虚，多服肾气丸。

三、阴虚体质：滋阴润津降虚火

阴虚体质特征：体形瘦长，平时易口燥咽干，喜冷饮，面色潮红、有烘热感，手足心热，目干涩，视物昏花，唇红微干，皮肤偏干、易生皱纹，眩晕耳鸣，睡眠差，小便短涩，大便干燥，舌红少津少苔，脉象细弦。

耐受情况：性情急躁，外向好动，活泼。平时不耐热邪，耐冬不耐夏，不耐受燥邪。

阴虚体质的形成原因有先天和后天两种。先天阴虚体质者来自父母遗传。后天阴虚体质者原因：情绪长期压抑不舒展，不能正常发泄会郁结而化火，化火就会向身体内部燃烧消耗，使阴精暗耗；长期心脏功能不好，或高血压患者吃利尿药过多；长期食用辛辣燥热的食品；过多服用利尿药或清热利湿方剂；经常熬夜等等。

■ 阴虚体质者养生方法 ■

阴虚体质者关键在于补阴。五脏之中，肝藏血，肾藏精，同居下焦，所以要补阴清热，滋养肝肾。

精神调养：阴虚体质者性情较急躁，常常心烦易怒，这是阴虚火旺，火扰神明之故，故应遵循《黄帝内经》中"恬淡虚无"、"精神内守"之养神大法。平时在工作中，对非原则性问题，少与人争，以减少激怒，并少参加争胜负的文娱活动。

环境调摄：此种人形体多瘦小，而瘦人多火，常手足心热，口咽干燥，畏热喜凉，冬寒易过，夏热难受，故在炎热的夏季应注意避暑。

饮食调养：应保阴潜阳，宜清淡，远肥腻厚味、燥烈之品；可多吃些芝麻、糯米、蜂蜜、乳品、甘蔗、鱼类等食物，对于葱、姜、蒜、韭、薤、椒等辛味之品则应少吃。

节制性欲：因精属阴，阴虚者尤当护阴，而性生活过度可伤精，故应节制性生活。

药物治疗：肺阴虚者，宜服百合固金汤；心阴虚者，宜服天王补心丸；肾阴虚者宜服六味地黄丸；肝阴虚者，宜服一贯煎；其他滋阴生津中药女贞子、山茱萸、旱莲子亦可选用。

四、阳虚体质：不伤不损养阳气

阳虚就是体内的阳气不足，用老百姓的话来说，就是火气不旺。阳虚也分不同脏腑，每个脏器都有阴阳。如，心阳虚者，会有心胸憋闷疼痛的症状；肝阳虚者，会出现情绪抑郁低迷的状况；脾阳虚者，会有食欲不振、恶心呃逆、大便稀溏等症状；肺阳虚者，会出现咳嗽气短、呼吸无力、痰如白沫等症状；肾阳虚者，会出现腰膝酸软冷痛、小便频数等症状。一身的阳气之根，在肾脏，阳气不足，往往与肾阳不足有关。

阳气为什么会不足？首先是遗传。如果父母阳气不足，尤其是母亲的体质如此，则会将体质遗传给其子女，导致其阳虚体质。其次是调理不当。天天吃冰冷的食物，导致脾阳不足，最终牵连肾阳不足。过度使用寒凉之药，比如西药里面的抗生素，比如中药里面的清热解毒的苦寒之药等等。还有自己平时保养不当。比如，冬天下雪，穿一条超短裙、丝袜，结果阳气受伤，导致阳虚。还有就是消耗过度，比如，夜夜笙歌，纵欲过度。这样的人，开始多是阴虚，然后阴虚累及阳虚，最终会导致肾阳不足。第三是自然衰老。随着人体的自然衰老，人们会出现阳气不足的情况。阳气不足之人，首先会怕冷，别人穿短袖，他却穿长袖的衣服。无论夏天冬天，手脚冰凉，和血虚的夏天热、冬天冷是不一样的。阳虚的人，脸色往往是苍白的，或者严重了以后是发黑的，甚至出现两个乌黑的眼圈，像烟熏的一样。

小贴士

■ 阳虚体质者养生方法 ■

五脏之中，肾为一身的阳气之根，脾为阳气生化之源，故须祛寒就温，温补脾肾。

精神调养：阳虚是气虚的进一步发展，故而阳气不足者常表现出情绪不佳，易于悲哀，故必须加强精神调养，应善于调节自己的情感，忌忧悲、防惊恐和喜怒，消除不良情绪的影响。

环境调摄：此体质者多形寒肢冷，喜暖怕凉，耐春夏不耐秋冬，故尤应重环境调摄，提高人体抵抗力。如多沐浴阳光，夏季不要在外露宿，不可让电扇直吹，亦不要在树荫下停留过久。

加强体育锻炼："动则生阳"，春夏秋冬，每天进行 1～2 次运动，具体项目因体力而定。

饮食调养：多食有壮阳作用的食品，如羊肉、狗肉、鹿肉、鸡肉。根据"春夏养阳"的法则，夏日三伏，每伏可食羊肉附子汤 1 次，配合天地阳旺之时，以壮人体之阳。

药物治疗：偏心阳虚者，宜用桂枝加附子汤；偏脾阳虚者，可用理中汤；偏肾阳虚者，宜服金匮肾气丸。

五、痰湿体质：祛痰除湿消脂

痰湿体质是指当人体脏肝功能失调，易引起气血津液运化失调，水湿停聚，聚湿成痰而成痰湿内蕴表现。痰湿体质者形体肥胖、嗜食肥甘、神倦、懒动、嗜睡、身重如裹、口中黏腻或便溏、脉濡而滑、舌体胖、苔滑腻。若生病则胸脘痞闷，咳喘痰多；或食少，恶心呕吐，大便溏泄；或四肢水肿，按之凹陷，小便不利或浑浊；或头身重困，关节疼痛；或妇女白带过多。

此体质的形成多因寒湿侵袭、饮食不节，先天禀赋、年老久病、缺乏运动而发病。

小贴士

■痰湿体质者养生方法■

以燥湿化痰为治疗大法，平时注意调护改善痰湿体质，防止痰湿病症发生。

环境调摄：不宜居住在潮湿的环境里；在阴雨季节，须注意湿邪的侵袭。

饮食调理：少食肥甘厚味食物，酒类也不宜多饮，且勿过饱。多吃蔬菜、水果，尤其是一些具有健脾利湿、化痰祛痰的食物，如白萝卜、荸荠、紫菜、海蜇、洋葱、枇杷、白果、大枣、扁豆、薏苡仁、红小豆、蚕豆、包菜等。

运动锻炼：应坚持体育锻炼，散步、慢跑、球类、游泳、武术、气功、八段锦、五禽戏，以及各种舞蹈，均可选择。活动量应逐渐增强，让疏松的肌体逐渐转变得结实。

药物养生：痰湿之生，与肺脾肾三脏关系最为密切，故重点在于调补肺脾肾三脏。若因肺失宣降，津失输布，液聚生痰者，当宣肺化痰，方选二陈汤；若因脾不健运，湿聚成痰者，当健脾化痰，方选六君子汤，或香砂六君子汤；若肾虚不能制水，水泛为痰者，当温阳化痰，方选金匮肾气丸。

六、湿热体质：祛湿清浊利身

所谓湿即通常所说的水湿，它又分为外湿和内湿。外湿是由于气候潮湿或涉水淋雨或居室潮湿，使外来水湿入侵人体而引起；内湿是一种病理产物，常与消化功能有关。中医学认为脾有"运化水湿"的功能，若体虚消化不良或暴饮暴食，吃过多油腻、甜食，则脾不能正常运化而使"水湿内停"；且脾虚的人也易招来外湿的入侵，外湿也常因阻脾胃使湿从内生，所以两者既独立又关联。

所谓热，则指一种热象。而湿热中的热是与湿同时存在的，或因夏、秋季节天热湿重，湿与热合并入侵人体，或因湿久留未除而化热，因"阳热体质"而使湿"从阳化热"。因此，湿与热同时存在是很常见的。

湿热体质者的形体特征：形体偏胖或消瘦；常表现为：面垢油光、多有痤疮粉刺、常感口干口苦、眼睛红赤、心烦懈怠、身重困倦、小便赤短、大便燥结或黏滞，男性多有阴囊潮湿，女性常白带异常。

小贴士

■ 湿热体质者养生方法 ■

湿热体质者须注意疏肝利胆，清热祛湿。

调体要点：一是宣疏化湿以散热。根据"火郁发之"之理，可于泻火解毒、宣疏清化。二是通利化湿以泄热。根据渗湿于热下之理，在清热化湿的同时佐以通利之白茅根、竹叶、薏苡仁，使热从下泄。

精神调养：湿热体质的人情绪与阴虚者相近，性情较急躁，外向好动活泼，常心烦易怒，因此应注意舒缓情志，心态稳定。

饮食调养：多食用清热利湿的食物，如薏苡仁、莲子、茯苓、紫菜、红小豆、绿豆、扁豆、鸭肉、鲫鱼、冬瓜、葫芦、苦瓜、黄瓜、丝瓜、芹菜、白菜、空心菜、卷心菜、莲藕等。忌食辛辣燥烈、大热大补的食物和饮品。

起居调理：湿热体质者以湿热内蕴为主要特征，平常要养成良好的生活习惯。忌长期熬夜，或者过度疲劳。应保持大小便通畅，防止湿热郁聚。注意个人卫生，预防皮肤病变。

运动锻炼：湿热体质是以清浊内蕴、阳气偏盛为主要特征的体质状态，此体质者适合做大强度、大运动量的锻炼，如中长跑、游泳、爬山、各种球类、武术等，以消耗体内多余的热量，排泄多余的水分，达到清热除湿的目的。

药物保健：从临床辨证分型来看，湿热体质又可分为湿重于热，热重于湿和湿热并重。湿重者以化湿为主，常用药如滑石、生甘草、杏仁、薏苡仁、白寇仁、茅根等；热重者以清热为主，可选用中药金银花、蒲公英、野菊花、紫地丁、黄芩、黄连、葛根等。

七、血瘀体质：疏肝活血散瘀

血瘀体质者主要症候是血行迟缓不畅，多半是因为情绪意志长期抑郁，或久居寒冷地区，以及脏腑功能失调所致，以身体较瘦者为主。其临床表现：当血瘀滞于脏腑、经络某一局部时，则发生疼痛，痛有定处，得温而不减，甚至形成肿块。此类型的人，有些尚未上年纪就已出现老人斑，有些常有身上某部位疼痛的困扰，如女性生理期容易痛经，男性身体多有瘀青，身体疼痛症在夜晚加重，等等。

小贴士

■ 血瘀体质者养生方法 ■

血瘀体质者的病因与气血瘀滞有关，养生根本之法在于活血化瘀。

运动锻炼：多做有益于心脏血脉的活动，如舞蹈，打太极拳，做八段锦、动桩功、长寿功、做内养操、保健按摩，以全身各部都能活动、助气血运行为原则。

饮食调理：可常食桃仁、油菜、慈姑、黑豆等具有活血祛瘀作用的食物，可常少量饮酒，多吃醋，山楂粥、花生粥亦颇相宜。

药物养生：可选用活血养血之品，如地黄、丹参、川芎、当归、五加皮、地榆、续断、茺蔚子等。

精神调养：应培养乐观的情绪。精神愉快则气血和畅，营卫流通，有利血瘀体质的改善。反之，苦闷、忧郁则可加重血瘀倾向。

八、气郁体质：疏肝理气养神

一般来说，气郁和人本身的性格有关，有的人平时性情急躁易怒、易激动，有的人经常郁郁寡欢、疑神疑鬼。这些性格的形成，可能是先天遗传，也可能是生活中受到精神刺激，突然受到惊吓、恐惧所致。有些人由于个人欲望得不到实现，长期忧愁、郁闷、焦虑等，有了心事也不愿意讲出来，自己也不能化解，时间一长，堵在心里的怨气越来越多，以致心烦胸闷，引起气机运行不畅。中医学认为，人体"气"的运行主要靠肝脏调节，气郁主要表现在肝经所经过的部位气机不畅，所以又叫做"肝气郁结"。

气郁体质的人形体消瘦或偏胖，面色苍暗或萎黄，平时性情急躁易怒，易于激动，或忧郁寡欢，胸闷不舒，舌淡红，苔白，脉弦。若病则胸肋胀痛或窜痛；或乳房小腹胀痛，月经不调，痛经；或咽中梗阻，如有异物；或颈项瘿瘤；或胃脘胀痛，泛吐酸水，呃逆嗳气；或腹痛肠鸣，大便泄利不爽；或气上冲逆，头痛眩晕，昏仆吐衄。

小贴士

■ 气郁体质者养生方法 ■

气郁在先、郁滞为本，故疏通气机为气郁体质者的养生原则。

精神调养：多参加社会活动、集体文娱活动；常看喜剧、滑稽剧以及富有鼓励和激励意义的电影、电视，勿看悲剧、苦剧；多听轻快、明朗、激励的音乐，以提高情志；多读积极的、励志的、富有乐趣的、展现美好生活前景的书籍，以培养开朗、豁达的性格。

环境调摄：肝气郁结者居室应保持安静，禁止喧哗，光线宜暗，避免强烈光线刺激。心肾阴虚者居室宜清静，室内温度宜适中。注意劳逸结合，早睡早起，保证有充足的睡眠时间。

饮食调养：应选用具有理气解郁、调理脾胃功能的食物，如大麦、荞麦、高粱、刀豆、蘑菇、豆豉、苦瓜、萝卜、洋葱、菊花、玫瑰等。气郁体质者应少食收敛酸涩之物，如乌梅、南瓜、泡菜、石榴、青梅、杨梅、草莓。不可多食冰冷食品。疏肝理气，少量饮酒，以活动经脉，提高情绪。

药物养生：可常用以香附、乌药、川楝子、小茴香、青皮、郁金等疏肝理气解郁为主组成的方剂。肝气郁结，应疏肝理气解郁，宜用柴胡疏肝饮。气滞痰郁，应化痰理气解郁，宜用半夏厚朴汤。

运动锻炼：多参加体育活动及旅游，能运动身体，运通气血。尤其是旅游，既欣赏自然美景，调剂了精神，又能呼吸新鲜空气，沐浴和煦阳光，增强体质。气功方面，以强壮功、保健功、动桩功为宜，着重锻炼呼吸吐纳功法，以疏导郁滞之气。

57

九、特禀体质：益气固表远离过敏

特禀体质又称特禀型生理缺陷、过敏，是指由于遗传因素和先天因素所造成的特殊状态的体质，主要包括过敏体质、遗传病体质、胎传体质等。

特禀体质有多种表现，如有的人即使不感冒也经常鼻塞、打喷嚏、流鼻涕，容易患哮喘，容易对药物、食物、气味、花粉、季节过敏；有的人皮肤容易起荨麻疹，皮肤常因过敏出现紫红色瘀点、瘀斑，皮肤常一抓就红，与西医所说的过敏体质有些相像。

特禀体质者形体上一般无特殊，先天禀赋异常者或有畸形，或有生理缺陷。特禀体质者常见哮喘、风团、咽痒、鼻塞、喷嚏等。患遗传性疾病者有垂直遗传、先天性、家族性特征；患胎传性疾病者具有母体影响胎儿个体生长发育及相关疾病特征。特禀体质者占人群比例约为 4.91%。

小贴士

▣ 特禀体质者养生方法 ▣

饮食宜清淡、均衡，粗细搭配适当，荤素配伍合理。少食荞麦（含致敏物质荞麦荧光素）、蚕豆、白扁豆、牛肉、鹅肉、鲤鱼、虾、蟹、茄子、酒、辣椒、浓茶、咖啡等辛辣之品、腥膻发物及含致敏物质的食物。保持室内清洁，被褥、床单应经常洗晒，室内装修后不宜立即搬进居住。春季减少室外活动时间，可防止对花粉过敏。不宜养宠物，起居应有规律，积极参加各种体育活动，避免情绪紧张。

第三节 法于阴阳 和于术数
——顺时调养，天人合一通正道

　　顺时养生，是中医养生学核心内容之一。《黄帝内经》云："故智者之养生也，必顺四时而适寒暑。"四时即指春夏秋冬四季。一年有四时气候的更迭、阴阳寒暑的变化，作为自然的一份子，人类的生命活动及健康状况与这些变化息息相关。故欲得安康，必须顺应四时的变化以调摄人体，达到阴阳平衡、脏腑协调、气血充实、经络通达、情志舒畅的养生保健目的。

小贴士

■法于阴阳　和于术数■

　　《黄帝内经》中，岐伯提出了中医养生方法的总原则，即"法于阴阳，和于术数"。

　　什么是阴阳呢？阴阳是我国古代哲学概念，是事物相互对立统一的两个方面，是自然界规律，是世界万物的纲领，是事物变化的根源，是事物产生和消亡的根本。阴阳学说认为阴阳是处处存在的，凡是明亮的、兴奋的、强壮的、热的、运动的、上面的、外面的事物，都是"阳"；而凡是属于阴暗的、沮丧的、衰弱的、冷的、静的、下面的、里面的事物则都属"阴"。

　　阴阳学说被广泛应用于中医学。中医学认为"阴"代表储存的能源，具体到形上包括血、津液、骨、肉，性别中的雌性等；而"阳"则代表能源的消耗，是可以通

过人体表面看到生命活力，无形到气、卫、火，性别中的雄性等都是属于阳。"阳"的生命活力靠的是内在因素的推动，即"阴"的存储。

所谓"法于阴阳"，就是按照自然界的变化规律而起居生活，如"日出而作，日落而息"，随四季的变化而适当增减衣被等。所谓"和于术数"，就是根据正确的养生保健方法进行调养锻炼，如心理平衡、生活规律、合理饮食、适量运动、戒烟限酒、不过度劳累等。

一、春天：欲与"天地同寿"，养生此时开始

春季阳气生发，大地回春、万象更新、生机盎然，是一年中最佳的季节，也是养生保健的重要时节。

春季养肝为首

一年四季春为首，五脏春季肝当令。因此，四时养生，应特别抓紧春天生发季节的肝脏养生。按照中医的"天人相应"理论，春季为人体五脏之一的肝脏当令之时，所以，在春季养生，要紧紧抓住以养肝为主线，春季养肝是纲，用适当的中医养生方法，抓住春季养肝，维护和加强人体阴阳平衡，从而真正做到"阴平阳秘，精神乃治"的健体强身之目的。

保持心情舒朗的养生观

中医学认为，春季木旺肝火盛，如果人们日常生活工作中遇到不顺心的事，易发脾气、易发火，西医称胆红素高，中医称木旺肝气盛。有一个穴位可以缓解，即位于脚背上的拇指和示指骨头交汇处的太冲穴，早晚按摩此穴位可以平肝气、舒郁结。

■ 养肝饮食选什么 ■

春季养肝，在饮食上应选用甘、辛、温之品，清淡可口，尽量不要吃油腻、生冷、黏硬的食物。

春季因人体新陈代谢加快，因此宜多选用既升发又富营养之品，如黄豆芽、绿豆芽、豆腐、豆豉、大麦、小麦、大枣、瘦肉、鱼类、蛋类、花生、黑芝麻、柑橘、蜂蜜等。

冬季因新鲜蔬菜较少，摄入维生素不足，聚积一冬的内热须散发出去，所以应多吃些新鲜蔬菜，如春笋、春韭、油菜、菠菜、芹菜、荠菜、马兰菜、枸杞头、香椿头等。这对于因冬季过食膏粱、厚味食物导致内热偏胜者，还可起到清热泻火、凉血明目、消肿利尿、增进食欲等作用。对于体质过敏者，易患花粉过敏、荨麻疹、皮肤病等，应禁食含异性蛋白等刺激性食物，如羊肉、狗肉、猪头、鸡头、海腥鱼、虾、蟹等。

■ 保健穴位——太冲穴 ■

太冲穴是人体的一个健身穴道，它位于足背侧，第 1 和第 2 跖骨结合部之前凹陷处，为人体足厥阴肝经上的重要穴道之一。

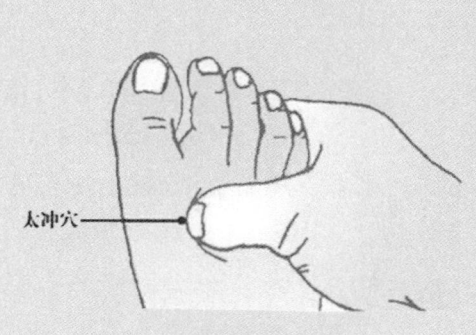
太冲穴

日常保健按摩：用拇指指腹按压或牙签圆头（注意不是尖的一头）点按太冲穴 5 ~ 8 分钟，按压力度可稍大，以有酸胀痛感为佳。

中医学认为，肝为"将军之官"，主怒。人体能量在"怒"时，往往走的是"肝经"路线。太冲是肝经的原穴，从理论上讲，原穴往往调控着该经的总体气血。人生气之时，肝也会受到影响，太冲这个肝经的原穴便会显现出一些信号，表现为有压痛感，温度或色泽发生变化，对外界更为敏感，甚至于软组织的张力发生异常。

从临床上讲，生气、发怒症状的患者往往太冲穴出现异常。通过对太冲穴的针灸、按摩等，确实可以疏解患者的情绪。太冲穴在足部的反射区为胸部，按压同样可疏解心胸的不适感。

起居须有规律

春天到来后，人体阳气渐趋于表，皮肤舒展，末梢血液供应增多，汗腺分泌也增多，身体各器官负荷加大，而中枢神经系统却发生一种镇静、催眠作用，肢体感觉困倦。这时千万不可贪图睡懒觉，这不利阳气升发。为了适应这种气候转变，在起居上应早睡早起，经常到室外散步，与大自然融为一体。

精神应养足

随着春天的到来，一般人会出现情绪不稳、多梦、思维活跃而难以集中精力，困倦乏力，精神不振等"春困"症。尤其是年老体弱多病者，对不良刺激承受能力差，春季常多愁善感，烦躁不安。因此，春天应注意情志养生，保持乐观开朗的情绪，以使肝气顺达，起到防病保健的作用。春天应注意经常锻炼。春季绿色植物增多，空气中的阴离子倍增。在这种春暖花开宜人的环境下锻炼，有助于提高生理功能和健康水平，还有利于调节情绪。

身体须保暖

天气转暖后，致病的细菌、病毒等随之生长繁殖，因而流行性感冒、麻疹、流行性脑膜炎、猩红热、肺炎等传染病更容易发生。患有高血压、心脏病的中老年人，更应注意防寒保暖，预防脑卒中、心肌梗死等病的发生。春季风大，气候干燥，水分缺乏，应多喝白开水补充体液，增强血液循环，促进新陈代谢。多饮水还可以促进腺体，尤其是消化腺和胰腺、胆汁的分泌，以利消化吸收和废物的排出，减少代谢产物和毒素对肝脏的损害。

健康常识

春天进补吃什么

食补：春季食补宜选用较清淡温和且扶助正气、补益元气的食物。如偏气虚者，可多吃一些健脾益气的食物，如大米粥、红薯、山药、土豆、鸡蛋、鹌鹑蛋、鸡肉、鹌鹑肉、牛肉、瘦猪肉、鲜鱼、牛奶等。偏气阴不足者，可多吃一些益气养阴的食物，如胡萝卜、豆芽、豆腐、莲藕、荸荠、百合、银耳、蘑菇、鸭蛋、甲鱼等。

药补：春季药补是针对已明显出现气、血、阴、阳方面不足的人，依靠食补已不能纠正其亏损时，可在医师指导下，施以甘平的补药，以平调阴阳，祛病健身。对于体虚乏力，少气懒言，不耐劳累，经常感冒，容易出汗等患者，可酌情选用中成药补中益气丸、人参健脾丸、香砂养胃丸、玉屏风散等。药膳可选黄芪党参炖鸡、人参蘑菇汤、参枣米饭、风栗健脾羹等配合治疗。

二、夏天：把握阳气生发 抓住健康命脉

走过色彩斑斓的春天，夏日的炎热便开始渐渐显露。从中医的角度看，夏季阳气旺盛，正是大自然阴阳气化、阴消阳长之时，因此想要抓住健康的命脉，一定要把握阳气的生发。

夏季补水保健康

夏季人体失水会比较多，若不及时补水可严重影响健康。人体失水皮肤易干燥，皱纹增多，从而加速人体衰老。故夏季可喝多点水，且是温开水，以每天喝七八杯温开水为宜。另外矿泉水、冷茶、牛奶、苹果汁均是理想的解渴饮料。

应时起居养好"阳"

夏季则宜晚睡早起，中午尽可能午睡。切记不能在楼道、屋檐下或通风口的阴凉处久坐、久卧、久睡。更不可久用电风扇，因夏令暑热外蒸，汗液大泄，毛孔大开，易受风寒侵袭，吹风时间过久可能会引起头痛、腰肌劳损、面部麻痹或肌肉酸痛等。

炎热夏季，很多人会患空调病，加上大量地食用冰品冷饮，肯定会伤阳气。因此，须注意居住环境不要过于潮湿，不要过多吃冰冻及凉食，夜间空调的温度不能开得太低，最好在26℃以上，不要在露天及阴冷的地方过夜。

饮食进补"清"和"苦"

在饮食滋补方面，夏季以清补、健脾、祛暑化湿为原则。肥甘厚味及燥热之品不宜食用，应选择具有清淡滋阴功效的食品。可适当食用苦瓜、苦菜，啤酒、茶、咖啡、可可等。

暑天出汗较多，钾离子流失也比较多，由此可造成低血钾现象，进而人体会出现倦怠无力、头昏头痛、食欲不振等症候。防止缺钾最有效的方法是多吃含钾食物，新鲜蔬菜和水果中含有较多的钾，可多吃草莓、杏子、荔枝、桃子、李子等；大葱、芹菜、毛豆等蔬菜也富含钾。

安养身心则寿长

按照中医理论，夏季属火，对应的脏腑为"心"，所以养心也成为夏季保健的关键。夏季养心首先应做到让心静下来，即俗话说的"心静自然凉"，清心寡欲、闭目养神都有利于"心"的养护。而听听悠扬的音乐、看看优美的图画，或钓鱼、打太极拳等缓慢运动，都有利于调节精神、保持心情舒畅。

"三高"人群饮食要诀

三高指的是高血脂、高血糖、高血压。随着人们生活水平越来越好，社会压力越来越大，三高人群愈发低龄化。

预防三高：除遗传因素，不良的饮食和生活习惯也是三高发生的重要因素。故平时就应注意蛋白均衡，少盐少脂肪，多果蔬，适当运动，不熬夜，有效解压。建议多吃黑木耳、胡萝卜、蘑菇、葱、大蒜和海鱼等可降血脂降血压之食物。

"三高"人群饮食总原则

○主食须定量，不可多吃也不可少吃。

○蛋白质要充足，同时保证优质蛋白质的摄入，如鱼类、禽类、瘦肉类、蛋类、大豆制品、脱脂牛奶等。

○少吃含脂肪、胆固醇高的食物，如肥肉、动物内脏、肉皮、巧克力、油炸食品、荤汤、蟹黄、鱼籽等，同时警惕"看不见"的脂肪，如植物油、坚果类、全脂牛奶及奶制品等。

○保证蔬菜新鲜充足，加工烹调时注意尽量减少对营养素的破坏，如先洗再切、大火快炒以及凉拌等方式。

○水果应适量，多吃同样会增加能量，最好在两餐之间食用水果。

○须限制酒水饮料的摄入，偶尔喝酒，不可超过50克。

○少吃零食，多到户外散步运动，可减轻身体负担。

高血糖人群饮食要点

（1）忌食含糖食品，如糖果、巧克力、奶油蛋糕等。

（2）常吃粗粮杂粮和薯类替代主食，如燕麦、荞麦、薏仁、马铃薯等。

（3）少吃稀饭，因为稀饭易消化难定量，餐后血糖很容易升高。

（4）每天的烹调油不能超过25克。

（5）多吃有助于降糖的蔬菜，如芹菜、黄瓜、番茄、白萝卜、绿豆芽、苦瓜、青菜等。

（6）多吃菌藻类食物，如香菇、草菇、金针菇、海带、紫菜等。

（7）吃水果应扣除相应的主食，如吃150克苹果应扣除25克米饭。

（8）血糖不稳定的情况下不能喝酒水饮料。

高血脂人群饮食要点

（1）每天脂肪的摄入量不能超过50克，每天食用瘦肉为100～150克，以喝脱脂牛奶为宜。

（2）每天的烹调油为20克左右，尽量选择富含单不饱和脂肪酸的橄榄油、茶油等。

（3）适量选用有助于降血脂的食物，如富含膳食纤维的蔬菜水果类、富含植物固醇的豆制品、富含粗纤维的菌藻类食物等。

高血压人群饮食要点

（1）饮食需要适时定量，不饥不饱，不暴饮暴食。

（2）食盐摄取每天应限制在3克以下。水肿明显时，更应严格控制食盐。但长期低盐或缺盐，可导致食欲不振，全身乏力等现象，所以不能无盐。

（3）多吃些含钾丰富的食物。如油菜、菠菜、小白菜及番茄等。

（4）尽量避免食用有刺激性的食品，如辛辣调味品。红茶中含咖啡因较多，高血压患者尽量避免饮用红茶。

太极养生的道与术

三、秋天：平定内敛，收获大自然的金色祝福

随着天气转凉，树叶逐渐枯萎，像一只只美丽的黄蝴蝶，轻轻地在空中飘舞，最后落下……这是大自然送给我们的金秋。我们经过夏季过多的发泄之后，体内阳气渐收，阴气生长，所以保养应注意滋阴养肺、平定内敛，而且还应把

这一原则具体贯穿到生活的各个方面。

营养身体：滋阴润肺最为先

秋季的特点是由热转寒，阳消阴长。所以秋季养生保健必须遵循"养收"的原则，其中饮食保健当以润燥益气为中心，以健脾、补肝、清肺为主要内容，以清润甘酸为大法，寒凉调配为主要。

饮食上宜少食辛味，多食酸味，即减少食用辛辣口味的食物，如：葱、姜、蒜、韭菜；多食用口味酸涩的水果、蔬菜。秋季的养生准则是以养人体阴气为本。饮食以滋阴润肺，回收阳气为主，即平稳地完成夏冬两季热、冷的交替。多食性温之食物，少食寒凉之食物，以巩固摄入体内的正气。

补肺润燥，可多食用芝麻、蜂蜜、水果等柔软、含水分较多的甘润食物。早晨饮淡盐水，晚上饮蜂蜜水，既是补水分、防便秘的好方法，又是养生抗衰老的重要内容。总之，秋季进补须甘润温养，既不可过热，又不能太凉，应以不伤阳不耗阴为度。

健康常识

秋季饮食四禁忌

在秋季，宜多食温食，少食寒凉之食物，以保护颐养胃气。如过食寒凉之品或生冷、不洁瓜果，会导致温热内蕴，毒素滞留体内，引起腹泻、痢疾等，故有"秋瓜坏肚"之民谚。老人、儿童及体弱者尤应注意。

（1）秋季忌食辛热香燥的食物。蒜、葱、生姜、八角、茴香等辛辣的食物和调品，容易加重内热，使燥邪侵犯人体。

（2）秋季忌食油腻煎炸的食物。炸鸡腿、炸鹌鹑等煎炸的油腻食物，秋季食用后难以消化，容易积于肠胃之内。加之脾胃功能较弱，食用油腻煎炸的食物会加重体内积滞之热，不利于人体适应秋季干燥的特性。

（3）秋季忌生吃水生植物。秋季是大部分水生植物收获的季节，也是囊蚴最多的季节，如荸荠、茭笋、菱角等。但是，生吃这类水生植物，极容易导致姜片虫的感染，使肠黏膜发生炎症、出血、水肿，甚至形成溃疡，并伴有腹泻、食欲不振；儿童感染后，会出现脸部水肿、发育迟滞、智力减退等症状。

（4）秋季忌吃肥甘食品。中医学认为，秋季主肺气，肺主辛味。如果肺气太过，往往会导致肝气抑郁。秋燥易伤津液。因此，在饮食方面，以防燥护阴、滋阴润肺为主，忌吃肥甘食品。

调节心智：顺应自然守阴元

人体的生理活动应适应自然界的阴阳变化，因此，秋季必须注意保养内守之阴气，凡起居、饮食、精神、运动等方面调摄皆不能离开"养收"这一原则。秋季养生须注意以下几点。

1. 早起早睡。早睡以顺应阴精的收藏，早起以舒达阳气。

2. 增强体力。秋天气候渐冷，衣服不可一下增加过多，有意让肌体冻一冻，经受一些寒凉之气的锻炼，这也是增强肌体对冬季寒冷气候的适应能力的重要方法。

3. 预防疾病。秋末气候转凉，这个时期是脑卒中和心肌梗死发病的高峰期，极容易导致猝死。患有慢性支气管炎、肺气肿和肺心病的人，对气候的变化也很敏感，很容易导致复发、病情恶化。因此患有这类疾病的患者应特别注意提高警惕加强预防，家中应备有急救与治疗药品，以防万一。

4. 预防秋燥。秋天气候干燥，因而皮肤水分蒸发快，故易造成皮肤干裂、皱纹增多、咽喉燥痛、大便秘结等，因此秋天预防秋燥是重要的保健原则。

5. 慎食瓜果。夏令大量食瓜果虽然不至于造成脾胃疫患，却已使肠胃抗病力有所下降，入秋后再大量食瓜果，势必更助湿邪损伤脾阳，脾阳不振不能运化水湿，腹泻、下痢、便溏等急慢性胃肠道疾病就随之发生。

6. 适时进补。常言道："秋季进补，冬令打虎。"进补时应注意不要无病进补和虚实不分滥补。还须注意进补适量，忌以药代食，提倡食补。秋季食补以滋阴润燥为主，如乌骨鸡、猪肺、龟肉、燕窝、银耳、蜂蜜、芝麻、核桃、莲藕、秋梨等。这些食物与中药配伍，则功效更佳。

7. 多饮汤水。秋季空气干燥，把进补的物品制成汤水服用比较适宜。一般人宜用食补，即选择新鲜的白菜、萝卜、莲藕等加入鱼、肉等做成汤，如花生鸡爪汤、莲藕牛肉汤、菠菜猪肝汤、萝卜排骨汤等。还可食用有利尿解热作用的寒凉类水果，如苹果、雪梨、柑橘、荸荠、葡萄等，可补充大量的多种维生素和微量元素。

四、冬天：养精蓄锐，为生命银行增储蓄

冬季，天气寒冷，万物蛰伏，树木萧萧，百草凋零，一派肃杀景象。在这个气候寒冷的季节，万物敛藏，人体新陈代谢亦趋缓慢，肌体的生理功能和食欲都会有所减退。因此，我们应遵循"闭藏"的养生法则，即一方面调节饮食，适度进补；另一方面要"神藏于内"，保持精神上的平静，这样才能为生命银行增加足够的储备。

保持室内空气流通
在冬季，人们习惯把房子的门窗关得紧紧的，如此会造成室内二氧化碳浓度过高，若再加上汗水的分解产物，消化道排除的不良气体等，室内空气将会受到严重污染。人在这样环境中会出现头昏、疲劳、恶心、食欲不振等现象。另外，冬季是一氧化碳中毒事件的多发季节，因此一定要保持室内空气流通、新鲜。

调节饮食
冬季膳食的营养特点：摄取充足的、与其暴寒和活动程度相适应的热能。营养素的比例，以蛋白质、脂肪和糖类（碳水化合物），其中蛋白质占15%～23%、脂肪占25%～35%、糖类占60%～70%为宜。矿物质的摄取量也应较平时略高一些。维生素的部分，应特别注意增加维生素C的需要量。摄取足够的动物性食品和大豆，以满足优质蛋白质的需求。适当增加油脂，其中植物油最好达到一半以上。此外，蔬菜、水果和奶类的摄取量也需充足。

敛阴护阳
冬季，由于自然界阴盛阳衰，寒气袭人，极易损伤人体的阳气，所以冬季

养生应从敛阴护阳出发。首先应尽量早睡晚起。冬季早睡晚起，保持较长的休息时间，可使心志安静，人体潜伏的阳气不受干扰。其次，应十分注意背部的保暖。背部是阳中之阳，风寒等邪气极易透过人体的背部侵入，引发疾病。接着应避寒就暖。冬天气候较冷，人们应尽量待在温度适中的房间里，减少外出次数。如确需外出，应穿上保暖的衣服和鞋袜。另外须特别注意的是洗澡时须保暖，避免引起伤风感冒，并诱发呼吸道疾病等。

适度进补

寒冷的冬天是进补的好时节，中医对人体的调节滋补十分讲究，根据天人相应、时脏对应的理论，冬季属肾，肾主脏精而为生命之元，故冬季为四季进补的最佳季节。

根据中医学"虚则补之，寒者温之"的原则，在冬季膳食应多吃温性、热性特别是温补肾阳的食物进行调理，以提高人体的耐寒能力。冬季"食补"，应选用富含蛋白质、维生素和易于消化的食物。可选食物：糙米、玉米、小麦、黑豆、豌豆等谷豆类，生姜、韭菜、大蒜、萝卜、花椰菜、木耳等蔬菜类，羊肉、牛肉、鸡肉、猪腰子及鳝鱼、鲤鱼、鲢鱼、带鱼、虾等肉食类，核桃、桂圆、栗子、芝麻等果品类。体质虚弱的老年人，冬季常吃炖母鸡、瘦肉、蹄筋，常喝牛奶、豆浆等，可增强体质。

健康常识

冬季补肾有讲究

中医学认为，肾为先天之本，生命之源，有藏精主水、主骨生髓之功能，所以肾气充盈，则精力充沛，筋骨强健，步履轻快，神思敏捷；肾气亏损则阳气虚弱，腰膝酸软，易感风寒，易生病等。冬季肾脏功能正常，可调节肌体适应严冬的变化，否则，会使新陈代谢失调而引发疾病。所以，冬季注意对肾脏的保养是十分重要的。

散步、慢跑、打球、做操、练拳舞剑等，都是适合冬季锻炼的项目。冬季锻炼还应注意保暖，特别是年老体弱者，锻炼出汗停止运动时，一定要及时穿上衣服，有条件的尽量换去汗湿的内衣，以防感冒。

坚持按摩可祛乏护肾。按摩可采用以下方法：①搓擦腰部。两手搓热后紧按腰部，用力搓30次。"腰为肾之府"搓擦腰部可疏通筋脉，增强肾脏功能。②揉按丹田。两手搓热，在腹部丹田处按摩30～50次。丹田乃人之真气、真精凝聚之所，为人体生命之本。此法常用之，可增强人体的免疫功能，提高人体的抵抗力，从而达到强肾固本之目的，有利于延年益寿。

肾虚病症有阴虚、阳虚之分，对人体各个脏腑起滋补、润泽作用的称之为肾阴；对各个脏腑活动起温煦、推动作用的称之为肾阳。补肾应当针对肾阴、肾阳虚衰的不同，采用对症的相应方法进行。肾阴虚者，常见有肺热、咽燥、腰膝酸软、头晕耳鸣、舌苔偏红等症状，可选用海参、枸杞、甲鱼、银耳等进行滋补；肾阳虚者，常见有肢体畏寒、精神萎靡、腰酸耳鸣、舌淡、体胖等症状，则应选择羊肉、鹿茸、补骨脂、肉苁蓉、肉桂、益智仁等补之。

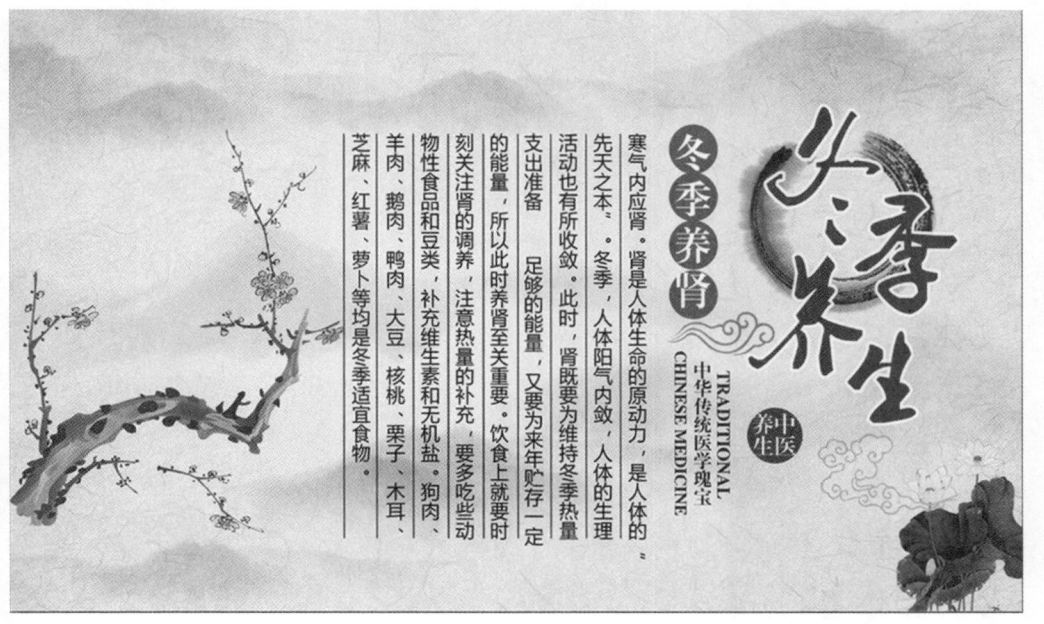

冬季养肾

寒气内应肾。肾是人体生命的原动力，是人体的"先天之本"。冬季，人体阳气内敛，人体的生理活动也有所收敛。此时，肾既要为维持冬季热量支出做准备，足够的能量，又要为来年贮存一定的能量，所以此时养肾至关重要。饮食上就要时刻关注肾的调养，注意热量的补充。要多吃些动物性食品和豆类，补充维生素和无机盐。狗肉、羊肉、鹅肉、鸭肉、大豆、核桃、栗子、木耳、芝麻、红薯、萝卜等均是冬季适宜食物。

71

第三章 道教养生:仙道贵生的不懈探索

　　道教是我国土生土长的宗教，它不同于基督教的"原罪说"，也不同于佛教的"苦难论"。道教鲜明地提出"仙道贵生"之思想，认为人生是幸福的，生活是美好的，因此要好好珍惜生命，充分享受人世间的美满和幸福。修道的目的是圆融社会生活、圆满个体人生。道教把追求长生久视为教义宗旨，发展形成了一系列行之有效的养生方法。

太清道德天尊

玉清元始天尊

上清灵宝天尊

　　道教流派众多，其养生方法更是纷繁复杂、千奇百样，但是总体上从理论到实践大致可分为：道家祖师的养生思想，四季与二十四节气养生法、服食养生法、起居养生法、房中养生法、动静功法养生法、医药养生法、外丹养生法、内丹养生法等10种养生之道。本章简要介绍功法养生和内丹养生两种方法。

道教发展简介

道教是中国固有的传统宗教，因以"道"作为其最高信仰而得名。它是在中国古代道家思想理论的基础上，吸收神仙家的修炼方术、民间鬼神崇拜观念和巫术活动而形成的一种有组织的宗教。

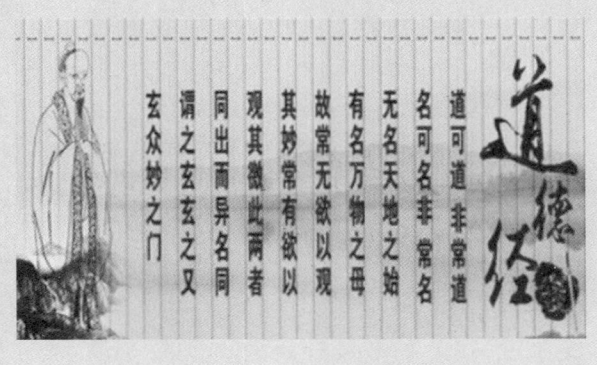

东汉后期至魏晋南北朝是道教正式形成和确立的时期。最初形成的教团组织，主要有沛人张陵创立的五斗米道，流传于西南巴蜀地区；巨鹿人张角创立的太平道，遍布中原青徐幽冀荆扬兖豫八州。太平道与五斗米道皆以符水咒语为人治病，以善道教化民众。从其教义和方术来看，属于民间原始宗教团体。这两个道团在汉末魏晋时期常组织发动下层民众起义造反，严重威胁统治阶级的利益，因而受到官方的镇压和限制。

魏晋以后，道教开始向体制化的官方正统宗教发展。晋代道教学者葛洪在《抱朴子》一书中，对战国秦汉以来社会上流行的神仙信仰和各种方术加以系统总结，从理论上阐述了修道成仙的可能性，提出以服食金丹大药为主，兼行其他方术的修仙途径。他还提出以道为内，以儒为外，使神仙方术与儒家纲常名教相结合的教义，从而为道教的进一步发展奠定了理论基础。此后，从东晋后期至南北朝时代，中国南北方都出现了由门阀士族道教徒发起的道教改革活动，代表人物有寇谦之、陆修静、陶弘景等。道教的经典、教义、教规和教派组织得到改造和充实发展。

隋唐北宋时期，官方道教兴盛发达。唐朝王室自称为太上老君后裔，自开国后即尊崇道教，规定道教为三教之首。唐玄宗尤其崇信道教，加封老子尊号为大圣祖玄元皇帝，以《道德经》为科举考试科目。北宋真宗、徽宗尊奉道教神赵玄朗为王室始祖，屡次加封玉皇大帝尊号，建立宫观供奉。由于唐宋统治者的尊崇扶持，道教在当时极为兴盛。唐代和北宋还由官方主持多次编修《道藏》，研究道经和教义、礼仪的学者纷纷涌现，对道教学术文化的发展有较大的贡献。

晚唐北宋以后，道教教义开始出现一些新变化。主要表现在兼融儒释道三教思想，以修持内丹术为主的钟吕金丹派开始在道教中兴起。五代宋初华山道士陈抟、北宋道士张伯端，吸取儒家《易》学和佛教禅宗理论，使之与道家思想和早期道教炼丹、养生方术结合，论述了内丹修炼的理论和方法。到了南宋金元对峙时期，道教内部发生重大变革，新兴道教派别纷纷涌现。在北方有全真道、真大道、太一道，南方有金丹派南宗、清微派、神霄派、净明道等新道派；早期的天师道、上清派、灵宝派等旧道派在教义和道法上也有新的变化。这些道派在教义上的共同特点是倡导三教合一，鼓吹儒释道三教同源一致。全真道和金丹派南宗都是专主内丹修炼，倡导性命双修的教团，并在修炼次第上形成了先性后命与先命后性两派。南方其他符箓道派也受内丹术影响，融合内丹与符箓道法，倡导"内丹外用"、"内道外法"，以内丹修炼作为施行符箓咒术之本。道教符箓道法也更加完备成熟。元朝统一之后，南北各道派重新组合，形成以内丹为主的全真道和符箓为主的正一道两大派系，流传至今。

道教在明清时期趋于衰落，社会地位逐渐下降。道教教义、教制总的说来虽无大发展，但道教思想却进一步通俗化，流传于广大社会。被道士们加以通俗解释的内丹术，传向社会各界，在儒士中影响尤深。清末民国时期，道教虽已非常衰微，但作为一种传统宗教信仰，它对中国的思想文化和社会风俗，仍有着一定程度的影响。

道教相信人类通过修炼养生能够战胜疾病死亡，得道成仙，因此创造出一整套复杂的宗教修持理论和方术。这些方术概括起来主要有以下几大类：第一类是源于古代神仙家的服食术，包括服用采集的天然动植物药和人工炼制的金丹大药（外丹），其目的在于借助药物力量强固自身、延年祛病、长生不老。第二类源于古代养生家的炼养方术，包括思神守一、吐纳胎息、房中固精、屈伸导引、辟谷食气及咽液、叩齿、按摩、梳洗等各种卫生保健方法，其目的在于通过自身精神、形体的锻炼调养，达到强身健体、安定精神、延年益寿。这两种外服丹药、内炼形神的方术融合发展，又形成了道教后期的内丹术。第三类方术源于古代巫师术士的法术，如画符念咒、斋醮祈祷、跪拜首过等等，目的在于召神驱鬼，辟除妖邪侵害，祛病消灾。这类方术有较多迷信成分，但在医巫不分的古代，也被认为有治病卫生的功效。此外还有许多道教杂术，如卜筮相面、算命求签、观星望气、堪舆风角之术，以及变化分形、造雾吐火、呼风唤雨、隐遁、雷法等等。这类魔术表演虽然也为江湖道士所常用，但与长生成仙已无关系。

第一节　功法养生：户枢不蠹　流水不腐

道教功法养生分为动静两种。动以行气活血、通利关节，静以敛气养神、固本还原。但此两者一阳一阴，阳过则阴消，阴过则阳伤，因此练功时必须动静结合，阴阳平衡。

静功养生是指以静为主的养生方法，但是也不是绝对意义上的静，大多数静功修炼法都要求意念意义上的动，也有形体上的微动，或者由意念带动形体上的微动而导致的动。其修炼方法有站桩、服气法、调息法、存思法、打坐、桩功等。

动功养生法是由古代导引术发展而来。"导引"又称"道引"。导、道两字的原义相近，古代均可作疏通、宣导解，引申有伸展、援引、延长、引导之意。

所谓导引，指的是通过肢体的运动，有目的地疏导气血沿经络顺畅地运行，从而达到舒筋、活血、养气、怡神、健身的效果。现在流传下来的易筋经、五禽戏、八段锦、太极拳等都应当算是导引术，或者说它们主要来自于导引术。

道家素来就重视导引功夫，意图借此益寿长生。关于导引的作用，《云笈七签》卷三十六《玄鉴导引法》中曰："一则以调营卫，二则以消谷水，三则排却风邪，四则以长进血炁。……言人导引摇动，而人之精神益盛也。"即是说，人通过导引，可以调和体内阴阳，促进消化，抗御疾病的侵入，还可以使气血充盈，精神旺盛。

齐梁间道士、道教思想家、医学家陶弘景，整理汉晋以来导引诸法，编写了《导引养生图》一卷，"图分三十六势，如鸿鹤徘徊、鸳鸯戢羽之类，各绘像其上"。他所著的《养性延命录》中专列《导引按摩篇》，述"疗背膊臂肘劳气""疗脚气疼闷，腰肾间冷气冷痹，及膝冷脚冷"以及"去胸臆中热"的方法。并有日常锻炼之用导引法。

这套导引法已经由单一的动作向系统功法转化，跳出一术治一病的框架，将多种动作组合编排为成套术式。

隋代太医巢方元等奉诏撰著的《诸病源候论》中记载养生方120条，导引法278条。从姿势来说，有屈肋、侧卧、端坐、跪坐、踞坐、蹲坐、舒足坐、倚立、胡跪等；从功法来说，有行气、内视、存神、引气、闭息、按摩、导引等；从动作来说，有伸展手臂，有屈伸足部，有前屈后仰，有旋转，有头部、颈部、腰部、上肢、下肢的活动；从治疗的范围看，导引法治病包括风病、虚劳、股背病、消渴病、伤寒病、冷热病、气病、脚气病、咳逆病、五脏六腑病、呕吐病等十余大类上百种病症。其系统与完整令人惊叹。这些功法绝大多数来自道教，可以说，这是一部我国传统医学与道教气功养生学相结合的典范著作。

拓展阅读

道教功法养生特点

道教功法养生有4个特点：

一是运动与行气结合。道家认为，动物的寿命与每分钟呼吸的次数成反比。如，鸡1分钟呼吸30次，鸡的寿命只有12年；狗1分钟呼吸28～30次，狗的寿命为20年；大象每分钟呼吸18～20次，大象的寿命是60年。一般来说，人的呼吸是每分钟16～18次，按照 16 次算，就可以活到 72 岁。在古人看来，神仙和凡人呼吸的部位也不一样，呼吸的频率也就不同。庄子说："真人之息以踵，众人之息以喉。"所以，练功必须和行气结合，使气达到深、长、细、均、微。

二是"练内不练外"。即重视内脏的强壮而不重视锻炼外表肌肉。他们认为，肌肉越强，消耗的能量越多，如得不到及时补充，将会从内脏透支，久之形成外强中干。

三是"辨证施功"。练功应根据个人体质情况不同选择对症的功法。体虚的人应当多选择些静功，收敛神气，这是补法功法。实症体质之人，应当用动功，如各种导引术，让瘀塞闭结的部位得到疏散通畅，这是泻法功法。而热症体质的人则宜练"六字诀"类鼻吸口呼的功法，这也是泻法。而寒症体质的人则宜练闭气法，这是补法功法。

四是"天人合一"。不同的功法修炼须选择合适的时间，以体现天人合一和天人相应。

道教功法练习原则：心平气和，沉肩坠肘，含胸拔背，腋下空虚，松胯松腰，精神内守，安舒自然，气定神闲等。

道教动功养生主要分为强身健体、治病祛疾两大类，既有单式动作，如无极功、阴阳功等，又有组合套路，如五禽戏、八段锦等。五禽戏为华佗所传，自其问世后深受世人重视，并由之演化为多种功法，至今仍为人们的健康而服务。八段锦是由 8 节修炼动作组成的一套导引锻炼方法。它的"八节歌诀"易记，术式简单，且各节术式均对与之相关联的内脏有裨护作用。因此，人们如对丝织品中的"锦"那样欢迎它、爱护它，故名。据史料所载，八段锦出现于北宋时期，在其流传过程中，分为南北两派。北派相传由北宋名将岳飞所传，动作繁而难炼，以刚为主，姿势多用马步式，又称武八段；南派附会梁世昌所传，动作难度不大，以柔为主，姿势一般多用站式，又称文八段。此外，尚有四段锦法、内养十二段锦、十六段锦等。

除五禽戏、八段锦外，另有十二月导引法，很有特色。它将导引与引气相结合，主张在不同的时令修炼不同的功法，以达到养生防病的目的。类似的还有补五脏导引法。它是按一年春、夏、秋、冬四季，分别修炼补肝、补心、补肺、补肾，在春、夏、秋、冬修炼补脾脏的导引势。

在传世的套路治病导引法中，最为著名的是二十四节气导引坐功图势。该法由陈希夷编订，以图配文，术式多种。其特点是根据一年不同的二十四个节气，修炼不同方法，并一一指出对治疗哪些病症有效。故每节都包括坐功与治病两个内容。

道教功法是中国养生文化的瑰宝。它所体现的养生精神及其所贯穿的形神俱炼、内外结合、动静结合、天人合一、因病施治等原则和方法，足以使其在文化形态上同当今任何体育文化相媲美。显然，即使在现代生活中它仍然有着巨大的实用价值，并为人类的健康、发展做出新的贡献。

 ## 第二节　内丹养生：脱胎换骨　致道成仙

内丹术是道教修炼人体精、气、神的方法。道教认为，修得人体精、气、神的凝聚物，就可以脱胎换骨、至道成仙。

道教内丹养生虽然宗旨一致、目标相同，但是由于入手和指导思想有所侧重，所以道教内丹养生在发展过程中形成了许多门派。

唐末五代是内丹学开始兴盛的时期。其中以崔希范、钟离权、吕洞宾、施肩吾、陈朴、谭峭、陈抟等最为著名。他们皆有著述，阐述内丹修炼的理论与方法，为宋元内丹源的形成奠定了基础。

此丹法理论主要有 3 个特点：第一，理论上已相当成熟。道教传统的"天人合一"观与"类比宇宙论"的人体生命哲学是其核心。第二，内炼功法已十分完善，形成了以筑基炼己、炼精化气、炼气化神、炼神还虚为主体的四层次与九阶段的炼养丹法。第三，大量地吸收了儒、释的思想，特别是儒家的"正心诚意"学说和佛家的"止观""禅定"的行持。

宋元时期是内丹理论和功法阐发宏扬、内丹派别形成时期。此时期内丹大家首推张伯端，其著作《悟真篇》专明金丹之要，与魏伯阳的《参同契》，被道家并推为正宗。其丹法下传石泰、薛道光、陈楠、白玉蟾，而成内丹南宗一派。至金元时期，在三教合一的宗旨下，又形成了以王重阳及其弟子马丹阳、刘处玄、谭处端、郝大通、王处一、丘处机、孙不二等为首的内丹北宗（全真道）一派。其后又有陈致虚融合南北二宗，力图统一内丹法。于时著名的人物甚多，均有著作留传至今。并出现了几部大型内炼类书，如《云笈七签》《道枢》《修真十书》。宋元内丹派是中国气功史上的主要核心派别。此派的著作多达400余部，全面系统地阐述了道教气功内丹学的理论与方法。

拓展阅读

什么是

精是构成人体物质、维持人体生命活动的基础。从广义上说，精包括精、血、精液，一般所说的精是指人体的真阴（又称元阴），不但具有生殖功能，促进人体的生长发育，而且能够抵抗外界各种不良因素影响而预防疾病的发生。因此阴精充盛不仅生长发育正常，而且抗病能力也强。精的来源，有先天、后天之分。先天之精是秉受于父母的，在整个生命活动中作为"生命之根"而起作用，但先天之精需要不断地有物质补充才能保证人的精不亏，才能发挥其功能，这种物质即是后天之精。后天之精是来自饮食的营养物质，亦称水谷精微。有了营养物质的不断补充，才能维持人体生命活动。

气既是运行于人体内微小难见的物质，又是人体各脏腑器官活动的能力。因此中医所说的气，既是物质，又是功能。用现代语言来理解：气就是正在发挥特定功能的物质、能量与信息的总括。人体的呼吸吐纳、水谷代谢、营养敷布、血液运行、津流濡润、抵御外邪等一切生命活动，无不依赖于气化功能来维持。

神是精神、意志、知觉、运动等一切生命活动的最高统帅。它包括魂、魄、意、志、思、虑、智等活动，通过这些活动能够体现人的健康状况。如：目光炯炯有神，就是神的具体体现。

精、气、神三者之间是相互滋生、相互助长的，他们之间的关系很密切。从中医学角度讲，人的生命起源是"精"，维持生命的动力是"气"，而生命的体现就是"神"的活动。所以说精充气就足，气足神就旺；精亏气就虚，气虚神也就少。反过来说，神旺说明气足，气足说明精充。

古代讲究养生的人，都把"精、气、神"称为人身的三宝。如人们常说的："天有三宝：日、月、星；地有三宝：水、火、风；人有三宝：神、气、精。" 古人有"精脱者死，气脱者死，失神者死"的说法，以此不难看出"精、气、神"三者是人的生命存亡之根本。所以保养精、气、神是健身、抗衰老的主要内容。

道教内丹养生的理论基础是传统的精、气、神学说。他们认为，性为"精"，命为"神"、"气"。性命双修就是炼养人的"精""气""神"。同时，道教认为，道（神）生气、气生精、精生形，是为顺生；内丹养生的目的就是要形返神、神返气、气返道（神），是为返本还原，即逆生。这就是所谓的"顺则生人，逆则成仙"。由此总结出了炼己筑基、炼精化气、炼气化神、炼神返虚、炼虚合道的修养过程。

一、炼己筑基

筑基为内丹修炼的准备阶段，也可看成是第一阶段。要求填亏补虚，炼好身体的精、气、神三宝，炼养得充盈，达到精足、气满、神旺的"三全"世界。就好比建筑高楼首先要打好地基，一般要经过100天的时间，故称 "百日筑基"。

其实不一定每人都须"百日"，有人可能长一些，有人可能短一些。

筑基的关键在于"炼己"，就是要把自己思想上的杂念尘垢，拂拭得干干净净，一尘不染。明代伍冲虚《内炼金丹心法·炼己》曰："己即我静中之真性，动中之真意，亦为元神之别名也。"

炼己的方法是断除声色，省却应酬，使耳目归于清净，杂念消于未萌。炼己的过程，即是筑基的过程。只有收视返听、清心寡欲，才能培炼元精、元气、元神，达到"三全"境界。

二、炼精化气

炼精化气，又称小周天、百日关，即将精与气合炼而成为气，达到"三归二"。这是内丹修炼的第二阶段，其法初步是贯通任、督二脉，打通"小周天"。即用意念的力量使精化气，复使气自会阴、尾闾溯夹脊上达泥丸，再下降丹田，如此反复运转，称为"河车通"。

炼精化气又称"初关"，具体功法即"小周天"。因炼精化气小周天以意领气的循行与后天八卦有关，而后天八卦又以坎离代表人体心肾、水火，在十二地支为子午，在方位为南北，所以"小周天"又有"坎离交媾""取坎填离""水火既济""心肾相交"等之称。小周天亦称"子午周天"。

小周天功就是要通过子午周流，打通任、督二脉之法，取坎填离而为乾坤，恢复先天八卦元气。小周天功法又分以下层次。

（1）调身。修炼周天功一般采用坐姿，又分双盘坐、单盘坐、自然坐几种。

调整坐姿后，挺直腰背，放松全身骨肉，微闭眼睛，合上双唇，舌抵上腭，调匀呼吸，处于自然状态。

亦可采用仰卧身姿，枕头不宜太高，以2寸为宜。其他要求同坐姿。

（2）调药。"药"指精、气、神，调药即调精、调气、调神。精气调，则精满自然化气，气满自然生精，精满气足则神自然旺。

调药的关键在于"凝神入气穴"，凝神即澄神息心，使意念若有若亡，气穴即下丹田。意念、神气澄息后凝聚于下丹田。

凝神入气穴，且感到活子时来到，说明药物已在下丹田产生，后天之精转为先天之精。

（3）产药。周天功所产药物，一般分为外药、内药、大药3种。

外药、内药为炼精化气阶段先后产生的药物，大药为化神阶段由内外两药相合凝成的药物。

活子时到来，说明外药已经产生。与"活子时"相对的有死子时、正子时。死子时指夜晚23时至凌晨1时一阳初生之时。正子时产生在小周天功法纯熟进入大周天功法之时，机体所产生的"六根震动"景象。活子时，为小周天功法中随时随地恍兮惚兮的梦冥之中，感到光透眼帘、周身和畅、气穴暖融、阳物勃举之时。

外药活子时，为小周天运转之初由内而生的先天真阴祖气。须注意，活子时要在先天精气充盈之时自然来到，不可刻意追求，不可揠苗助长。在"活子时"时还须及时采药入炉，不可有丝毫邪念沾染，不能烦扰元神祖气，以防走火入魔。

（4）采药。外药一旦产生，就需要及时采药入炉，急速用武火使外药归于气穴，即用加强意识的方法，使种子（外药）及时归于炉中，不使走失。采药之诀，即"火逼金行"。火指神，即意念，金指肾中的精气。简言之，即加强意念作用，使产生的内气暖流感觉向下向后行。加强意念的方法，又称聚火之法，用"撮、抵、闭、吸"四字诀，使内气走上督脉。其要诀为："撮提谷道，舌抵上腭，目闭上视，鼻吸莫呼。"

同时，还应掌握意念运行的火候，不可太过亦不可不及，要使所采之药老嫩适中，以利于进一步炼制成丹。

（5）封炉。小周天功法，多以下丹田为炉，泥丸宫为鼎，合称炉鼎。经过采药之法，把外药采进下丹田的炉中之后，需要及时封固，不使外驰。

封固不仅在于封固被采入炉中的外药，而且须及时温养，温养需要文火，将神、气俱伏于气穴。然后再次"火逼金行"，运药烹炼，待其有行动之机，则周天武火，自此起伏。

文火，指在意念作用下，呼吸微缓，不使其间断，"若守若存，勿亡勿助"。所谓武火，指呼吸紧重，匀细深长，"绵绵不断，息息归根"。文火用于温养，用于沐浴；武火用于采取，用于烹炼。

外药入炉封固温养，再次火逼金行。此次火逼金行以呼吸为主，对药物进行起运烹炼；而上次火逼金行，则是以意识之火为主，把"药"及时采进炉里。两者有所不同。

（6）运炼。即把采入炉内、经过温养后逼进任、督两脉的外药（先天祖气），用进火退符的周天之法炼成丹母，共运炼300息、300候。

用武火将经过温养的药物出炉升鼎，从下丹田的炉后两个小孔，经尾闾送进督脉，然后进阳火、退阴符，进行周天运炼，即为小周天功法。

小周天运炼，使任督二脉周流，督升任降，如环无端。具体路线为：药物经下丹田后两个小孔下降，过会阴，经尾闾而接入督脉，又从督脉贯脊上行，入泥丸宫，然后从泥丸出头面正中降至鼻唇，又经鼻唇下交任脉，由下唇凹陷处的承浆穴下颈，沿胸腹正中线下行，回到下丹田。如此由督入任，督升任降，周流一周，就是一个小周天，亦称"河车搬运"。

小周天药物烹炼过程，须经过"三关""上下鹊桥""三丹田"。

三关——尾闾关、辘轳关、玉枕关。尾闾关在脊柱骨的最下端，其地有长强穴；辘轳关又称夹脊关，其关在背脊正中，当俯卧睡时，两肘尖连线的正中；玉枕关在脑后正中发际枕骨下端，在两侧风池穴之间。此三关为药物运炼过程中三处险而难通之处，由尾闾到泥丸的督脉，运药时称为河车之路（张紫阳《奇经八脉考》）。三关为河车上升之路，由尾闾到夹脊，细步慎行，如羊驾车之轻柔；由夹脊至玉枕，巨步急奔，如鹿驾车之迅捷；由玉枕至泥丸，大力猛冲，如牛驾车之奋进。三车与三关所指位置略有不同。

上下鹊桥——上鹊桥有两个，一在两眉之间的印堂，一在鼻窍处；下鹊桥也有两处，一在尾闾，一在谷道处。两者都是一实一虚，行小周天功法，当"药物"流经上鹊桥时，须舌抵上腭，如此则任、督架通，周流不息。而其"药物"容易走失之处，则为下鹊桥的谷道处。其走失的信号为肛门矢气（放屁），当"药物"运经下鹊桥时，不要忘了撮提谷道，以防走漏。

三丹田——位置都处在任脉通道上。脑为髓海上丹田，心为绛宫中丹田，脐下3寸为下丹田。下丹田为藏气之府；上丹田为藏神之府。

（7）火候。在内丹功中指用元神与精气相合于任督二脉运转烹炼，亦指用元神、精气运转烹炼的时机与程度。

在内丹修炼中每一步都有火候。《修真后辩》分为：内火候、外火候、炼药火候、合丹火候、修性火候、文烹火候、武炼火候等。

刘一明《悟真直指》说，金丹全靠火候修持而成，火为修持之功力，候为修持之次序，采药须知迟早，炼药须知时节。

火候进退是周天烹炼的关键。"进"指进阳火，当药物进入督脉后，用加强意念和吸气方法，使之逆而上行。"退"指退阴符，当药物通过泥丸宫行将交入任脉时，用放松意念和呼气方法，使之顺而下行。

进阳火，除去卯时沐浴，主要在于子、丑、寅、辰、亥五阳时进行，其法于五阳时中意守丹田，行吸气着重而长、呼气自然而短，把呼吸的重点放在吸气之上的火候法，呼吸次数按"乾用九而四策之"以子、丑、寅、辰、巳各升36吸，每36吸为一时，五阳时共得180吸，此刻气机正合升至乾顶泥丸，即完成小周天进阳火程序，可转为退阴符。

退阴符，除去酉时沐浴，主要在于午、未、申、亥五时进行，其法于五阴时中意守丹田，行呼气着意而长、吸气自然而短，把呼吸重点落在呼气之上的火候法。其呼吸次数是按"坤用六而四策之"的原则进行，以午、未、申、戌、亥各降24呼，每24呼为一时，五阴时共得120呼，此刻气机正合由泥丸回降至下丹田，则"小周天"退阴符事告毕，完成了一小周天的气机升降。

（8）沐浴：指在炼药进火退符过程中的"息火"和"停符"，是调节火候的一种方法。"卯时沐浴"，"酉时沐浴"。即进阳火至卯宫时，不进火；退阴符至酉宫时，不退符。不进火、不退符即呼吸无心，略事休息，以便温养。

具体方法：活子时来到，先天祖气从丹田由尾闾循督脉逆行上升，行吸气着意而长、呼气无心而短进阳火候时，当进阳火的功法由子历丑，经寅达卯，至卯时则神往夹脊，把吸武呼文的火候调和为毫不经意的自然呼吸，待自然呼吸36次后，"卯时沐浴"之功告毕，此时又须把毫不经意的自然呼吸改为吸武呼文的进阳火候，直至最后完全进阳火的辰、亥火候，使气抵泥丸宫（午时）而交入退阴符候。退阴符候时，气从泥丸循任脉下降，行呼气着意而长入，吸气随意而短，当退阴符候的功法由午历未，经申达酉，至酉时则神往黄庭，把呼武吸文的火候调和为毫不经意的自然呼吸，待自然呼吸24次后，"酉时沐浴"之功告毕，又把毫不经意的自然呼吸改为呼武吸文的退阴符候，直至最后完成退阴符的戌、亥火候，使气归抵于下丹田。

（9）停火：又称止火，指炼运火候百（如加上卯酉沐浴则为360候）届满，阳光三现（两眉印堂3次出现闪光）之时，须及时停止火候，停止河车运转。火候已足，下丹田结成珠黍样的丹田黄芽，如不撤去火候，将会药老丹伤。

止火以后，即转入"炼气化神"的大周天阶段。

小周天功法9个层次，可简单归结为"采"、"封"、"炼"、"止"4个过程。完成炼精化气小周天功一般需100天，故称"百日关"。

三、炼气化神

炼气化神又称大周天、中关、十月关，是内丹修炼的第三阶段。

小周天在于将精与气合炼成为气，达到"三到二"；大周天在于将气与神合炼，使气归神，达到"二归一"。

大周天又称"乾坤交媾"、"卯酉周天"。经后天八卦取坎填离之后，由离南（午）坎北（子）转变为乾南（午）坤北（子），而原来后天八卦的坎离两卦，已分别转到了东卯西酉的方位，由丹术重视坎、离两卦，故以此位置称大周天为"卯酉周天"，称小周天为"子午周天"。与小周天用后天八卦相对，大周天采用先天八卦图式。

小周天是有为阶段，在炼化两过程中必须真意为媒，使二五妙合，铅汞成丹。大周天则是由有为过渡到无为阶段，化气为神，使二化为一，使元神纯阳可以出景。此大周天阶段，又喻为养胎，入十月关后大周天工夫，实际即是入定功夫。气由微动到不动而尽化，真意运用由双目观照到无觉，此时由定生慧，入六通灵境，果能慧而不用，转识成智，则胎圆可证，阳神可成。

大周天具体作法：自然坐姿，或盘膝坐式，坐定之后，调节意识活动，从左前人体内运于脐轮，神与气合，真气流盈于丹田，由小而大，由大而小，不断精炼。

然后精气流在意念导引之下，上至璇玑穴，向左臂而下，至曲池，经内关逆掌以及指尖，出手臂至手臂外关，上肘逾肩井，上大椎而下，出尾闾。

由下复上，过玉枕，达昆仑泥丸至面部，过鹊桥，降重楼，经胃口过脐，至玉柱，复到气海，行于右腿，历膝关，穿足背至趾间转涌泉踵后，上运过阴谷，通过尾闾，复至顶门。

如前下鹊桥，依次到左腿，如循右腿经脉一样，下落涌泉，贯尾仓而下摄元海，如上真气循经贯注一周。

大周天炼气化神即把在小周天中炼成的丹母送进十二经脉、奇经八脉，将它炼成精、气、神三宝合一，能量无比的"大药"。

内丹炼化精气，应掌握一阳之气生发的天然时机，于"正子时"起身炼精，采药归炉，此为产大药之时，亦即大药完成的生理信号。《仙佛合宗》说：须知大药生时，六根先自震动。这时丹田火炽，两肾汤煎，眼吐金光，耳后风生，脑后鹫鸣，身涌鼻搐一类，为得药之景，所得即为大药，这一时刻称"正子时"。

　　"正子时"是与小周天功法中"活子时"相对的内丹术语。"正子时"中的"炉鼎"与小周天"炉鼎"不同。小周天以下丹田为"炉"（大炉），上丹田为"鼎"（大鼎）；大周天以下丹田为"炉"（小炉），中丹田为"鼎"（小鼎）。

　　当大周天正子时采药入炉升鼎后，所用火候，更以"绵密寂照"为上乘功法。其法，就意念言，最要心中寂寂观照，常定常觉，听凭中丹田和下丹田鼎、炉里的"大药"上浮下沉，氤氲灵活；就呼吸言，亦须一任自然往来，密密细细，沉而调匀，来不得半点儿的粗疏。如此日久功深，待至神气成"圣胎"，即可过渡到"上关炼神还虚"的最后阶段。

　　内丹功法精气运行的过程称为"河车搬运"。河车分为小河车、大河车、紫河车。小河车为元气从肾传肝，从肝传心，从心传脾，从脾传肺，从肺传肾的五行循环，周而复始，"龙虎交战"而变"黄芽"的过程。

　　大河车为元气从尾闾开始，历经督脉的下、中、上"三关"，任脉的下、中、上"三田"，"抽铅填汞"而成"大药"的过程，亦即"小周天"收功、"大周天"起始阶段的功夫。紫河车为"紫金丹成"时的高级阶段循环功法。此时"纯阴下降，真水自来；纯阳上升，真火自起。一升一沉，相见于十二楼前，颗颗还丹，而出金光万道，为紫河车也"（《西山会真记》）。

　　完成中关炼气化神一般需300天，故称"十月关"。

四、炼神还虚

　　炼神还虚为上关，又称九年关。它是内丹修炼的第四阶段。

　　炼神还虚为道教全真修炼法的最高境界，有融合儒、释、道之妙。

　　炼神还虚的"虚"指超越语言思虑，与道合一，与宇宙同体，入于虚空，故在丹经中常以"○"代虚。所谓"九年"，借用佛教禅宗达摩面壁九年的典故，以喻此阶段纯入性功，常定常寂，一切归元。

　　这一阶段，应将意守的重点由中丹田转至上丹田泥丸宫。以天地宇宙为"鼎"，以上丹田为"炉"。其时炉中自守，主要为由"大药"而化成圣胎的"婴儿"。"婴儿"需要哺乳、抚养、训练，故而对此时一连串的功法，纯由意想而成，以达"出神"而趋于物我同化、常定常寂、一切归元的目的。

五、炼虚合道

　　炼虚合道为丹道修炼之最上一乘，又称粉碎虚空或虚空粉碎，为内丹修炼的终极目标。

《性命圭旨》认为：炼神还虚不是最高境界，称修道之人有时"只知炼精化炁，炼炁化神，炼神还虚而止，竟遗忘了炼虚合道一段"。

闵一得道："世所传炼神还虚而止者，犹落第二义，非无上至真之道也。"（见闵一得《证道仙经》）。就是说炼神不等于出神，还虚则未尽了当，所以必须炼虚合道。正如《性命圭旨》所说："大道乃虚空之父母，虚空乃天地之父母，天地乃人物之父母。"

所以逆修须经历虚空才能契合大道。其要点就在于粉碎虚空心，即无心于虚空，做到本体虚空，并安本体于虚空中，得先天虚无之阳神，合于遍布万化、无所不在的大道，从而出现"百千万亿化身"。

此时形神俱妙，与道合真，功成道备；阳神出窍，离开尘世，方居三岛，接着"受紫诏天书而居洞天矣"（见《西山群仙会真记》）。就是说阳神出窍后，留驻人间，继续积功累德，功行圆满后，得到天庭命诏，升入仙境。

拓展阅读

道教修炼内丹方术

道教创立后，在修道成仙理论的指导下，继承古人治道之法，结合自身之修炼，创造出一整套修炼成仙的方术，其内容主要有心斋、守一、定观、坐忘、缘督、内观、导引、存想、吐纳、存思、听息、内视、踵息、守静、服气、辟谷、服食、行炁、房中、胎息、外丹、内丹等等。

1. 心斋

心斋为道教斋法的最高层（供斋、节食斋、心斋），指疏瀹其心，摒弃智欲，澡雪精神，除却秒累，掊击其智，断绝思虑。修炼方法以虚为要，从倾听自己的呼吸入手，专心致志地将太虚之气与道相结合，以便进入虚无忘我的境界。其具体步骤，据近人陈撄宁《静功疗养问答》介绍：意念专一，排除干扰；专注听呼吸之气，因鼻息无声故不以耳听，而用意念听，功夫深入，意念联成一片，无须再着意于听，而是听其自然，听之任之地听，意念归一后，即停止听，渐入混沌境界，心的知觉失去作用，最后不知不觉地进入虚无境界。

2. 守一

守一指在身心安静的情况下，把意念集中到身体的某一部位。其源于老子的"载营魄抱一，能无离乎"。其修炼方法，李远国《道教炼养法》介绍：首先要排除外界的干扰，有安静清洁的环境；其次要求专心一意，将苦恼、烦闷、忧愁、喜怒等个人的情绪一概置之度外，尤其须克服名利之心，重视个人的道德修养。修炼时一定要注意身姿的舒适、自然，至于姿势，坐卧均可；由浅而深，循序渐进，一步步做起；修至100日为小静，200日为中静，300日为大静；验证方法主要是通过感光的显示，初炼时，冥目内视无光无色，次而有光感，"守一复久，自生光明"，进而"神明进光，久视电光"，最后光明益大，"明有日出之光"，洞照天地上下，人体内外，可见自身或天地万物。

3. 定观

定观指慧心内照的内观与静定相结合的修炼过程及其境界。定者，心定也，如地不动；观者，慧观也，如天常照。其修炼过程，据《洞玄灵宝定观经》曰：夫欲修道，先能舍事，外事都绝，无与忤心。然后安坐，内观心起，若觉一念起，即须除灭，勿令安静。接着，虽非有贪着，浮游乱想，亦尽灭除。唯灭动心，不灭照心；但凝空心。不依一法而心常住。行而久之，自然得道。

4. 坐忘

坐忘指静坐忘身，达到无所不忘的虚无状态。唐司马承祯《坐忘论》将其修炼过程分为7个阶段：一敬信，二断缘，三收心，四简事，五真观，六泰定，七得道。敬信指尊重信任大道的存在。断缘指断绝尘世间的各种俗缘。收心指保持本心清静，远离外境，不为尘俗所染。简事指断简事物，应物而不为物累。真观指用心去观察现象世界，认清它的虚幻不实，不为外物所迷惑。泰定指即将得道的境界，

"无心于定，而无所不定"。得道指形神统一，修成长生不老之真身。

5. 缘督

缘督指运行任督二脉中的督脉为修道之门径。语见《庄子·养生主》："缘督以为经，可以保身，可以全生，可以养亲，可以尽年。"就是说，用运行督脉方法作为修道之途径，可以做到保养身体，可以做到完善生命，可以做到奉养亲人，可以做到尽享天年。近人蒋伯超《庄子集释》曰："人生任督二脉，为精气之源。督脉起于小腹，贯脊而上行，又络脑自脊而下，脑为髓海，命门为精海，实皆督脉司之。缘，依也；经本也。依此命脉，以为摄生之本。"

6. 内观

内观指用意念或慧光照耀体内各种景象。有两个层次的修炼：一为观形之内观，即以"无中立象心定识神"，由此锁住心猿意马，使耳不闻，目不见，心不狂，意不乱。二为观神之内观，指观乎神而不观乎形，强调绝念无想，以无心为心，最终达到"内观起火，炼神合道"。

7. 导引

导引指学习外界事物的动作，导行肢体，以通经络。语见《庄子·刻意》："熊经鸟伸，为寿而已矣，此导引之士，养形之人，彭祖寿考者之所好也。"就是说，像熊一样地攀爬树木并悬挂在半空，似鸟一样展翅而伸腿，这是长寿的需要，是学习导引、锻炼身体、保养体形，做到如彭祖一样长寿之人的追求。

8. 存思

存思，又称存想、存神，简称存。存指意念的存放，思指瞑思其形。唐司马承祯《天隐子》曰："存谓存我之神，想谓想我之身。"就是说，存思自己身上的神。道教认为神无所不在，无所不存，身内身外皆有神，如果能存思这些神，神就会安置其身，达到长生久视的目的。

9. 吐纳

吐纳指把胸中的浊气从口中呼出，再由鼻中慢慢吸入清鲜之气。语见《庄子·刻意》："吹呴呼吸，吐故纳新。"就是说，吐出浊气，呼入清气。

10. 听息

听息指在平静的心态下用炁去听自己的呼吸，所以又称听炁。语出《庄子·人间世》："无听之以耳，而听之以心；无听之以心，而听之以炁。"就是说，不要用耳去听自己的呼吸，而是要用心去听自己的呼吸；接着又不要再用心去听自己的呼吸，而是要用炁去听自己的呼吸。即先用心听，再用炁听，最后心炁混成一片，心在炁中，炁在心中，自然清静。

11. 内视

内视指在排除外界干扰，无浮思杂念的情况下，合闭双目，观窥躯体某一部位。内视又称内观，其目的是为了入静。

12. 踵息

踵息指凭脚后跟呼吸。语出《庄子·大宗师》："古之真人，其寝不梦，其觉无忧，其食不甘，其息深深。真人之息以踵，众人之息以喉。"就是说，古时候修道之人，睡觉不会做梦，醒来时不会忧愁，吃东西不求甜美，呼吸时气息深沉。修道的人呼吸凭借的是着地的脚后根，而一般人呼吸靠的是喉咙。显然，平常人用喉咙呼吸，吸入的是凡气，气只能到达肺，即为肺呼吸，稍用功夫，最多只能到达丹田；而修道的人用脚后跟呼吸，吸入的是仙炁，炁可以遍及全身。

13. 守静

守静指收住烦乱的心，寻找一个恬静的环境来看守它。语见老子《道德经》第十六章："致虚极，守静笃。"就是说诚心诚意地守静，一定会达到心灵空明的境界，其目的是"归根复命"。就是说，想要回归到生命的根源，就要入静，入静以后，生命即可以得到回复，就能够体会到宇宙永恒的法则，就能够体悟大道，得到真我。

14. 服气

服气，又称"食气"、"行气"。指呼吸吐纳锻炼。以呼吸为主。语见嵇康《养生论》："呼吸吐纳，服气养身。"就是说，在呼吸吐纳中吸纳天地精炁，可以此炼养身体。

15. 胎食

胎食，通称咽津，指吞咽口津。《摄生纂录》认为：漱其舌下泉，

太极养生的道与术

90

咽之数十息之间一相继，就是胎食。道教认为模仿胎儿口津内咽，即能改善体质，健康长寿。

16. 辟谷

辟谷，也称断谷、绝谷、休粮、却粒、辟粮等，指不食五谷。分为自然辟谷和人为辟谷。自然辟谷指功夫修到一定层次，气足自然不思饮食。人为辟谷指专做辟谷的功夫，或不食烟火食，而食别的药草果实等。田诚阳《中华道家修炼学》将辟谷分为 5 种类型：①不食五谷杂粮，即米面之类；②不食人间烟火，即不食熟食；③不食油盐，中华道家又称"上清斋"；④禁绝一切食物，专门服炁；⑤服用药物，代替食物。此有 3 个目的：一是为了清洁内脏，达到净化内脏的效果；二是为了休息肠胃，达到治愈身体某些疾病的效果；三是为了解决住山修炼时，避免断粮之后造成的困境。总之，辟谷是不食五谷杂粮，而代之以别的东西，并不是什么都不吃。

17. 服食

服食，亦称服饵，指服用中草药或金石炼成的金丹。语见《论衡·道虚》："闻为道者，服金玉之精，食紫芝之英。"道教服食的药包括丹药和中草药，指各种膏丹、丸、散、汤剂、酒方。道教服食的饵指糕饼一类，泛指各种营养品，其原料大致分为血肉品、草木品、菜蔬品、灵芝品、香料品、金玉品六大类。其做法分为糕点、酥酪、膏露、清蒸、红烩、粉蒸、烤炸、溜炒、腌熏、焖炖十大谱系，可谓是一套完整的营养菜谱。道教服食有时是修炼的需要，有时是代替饮食，有时为了坚固自己的体形。

18. 行炁

行炁，又称运炁、引炁、通炁、逼炁、闭炁等，指运行体内的真炁，以通经脉。《抱朴子内篇·释滞》曰："初学行炁，鼻中引炁而闭之，阴以心数一百二十，乃以口微吐之，吐之、引之，皆不欲令己耳闻其出入之声，常令入多出少，以鸿毛着鼻口之上，吐气而鸿毛不动为候也。"就是说，开始学习行炁法，从鼻孔引炁闭守，暗暗地用心数120下，然后引入身体内部，再从口中将浊气吐出，微微吸入清炁，一般要吸入的炁多而呼出的炁少，用一根鸿毛放在鼻孔上，以鸿毛不动为最佳。常行此法，能使人长寿。《抱朴子内篇·至理》曰："服药虽为长生之本，但行炁而尽其理者，亦得数百岁。"

19. 房中

房中有许多隐晦的称呼，如"玄素之方"、"容成之术"、"彭祖之道"、"黄赤之道"、"房帏之事"、"御女术"等，其异名多达六十多种。它起源于远古时期先民的生殖崇拜，后成为古代道家和神仙家研究房事和祛病延年的卫生术。道教讲少私寡欲，但不主张禁欲，而是反对淫欲。《抱朴子内篇·极言》称："其大要在于还精补脑一事耳"，"服阴丹以补脑，采玉液于长谷"。即道教通常所说的"若要不老，还精补脑。"后来此术在流传中被人误用，遭受诋毁，道教遂不传此法。

20. 胎息

胎息，又称"脐呼吸"、"丹田呼吸"。像婴儿一样用脐呼吸。《抱朴子·释滞》曰："得胎息者，能不以口鼻嘘吸，如在胞胎之中。"就是说，不用口和鼻子呼吸，如在孕胎之中，即是胎息。另据《脉望》卷一曰："呼吸真气，非口鼻呼吸也。口鼻止是呼吸之门户，丹田为气之本源，圣人下手之处，收藏真一所居，故曰胎息。"实际上是说通过意念诱导的一种高度柔和的腹式呼吸方法。

21. 内丹

内丹相对外丹而言，又称修炼龙虎、吐纳、胎息之术等，指以人体为鼎炉，以体内的精、炁为药物，用神去烧炼精和炁，使精、炁、神三者在体内结成金丹。

中篇

太极养生之道

第四章 一阴一阳之谓"道"

——"太极"之源流

"太极"一词，最早见于《易经》。《易传·系辞》云："易有太极，始生两仪。两仪生四象，四象生八卦，八卦定吉凶，吉凶生大业。"

太极是指天地未开、混沌未分阴阳之前的状态。

两仪即阴阳。在易学理论中，两仪还指天地、奇偶、刚柔、玄黄、乾坤、春秋等。

四象，即少阴、少阳、太阴、太阳。在不同时候，可分别对应四方、四季、四象。

八卦，即乾、坤、巽、兑、艮、震、离、坎。

这里的"太极"是阐明宇宙从无极而太极，以至万物化生的过程。

《易经》是中国古代哲学的代表作，它总结了宇宙物质运动的普遍规律，同时提出了模拟宇宙论的人体生物哲学，认为人体为一小天地，即小宇宙，它与天地之间大宇宙有着同一本体，同一运行规律，同一生成秩序。人是大自然的产物，是大自然的组成部分，所以人类要服从大自然的选择。人与自然息息相关，天、地、人浑然一体。"人，法地；地，法天；天，法道；道，法自然"。"天人合一""天人感应"的思想正是建立在这一基础上的。

《易传》又讲：一阴一阳之谓道。可见，"太极"就是"道"。

汉代以后，"太极"和"元气"说结合，成为一种宇宙观的核心和养生理论的至高境界。他们把"太极"和"元气"等同起来。例如，《汉书·律历志》中就讲：太极元气，含三为一。太极元气说注重人身修炼，把"精""气""神"当作生命的基础理论。

太极元气说被汉末新兴的道教所吸纳，道教文献中第一部以道教思想阐释老子《道德经》的《老子想尔注》，主张"积精""食气"和"行道"，并把"道"与"一"等同，称"道"为"道神"，仍然是"太极元气"观念下的"精""气""神"。

魏晋以后道教内丹派兴起，"积精""食气"和"行道"而达到保持"太极元气"，以求长生久视的修炼与养生，一直成为道教和民间修道之士的持续追求。直至隋唐时期，太极理论仍对道教内丹派产生重要影响。

宋代以后，内丹养生的心性之学取代了玄学，成为思想界的主流。北宋的道教金丹派南宗代表张伯瑞撰写的《悟真篇》和《青华秘文》，提出神即先天的元性，主张性由心生，是精气之主。张伯瑞的四传弟子、著名道士白玉蟾吸收禅学原理，进一步发挥心性之说，强调"心"与"道"相通，他们都是"阴阳之髓、混沌之精、虚空之根、太极之蒂"，从而把道家的太极理论和心性之学连贯起来。值得注意的是，在宋元的《易》学著作和道教文献中，开始出现以图来表示"太极"理论的"太极图"。

▓▓ 重温经典

大道之源——《易经》

《易经》和《黄帝内经》《道德经》合称为我国古代三大奇书。易：改变；经：书籍。《易经》也称《周易》或《易》，是一本揭示变化的书，主要内容是太极阴阳图和八卦及六十四卦，被誉为"群经之首"、"大道之源"。

关于《周易》的成书，《汉书·艺文志》曰："《易》道深矣，人更三圣，世历三古。"此说最为汉儒接受。它认为：上古时代，通天之黄河现神兽"龙马"，背上布满神奇的图案，圣人伏羲将其临摹下来，并仰观天文、俯查地理，而做"八卦"；中古时代，姬昌被纣王囚禁于羑里，遂体察天道人伦阴阳消息之理，重八卦为六十四卦，并作卦爻辞，即"文王拘而演《周易》"；下古时代，孔子喜"易"，感叹礼崩乐坏，故撰写《易传》十篇。

《易经》以宇宙间万事万物为观察和研究对象，用"阴"和"阳"两个基本要素，描述了一个阴阳变化的系统。它认为世界万物是发展变化的，其变化的基本要素是阴（--）和阳（—），"一阴一阳之谓道。"世界上千姿百态的万物和万物的千变万化都是阴阳相互作用的结果。《周易》研究天、地、人"三才"，而以人为根本。三才又各具阴阳，所以《周易》六爻而成六十四卦。正如《说卦》所云："立天之道曰阴与阳，立地之道曰柔与刚，立人之道曰仁与义。兼三才而两之，故《易》六画而成卦。分阴分阳，迭用刚柔，故《易》六位而成章。"

《易经》是中华传统文化世界观和方法论的源头，它包含了对立统一、阴阳互根、阳逆阴顺、此消彼长、物极必反等规律，和这些规律数千年沉淀和积累形成的自强不息、厚德载物、居安思危、乐天知足等中华文化的基本精神特征，以及中华文化的核心和精髓——和谐意识。

古人用《周易》预测未来、决策国家大事、反映当前现象，上测天，下测地，中测人事。当然，占测只是其中的一大功能，它还囊括了天文、地理、军事、科学、文学、农学等丰富的知识内容。只要能读懂《周易》，无论是哪一行的从业者都能在其中汲取智慧。

《周易》现存主要版本有两种：通行本与马王堆帛书本。影响最大的通行本有魏王弼注本、唐孔颖达疏本（即《周易正义》）、宋朱熹《周易本义》本。1973年，湖南长沙马王堆3号古汉墓出土的帛书《周易》与传世各家《易》本均有不同，是现存最早的别本。《周易》注本，古今不断，多达千余种，影响较大的有：唐李鼎祚《周易集解》、孔颖达《周易正义》、宋程颐《程氏易传》、朱熹《周易本义》、现代闻一多《周易义证类纂》、高亨《周易古经今注》等。

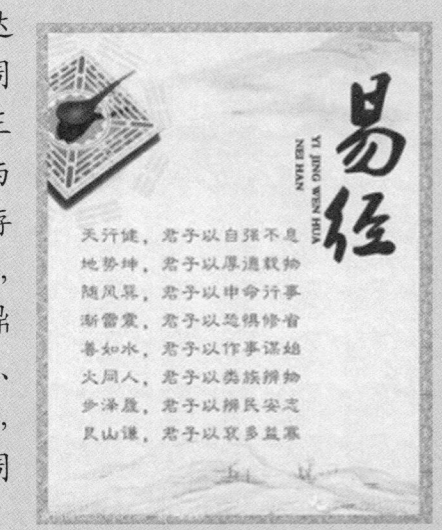

第五章 明天理之根源 究万物之始终

——天下第一图：太极图

太极图是古人用特定的图像或象征的方法，把天地万物的生成演化过程以简易而深奥的表达形式描绘出来。它是太极观念的图像示意。太极图把古代哲学、自然科学、社会科学和思维科学融为一体，成为我国文化瑰宝，许多传统文化学科或多或少都与它有关，所以，太极图被誉为"天下第一图"。

我国历史上流传的太极图论和图形很多，有先民太极图、刘牧太极图、周敦颐太极图、空心圆形太极图、六经太极图、天地自然之图和古太极图等，其中最有名的是周敦颐《太极图（说）》和现代流行的古太极图，它们构成了太极拳的理论思想。

第一节 周敦颐《太极图（说）》

《太极图（说）》据传是宋朝道士陈抟所传出，原名《无极图》。陈抟是五代至宋初的一名道士，对内丹术和易学均有很深造诣。《宋史·道学传》称《太极图（说）》："明天理之根源，究万物之始终。"

据史书记载，陈抟曾将《太极图》《先天图》《河图》以及《洛书》传给其学生种放，种放以之分别传穆修、李溉等人，后来穆修将《太极图》传给周敦颐，周敦颐著《太极图（说）》加以解释。他"一方面从陈抟派易学里吸收了太极图式说并给予新的解释，另一方面继承了汉唐以来义理学派的传统……，成为宋明道学家解易的先驱。"

周敦颐《太极图（说）》内容简明扼要，全文仅249字，却被奉为"宋理学之宗祖"，因为它是中国思想史上的第一部系统、完整地论述宇宙发生、发展的著作，并对后世产生了极其重大的推动作用。

无极而太极。太极动而生阳，动极而静，静而生阴，静极复动。一动一静，互为其根。分阴分阳，两仪立焉。阳变阴合，而生水火木金土。五气顺布，四时行焉。五行一阴阳也，阴阳一太极也，太极本无极也。五行之生也，各一其性。无极之真，二五之精，妙合而凝。乾道成男，坤道成女。二气交感，化生万物。万物生生，而变化无穷焉。

　　惟人也，得其秀而最灵。形既生矣，神发知矣。五性感动，而善恶分，万事出矣。圣人定之以中正仁义而主静，立人极焉。故圣人与天地合其德，日月合其明，四时合其序，鬼神合其吉凶。君子修之，吉；小人悖之，凶。故曰："立天之道，曰阴与阳。立地之道，曰柔与刚。立人之道，曰仁与义。"又曰："原始反终，故知死生之说。"大哉易也，斯之至矣。

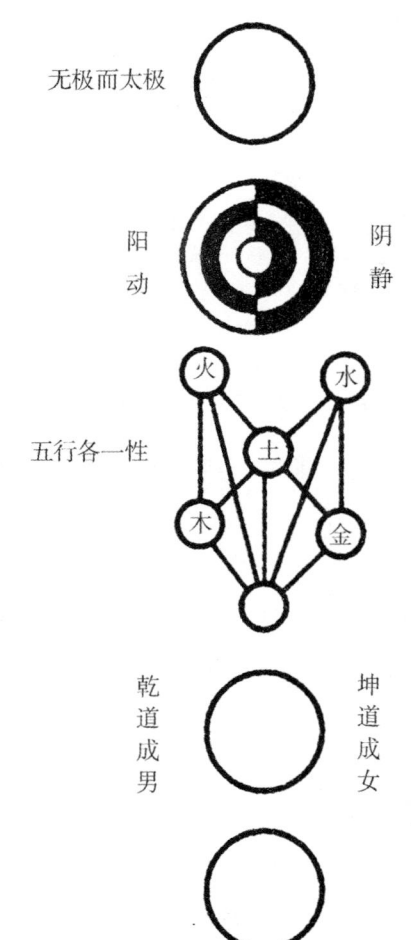

无极而太极

阳动　　阴静

五行各一性

火　水
土
木　金

乾道成男　坤道成女

周子太极图

　　该文认为，"太极"是宇宙的本原，人和万物都是由阴阳二气和水火木金土五行相互作用构成的。五行统一于阴阳，阴阳统一于太极。文中突出人的价值和作用，"惟人也，得其秀而最灵。"在人群中，又特别突出圣人的价值和作用，认为"圣人定之以中正仁义而主静，立人极焉"。

　　此外，周敦颐描绘的太极图，以说明其太极学说，后世称为周子太极图。

　　周子太极图分为5个层次：

　　第一层为一个"○"，是"无极而太极"，表示宇宙发展的第一步，"无极"为"无"，在"太极"之先；"太极"为"有"，是"无极"的派生者。无极而太极是宇宙秩序、世界万物的根源，是初始。

　　第二层为"坎离图"。左半圈为白黑白，即八卦中的离卦；右半圈为黑白黑，即八卦中的坎卦。离为火，坎为水，左右相合成三轮圆圈，表示水火相交而有两仪、阴阳、动静。图中央的小"○"，是"坎离之胎"或是阴阳、动静之本体的"太极"。这一层次表示宇宙发展已有动静分化的"太极"，继续分化为性质根本对立的阴阳二气，即运动时，太极转化为阳气；静止时，太极转化为阴气。物质发展到阴阳阶段，不但具有动静，而且还具有了刚柔对立性质，并产生五行元素。

第三层为五气顺布，其中心为"二五之精"。二为阴阳二气；五为五气，图中反映了天地五行相生的序列，即天一生水，地二生火，天三生木，地四生金，天五生土，其排列结构是中央为上土，左火与木，右水与金，则水承坎下，金盛为水；火承离下，木盛为火，火气布为夏，万物以长；金气布而为秋，万物以敛；水气布而为冬，万物以藏；土气寄于四季之间，行于四时，所以五气是阴阳二气继续演化的物质发展的更高阶段，具有比阴阳更为具体的形状和物质。当物质发展到五行阶段，世界就出现了四季的变化。图中水、木、火、土、金用线连接起来，体现了五行相生和"五气顺布"之意，构成了太极图中宇宙万物的生成论。

第四层为男女与化生万物。五行相生产生男女万物有一个过程。"五行顺布"最下端的小"○"，即是阴阳二气和木、火、土、金、水五气，妙而凝聚，将要派生具体物质，处于将生而未生的凝聚造作过程中，是承上启下不可缺少的环节。

最后的"○"是万物化生，是宇宙发生、发展的系统中的最后一个阶段。周敦颐认为"无极"中那些混作一团不曾分化的物质以及阴阳五行中那些最精细的成分，在宇宙发展的最后阶段通过二气交感，巧妙地配合在一起，从而形成了具有固定形状和性质、千差万别的各种物质，这些物质即乾阳健而成男，坤阴顺而成女，这是人与物的始生。此男此女不是某一具体的男女，而是就具有男性（阳性）特征或女性（阴性）特征的一般物质而言，即牝牡、雌雄之类。由阴阳二气的交感和木、火、土、金、水五气的妙而凝聚、相互作用，才出现了天地万物并生生无穷。

其实，周子太极图源于道教秘不外传的炼丹图，其顺序是从下而上。最下层成为"玄牝之门"。玄牝是人体之原始真气所藏之处，是一切内丹修炼的根基，内丹的修炼均从这里开始。在此通过适当的功法，使人能够控制原始真气从伏藏之地开始运化，打开内修之门，故成为"得窍"。

第二层称为"炼精化气，炼气化神"，是运用原始真气，加以升降抽添、循环往复，在体内不断合聚、化炼，将分散于人体各处之气回聚为五行之气，故又称"炼己"。

第三层为"五气朝元"，表示将通过炼己而聚合的五行之气归于本原，即将五行之阳、五行之阴皆还于丹田，也就是五行之气合聚为阴阳二气，故又称为"和合"。

第四层为"取坎填离"，将伏藏在阴阳二气之阴中的真阳填补到阳中，以形成纯阳，也可以说是以纯阳炼化纯阴而现出本色，无阴而聚阳神，取得可以回返太虚的基础，故又称为"得药"。

炼神还虚复归无极（脱胎成仙）

取坎填离（得药）

五气朝元（和合）

火　水
土
木　金

炼精化气炼气化神（炼己）

玄牝之门（得窍）

道教炼丹图

最上层圈是"炼神还虚，复归无极"，指的是在得药的基础上，阳神内观，进一步修炼回返到无极，那便是虚无缥缈、无有极限的神仙境地了。整个修炼的过程便告完成，脱出炼成的圣胎，成为仙人，所以叫做脱胎成仙。

那么同一个图为什么可以从两个相反的方向来读呢？道家认为，从大道生化万物的顺序看，是从太极分阴阳开始的，炼内丹则是逆着来路返回到大道，与道同体，自然长生不死成神仙。这就是道教所谓的"顺推生人，逆推成仙"修炼法。

太极养生的道与术

周敦颐

周敦颐像

周敦颐（1017～1073），字茂叔，道州营道（今湖南道县）人，宋代思想家、理学家。

周敦颐从小就喜爱读书，在家乡道州营道地方颇有名气，人们都说他志趣高远，博学力行，有古人之风。广泛的阅读，使他接触到许多不同种类的思想。从先秦时代的诸子百家，一直到汉代才传入中国的印度佛家，他都有所涉猎，这为他以后精研中国古代奇书《易经》、创立先天宇宙论思想奠定了基础。

15岁时，周敦颐和母亲一同到京城投奔舅父郑向，舅父是当时宋仁宗朝中的龙图阁大学士。舅父对周敦颐母子十分眷顾。周敦颐20岁时，其舅父向皇帝保奏，为他谋到洪州分宁县主簿的职位。

庆历四年（1044年），周敦颐被调南安军（现大余）司理参军。第二年，南安有一犯人，法不当死，而转运使王逵却决定严加处理，众官虽觉不当，但他们慑于王的权势，不敢出面讲话，惟敦颐独能据理力争，王逵不听，他便弃官而去，气忿地说："如此尚可仕乎？杀人以媚人，吾不为也。"（《宋史·道学一》本传）王逵终于省悟，放弃了原来的意图，囚犯免于死刑。

宋仁宗庆历六年（1046年），大理寺臣程响在南安认识了周敦颐，程见他"气貌非常人"，与之交谈，更知其"为学知道"，与他结为朋友，随即将两个儿子程颢、程颐送至南安拜敦颐为师受业。周敦颐精研《易》学，著有《太极图(说)》(本名《太极图·易说》)《通书》。他批判地吸取了道家系统宇宙发生论，将《易传》系统地与宇宙发展理论结合起来，建构起了儒家哲学的基本宇宙生成模式；而其《通书》则提出了儒家心性论、伦理学、工夫论等许多概念命题。

公元1071年（宋熙宁四年），55岁的周敦颐时任南康知军。在军衙东侧开挖了一口池塘，全部种植荷花。每当公余饭后，他或为独身一人，或邀三五幕僚好友，于池畔赏花品茗，并写下了脍炙人口的散文《爱莲说》。《爱莲说》虽短，但字字珠玑，为世人所传诵。

公元1072年，周敦颐由于年迈体弱辞官而去，在庐山西北麓筑堂定居，创办了濂溪书院，开始设堂讲学，收徒育人。他将书院门前的溪水命名"濂溪"，并自号为"濂溪先生"。

第二节 周子太极图与太极拳理论

周敦颐的《太极图（说）》可以说是太极拳理论的催化剂。

一、"无极生太极"的宇宙观成为太极拳理论基础

周敦颐的太极图说首次提出了"无极生太极"的宇宙观，这是中国哲学史上的创新。太极拳理论创始人王宗岳直接继承了这一观点。他在《太极拳论》中开宗明义地说："太极者，无极而生，动静之机，阴阳之母。"并以此为基础，建立了一整套太极拳理论、心法及技法体系。

二、周子的人生论和太极拳修炼的最高目标相一致

周敦颐的太极图说既论"太极"又论"人极"，即人的起源和做人的标准、修养的方法。"乾道成男，坤道成女。二气交感，化生万物。万物生生，而变化无穷焉。"展示了万物及人类的化生过程。但是，万物中"惟人也，得其秀而最灵"，即人是万物之灵，"圣人定之以中正仁义而主静，立人极焉"，圣人依据人性所定的"人极"标准，来修身养性，达到圣人之道，并提醒说"君子修之，吉；小人悖之，凶"。

太极拳先贤受他的"人极"观启迪，把修身养性、原始反终、还我固有、回复天性作为修炼太极拳的最高目标。王宗岳《十三式行功歌》中道，习练太极拳的最高目标是"详推用意终何在，延年益寿不老春"，这个"春"不仅命功，指延长生理年龄，更指净化心灵，修炼性功。太极拳也随之成为身心双修的拳术。

三、太极拳阴阳中和观念契合周子的二气妙合说

在论述万物生化过程时，周子的《太极图（说）》十分重视"阳变阴合""二气交感"的作用，认为阴阳二气必须通过"妙合""交感"才能化生万物。二气妙合有4层含义：一是阴阳对立；二是阴阳交合；三是阴阳互包；四是阴阳互易。

这种阴阳观念正是太极拳的最为重要的特点。首先，太极拳习练时讲究"阴阳无同位，太极无不在"。如拳谱中所说："故动静不同时，阴阳不同位，而太极无不在焉。"太极拳把自身作为一个小太极，未动时抱元守一，心中泰然，处于混沌太极状态；动则变，变生阴阳，一举一动皆分阴阳，内中皆含一太极之"○"形。其次，太极拳阴阳相济，浑然一体。正如王宗岳所说："阴不离阳，阳不离阴，阴阳相济，方为懂劲。"至于太极拳的虚实、刚柔、动静等特点都是从阴阳理论中衍生出来的。

四、太极图的圆转不息和太极拳的螺旋缠丝相对应

太极图所象征的圆形运动是自然万物的普遍运动形式，也是人体生命活动的基本运动形式。太极图的圆形结构本质和太极拳螺旋缠丝运动相对应，太极拳外形走弧线，内劲走螺旋，一招一式非弧即圆，"一动无有不动，一圈无有不圈"，四面八方都是圆。外形如此，体内以心为令，气流旋转，内外一致，式式相连，循环无端，以致进入有圈之形、无圈之意的境界。

总之，《太极图（说）》是太极拳的理论来源，正如一代太极宗师孙禄堂于1919年在《太极拳学·自序》中所说："元顺帝时，张三丰先生，修道于武当，见修丹之士兼练拳术者，后天之力用之过当，不能得其中和之气，以致伤丹，而损元气。故遵前二经之义，用周子太极图之形，取河洛之理，先后易之数，顺其理之自然，和太极拳术，阐明养身之妙。"孙公又说："其（太极拳）精微奥妙，山右王宗岳先生论之详矣。"

重温经典

王宗岳——《太极拳论》

太极者，无极而生，动静之机，阴阳之母也。动之则分，静之则合。无过不及，随曲就伸。人刚我柔谓之走，我顺人背谓之粘。动急则急应，动缓则缓随。虽变化万端，而理唯一贯。由著熟而渐悟懂劲，由懂劲而阶及神明。然非用力之久不能豁然贯通焉。虚领顶劲，气沉丹田，不偏不倚，忽隐忽现。左重则左虚，右重则右杳。仰之则弥高，俯之则弥深。进之则愈长，退之则愈促。一羽不能加，蝇虫不能落。

人不知我，我独知人。英雄所向无敌，盖皆由此而及也！

斯技旁门甚多，虽势有区别，概不外"壮欺弱""慢让快"耳，有力打无力，手慢让手快，是皆先天自然之能，非关学力而有也。察四两拨千斤之句，显非力胜！观耄耋御众之形，快何能为？立如杆準，活似车轮，偏沈则随，双重则滞。每见数年纯功不能运化者，率皆自为人制，双重之病未悟耳。欲避此病，须知阴阳，粘即是走，走即是粘，阳不离阴，阴不离阳，阴阳相济，方为懂劲。懂劲后愈练愈精，默识揣摩，渐至从心所欲。本是舍己从人，多误舍近求远，所谓差之毫厘，谬之千里，学者不可不详辨焉！是为论。

 ## 第三节　古太极图

古太极图，即目前流行的太极图，它以阴（黑）、阳（白）互回的阴阳鱼为特征，因此也被称为双鱼形太极图（如下图）。

古太极图是从赵氏公布的"天地自然河图"变化而来，它和先天八卦图是目前最常见的太极图。

古太极图的涵义，历代学者解释颇多，清代学者胡渭博采百家之说，做了一个较为详尽的阐释："其环中为太极，两边黑白回互，白为阳，黑为阴。阴盛于北，而阳起薄之；震东北，白一分，黑二分，是为一奇二偶；兑东南，白二分，黑一分，是为二奇一偶；乾正南全白，是为三奇纯阳；离正东，取西之白中黑点，为二奇含一偶，故云对过阴在中也。阳盛于南，而阴来迎之：巽西南，黑一分，白二分，是为一偶二奇，艮西北，黑二分，白一分，是为二偶一奇；坤正北全黑，是为三偶纯阴；坎正西，取东之黑中白点，为二偶含一奇，故云对过阳在中也。坎、离为日、月，升降于乾坤之间，而无定位，故东西交易，与六卦异也。"

这段话主要阐释黑白互回、阴阳二气的运行情况，太极生阴阳，阴阳生八卦，阴阳造化自然。具体而言：

太极图是一个圆圈，里面是两个黑白两色的阴阳鱼，分别代表阴阳两方，天地两部；黑白两方的界限就是划分天地阴阳界的人部。

太极图中间以曲线分开，左白右黑，白阳黑阴，阴阳回互环抱，象征阳中有阴，阴中有阳，阴阳进退消长，互根互生，阴阳二气在阴消阳长、阴长阳消的变化中周而复始，

太极图中黑白两部分中分别有白黑两个圆点，其含义是阴中有阳、阳中有阴。白中黑点表示阳中有阴，黑方白点表示阴中有阳。

太极图中的大圈表示宇宙，图中划分黑白的 S 形曲线是阴和阳、天和地的分界线，象征平衡和谐的状态。

"太"有"至"的意思，"极"有"极限"之义，就是至于极限，无有相匹之意，既包括了至极之理，也包括了至大至小的时空极限，放之则弥六合，卷之则退藏于密。可以大于任意量而不能超越圆周和空间，也可以小于任意量而不等于零或无。以上是"太极"二字的含义。

宇宙有无限大，所以称为太极，但是宇宙又是有形的，即有实质的内容。按易学的观点，有形的东西来自于无形，所以无极而太极。太极这个实体是健运不息的，即宇宙在运动，动则产生阳气，动到一定程度，便出现相对静止，静则产生阴气，如此一动一静，阴阳之气互为其根，运转于无穷。

自然界也是如此，阴阳寒暑，四时的发、长、收、藏，无不包含阴阳五行。就人部阴阳而言，"乾道成男，坤道成女"，阴阳交合，则化生万物，万物按此规律生生不已，故变化无穷。这些内容提出了立天之道、立地之道、立人之道三纲领，也就是三才之道，所谓"六爻之动，三极之道也。"

古太极图中所蕴含的哲理也为太极拳修炼心法提供了指南。

太极是宇宙生成的本源，是天地未分之前混而为一的元气。同样，我们人体自身也是一太极，通过修炼培本固元，可以固先天本性之元气。

乾坤定位是宇宙间不可更改的法则，天道沿着这一法则演变，导致万物"各正性命，保合太和，乃利贞"，修炼太极遵循这一法则，我们的性与命就能回

归原初（母胎中）确定的太和状态，而且能够持盈保奉、生生不息。

阴阳消长是自然运行的规律，修炼太极拳必须遵循阴阳变化之道，才能得道懂劲。

太极、阴阳、四象、八卦相互变化、无处不在，太极拳的拳论、招式、心法也处处"太极无不在"，内内外外、上上下下，周身浑然一太极。

太极圆转不息、循环无端，阴阳此消彼长，彼长此息，生机勃勃。太极拳内外走圆，螺旋缠丝，也象征着生命生生不息。

太极图在直观的层次上是一种神秘的象征符号，但在这种神秘的象征背后却有着中国人对自然、宇宙物质运动普遍规律的相当具体的认识，包罗了宇宙、物质、生命、人类（高级思维）的各种秘密，表现了我国古代人重视阴阳互补、阴阳转化、阴阳合德的自我完善。

重温经典

张三丰——《太极拳经》

一举动，周身俱要轻灵，尤须贯穿。气宜鼓荡，神宜内敛，无使有缺陷处，无使有凹凸处，无使有断续处。其根在脚，发于腿，主宰于腰，行于手指，由脚而腿而腰，总须完整一气，向前退后，乃能得机得势。有不得机得势处，身便散乱，其病必于腰腿求之，上下前后左右皆然。凡此皆是意，不在外面，有上即有下，有前则有后，有左则有右。如意要向上，即寓下意，若将物掀起而加以挫之之力。斯其根自断，乃坏之速而无疑。虚实宜分清楚，一处有一处虚实，处处总此一虚实，周身节节贯穿，无令丝毫间断耳。

长拳者，如长江大海，滔滔不绝也。掤、捋、挤、按、采、挒、肘、靠，此八卦也。进步、退步、左顾、右盼、中定，此五行也。掤、捋、挤、按，即（先天八卦）乾、坤、坎、离，四正方也；采、挒、肘、靠，即巽、震、兑、艮，四斜角也。进、退、盼、顾、定，即金、木、水、火、土也，合之则为十三势也。

原注云：此系武当山张三丰祖师遗论。欲天下豪杰延年益寿，不徒作技艺之末也。

第六章 手捧太极震寰宇 胸怀绝技压群英

——至理名作太极拳

太极拳是基于太极理论而形成的一个独特拳种。它是极富中国传统特色元素的文化形态，集武与道之大成，其拳理可称得上是武术领域的最高境界，具有强身健体、竞技御敌和养生延年等多种功效。

21 世纪以来，太极拳这一传统拳术焕发了青春。据不完全统计，太极拳已传播到 150 多个国家和地区，习练者已达数亿人。国际武联于 2000 年 7 月决定，将每年的 5 月定为"世界太极拳月"。

 ## 第一节　太极拳的起源

太极拳的起源大约有十几种说法，众说纷纭，各执一词，没有统一的认识。下面简述主要几种。

一、唐朝许宣平传承说

许宣平，唐代著名道士，新安歙县（现安徽境内）人，《续仙传》《历世真仙体道通鉴》《唐诗纪事》《太平广记》等都有其传记。据《太平广记》记载，唐睿宗景云中，许宣平"隐于城阳山南坞，结庵以居。不知其服饵，但见不食。颜色若四十许人，轻健行疾奔马。时或负薪以卖，薪担常挂一花瓢及曲竹杖，每醉行腾腾以归吟曰：'负薪朝出卖，沽酒日西归。路人莫问归何处，穿入白云行翠微。'"许宣平所传太极拳名为"三十七"式，后传至宋远桥，称宋式太极拳，辛亥革命时宋氏传人宋书铭将拳谱公开。许宣平还留有《八字诀》《八字歌》和《三十七式心会论》等。

二、道家一脉传承说

从秦至南北朝时，就有道家道教人士使用与太极拳相关的名称。三国时代，被尊称为"太极仙公、太极真人"的吴国葛玄身为道教阁皂山宗祖师之一，为其孙葛洪成为一代宗师，提供了多家学说和师传的灵宝秘法。而被称为"太极仙翁"的葛洪，也留下了许多太极法门资料。

道教传艺、授法历来较为保守，众多技艺、道法都是秘传不宣，隐名单传。再加上后人追求长生不老之术，多注意炼丹、仙道之学，而忽视了其他技艺。从太极拳本身来看，太极丹功秘法和《抱朴子》内篇中的许多功法及师传的《三皇内文》《太清丹经》《金液经》及《灵宝经》等内容有相近之处。由于当时不常用"拳术""武技"之词，葛洪等虽懂得拳技和方技秘术，却只言法而不言拳。所以，太极拳长期在隐秘状态下在道教法术之中发展。

因此，以太极为理论的拳术早在道教形成之前就出现了，像葛洪的"太极法术""太极秘诀"，南朝程灵洗得传之"小九天"，唐李白访许宣平之"三十七式"，宋张三丰（峰）内家拳之"十三式"，明俞莲舟的"先天拳"，皆为太极拳。民间俗称"粘沾拳、绵拳、摸鱼拳"等，都是包涵道家思想与理学宗旨的太极拳。

三、张三丰（峰）创拳说

张三丰（峰）是中国历史上一位富有争议和传奇色彩的人物。一说他生活在宋代，全真派道人，武当丹士，被奉为全真武当派创立者，精拳法，其法主御敌，非遇困危不发，发则必胜。二说他生辰时间跨越南宋、蒙元和明朝3个朝代，是武当拳和太极拳等道教武术的创始人。

现在流传的《张三丰太极炼丹秘诀》记载有《太极拳论》《太极拳歌》和《太极敛神聚气论》。生于康熙年间的乾宜道长严嘉康在其《武当秘鉴》中道：张三丰先后创编无极拳十三式、太和拳八式、太极拳十六式。后将3种拳术精华熔于一炉，统称为太极拳三十六式。此拳在道门内又经各代逐步扩充为一百零八式，称为三丰太极拳或武当太极拳。据《拳经》规定：武当太极拳从不下山，非道家而不传，非在山而不传。据传说，武当太极拳后经山西人王宗岳，其徒蒋发传入温县陈家沟，传于陈氏十四世陈长兴。此前陈家自己的家传武术是由陈氏九世陈王廷所创（炮捶），偏于刚猛。陈长兴吸收太极拳理，对陈氏炮捶加以改进，寓刚于柔，形成了现在的陈式老架一路和二路。

杨式太极拳大架创始人杨澄甫在其《太极拳体用全书·序》中说：先父（杨露禅）更诏之曰："太极拳创自宋末张三丰。传之者，为王宗岳、陈同州、张松溪、蒋发诸人，相承不绝。陈长师，乃蒋先生发唯一之弟子。其术本于自然，而为形不离太极，为式十三，而运用靡穷，运动身体而感及心灵，故非习之既久，骤难得其奥妙。"

四、王宗岳创拳说

王宗岳乃明万历年间山西太谷县小王堡村人。小王堡村流传着一个铁胳膊王二的故事：王二出生在一个武术世家，父亲经商。他从小和父亲学习练武。有一年，一位邋邋道人云游天下，途径太谷小王堡村时，病倒在街头无人理会。王二遇到后，看其可怜，遂将其背回家中，每日侍候如父。道人十分感动，见王二如此心地善良，而且悟性很高，便将自己的武功传授给了王二。王二得此功法后更加勤奋，武功大长。有一次在一家坟地里，王二用胳膊竟把6尺高的巨大石柱一下子给磕成两截。从此，"铁胳膊王二"便在方圆几十里的人群中流传开来。据说，此道人就是张三丰，他是在试探和点化王二。

这个故事虽然有些神化，但不会是空穴来风，应该有其原型。史料中有这样的记载：王宗岳父亲名王祖通，生3子1女，长子王宗行，次子王宗岳，三子王宗梁，一女名字不详。铁胳膊王二可能是王宗岳。

王宗岳的太极拳著作有《阴符枪谱》，《太极拳论》一篇，长拳、十三势解各一篇，修订旧有《打手歌》一首6句。武式太极拳创造人武禹襄之兄武澄清于1852年在河南舞阳县做知县时，于盐店得其拳谱。王宗岳得太极拳、长拳108式及推手之传，这从他所写的《太极拳论》《打手歌》及"长拳者，如长江大海，滔滔不绝"等句中可以看出。王宗岳的《太极拳论》和《十三势解》以"太极两仪"立说，《长拳解》以五行八卦立说，枪法则以阴符立说。阴，暗也；符，合也。阴符者，"静处为阴动则符也"；阴符枪诀主张阴阳、刚柔、虚实互用，粘随不脱，如蛇缠物，与太极四粘枪的缠绕粘随相一致。

五、陈王廷创拳说

陈王廷系陈家沟陈氏始祖陈卜第九世孙。陈王廷年轻时，曾走镖于山东一带，扫荡群匪，声名齐鲁，匪寇闻名丧胆。因他生得面红庄重，蓄有美髯，骑红色战马，惯使春秋大刀，江湖同道便给他起了个绰号"二关公"。

可惜他生不逢时，明朝末年，仅为武庠生，被县擢为乡兵守备。崇祯年间，有一次应试考武举，因武艺超群，箭法精湛，一马三箭，三马九箭，射了个凤夺巢（即第二箭从靶心挤出第一箭，第三箭又挤出第二箭，像鸟儿争巢一样），赢得了满场喝彩。但是，因为擂鼓报靶的鼓吏受人贿赂，却只擂了三通鼓（意即九箭只中三箭）。主考官闻鼓声，即以中三箭论之。于是，陈王廷大怒，驰马掣剑，劈死鼓吏，逃出了校场。

甲申年（1644）明朝灭亡的前后，陈王廷已年老，隐居消极，造拳自娱，教授弟子儿孙。遗词上半首有"叹当年，披坚执锐，……几次颠险！蒙恩赐，枉徒然！到而今，年老残喘，只落得，黄庭一卷随身伴。闷来时造拳，忙来时耕田，趁余闲，教下些弟子儿孙，成龙成虎任方便"。

传说在他年老隐居期间，依据祖传之拳术，博采众家之精华，结合太极阴阳之理，参考中医经络学说及导引、吐纳之术，创造了一套具有阴阳相合、刚柔相济的太极拳。陈王廷传授下来的有一至五路太极拳、炮捶一路、长拳108式，双人推手和刀、枪、剑、棍、锏、双人粘枪等器械。其中双人推手和双人粘枪，更具有前所未有的独特风格。

从文化传承来看，太极拳主要以中国古代哲学中的太极、阴阳辩证理念为核心思想，结合易学的阴阳五行之变化，中医经络学，道家的导引、吐纳术和内丹修炼理论，形成一种内外兼修、柔和、缓慢、轻灵、刚柔相济的中国传统拳术。所以，笔者认为，它并不是哪个人所创，而是数代甚至数十代古人智慧的结晶。根据太极文化的形成发展脉络，可以判断，太极拳萌芽于唐宋，完善于明清，真正发扬光大是在当代。它的雏形和道教内丹修炼密切相关，道家修炼有动功和静功两种，而内家拳正是发源于与道家修炼息息相关的导引、吐纳之术以及内丹修炼功。后来，这些富有太极原理的养生术和其他武术派别相融合而形成了丰富多彩、各具特色的太极拳术。

历史上真实的张三丰是什么样？

张三丰生平事迹，如神龙见首不见尾，在后世人的心目中，越来越觉得神秘难测。所以有关张三丰的传说也非常之多。张三丰最后卒于何时，也无法考证。

有关张三丰比较严谨正规的史料当属《明史》。《明史·方伎》卷二百九十九记载："张三丰，辽东懿州人，名全一，一名君宝，三丰其号也。以其不饰边幅，又号张邋遢。颀而伟，龟形鹤背，大耳圆目，须髯如戟。寒暑惟一衲一蓑，所啖，升斗辄尽，或数日一食，或数月不食。书经目不忘，游处无恒，或云能一日千里，善嬉谐，旁若无人。尝游武当诸岩壑，语人曰：'此山，年日必大兴。'时五龙、南岩、紫霄皆毁于兵，三丰与其徒去荆榛辟瓦砾，创草庐居之，已而舍去。"

这是说，张三丰无论寒暑，都只是一身破衣服防风挡寒，一件旧蓑衣经霜遮雨。他不大注重仪表，也不很讲卫生，经常穿得邋里邋遢。所以人们也常称他为"张邋遢"，或者叫他"邋遢道人"。他身材瘦高，身形像龟形背部像鹤，耳朵大眼睛圆，头发和胡须竖直。此外，张三丰饭量较大，一次吃1升或1斗米不在话下，但有时候却也可以好几天才吃一顿饭，甚至好几个月不吃饭。他的另一个爱好就是喜欢云游四方，常常是居无定所，高兴时穿山走石，疲倦时铺云卧雪。或处穷山，或游闹市，嬉嬉自如，旁若无人。

此外，张三丰武功卓越也是有记载的。据说他悟成太极拳后，曾"以单拳杀贼百余，遂以绝技名于世"。

张三丰云游四方时看中了武当山。当时的武当山上，观舍全都毁于兵火，成了一个标准的荒山。于是，他和弟子们砍去荆棘，清理瓦砾，搭了几间草屋住宿。据说张三丰在武当山修道时，常坐在五棵古树下，然而"猛兽不噬，鸷鸟不搏"，他登山时轻捷如飞，隆冬常卧于雪中，鼾声如雷。人们都感到惊异，认为他是奇人。

但过了一段时间，张三丰飘然而去，后来在陕西宝鸡的金台观逗留了不少时间。张三丰在宝鸡时，据说曾"死"过一回。《明史》和《微异录》记载：有一天，他对门人杨轨山说："我命数已尽，归天有期。"遂留颂辞而死。轨山和同伴用棺材盛殓了他后，正要下葬，却听得棺材里有活动的声音，开棺一看，张三丰又乐呵呵地爬了出来，惊得众人有的哭，有的叫，有的目瞪口呆，都以为闹鬼诈尸了。

张三丰死而复活，又到了四川游玩，其中见了蜀献王——他是朱元璋第11子名叫朱椿。朱椿对张三丰十分崇敬钦佩，并写下一首名为《题张神仙像》的诗："奇骨森立，美髯戟张。距重阳兮未远，步虚靖之遗芳。飘飘乎神仙之气，皎皎乎冰雪之肠……"诗句虽然不那么出色，但对于张三丰的景仰之情很真诚。据说他得到张三丰的指点，对道家的真义有所领悟，后来躲过了政治上的灾祸。

朱元璋曾对张三丰很感兴趣，下诏让他入朝，而颁诏的使臣根本找不到张三丰。朱元璋的儿子湘王朱柏听说他的名气，亲自到武当山来寻找，但只见空山漠漠，林海莽莽，却见不到张三丰的踪影。

到了燕王朱棣继位后，朱棣对张三丰更感兴趣，再三诏来张三丰的弟子，让他们寻访张三丰。朱棣还亲笔写信说："朕久仰真仙，渴思亲承仪范。尝遣使致香奉书……朕才质疏庸，然而至诚愿见之心夙夜不忘。敬再遣使致香奉书虔请……"但是张三丰依然未奉诏前来，只是赋诗一首，让他的弟子孙碧云转交朱棣。

四处寻访不到张三丰的朱棣，带着无尽的遗憾，下旨让人在武当山先后费时七年，征夫三十余万，修建八宫二观、三十六庵堂、七十二岩庙、十二亭和三十九座桥梁等庞大的道教建筑群，其中最著名的是金殿。所谓金殿，是一个铜铸的建筑，耸立于天柱峰顶，故又称为金顶，十分壮观。至此，张三丰那句武当山日后"必大兴"的预言完全实现了。

张三丰著述甚丰，诸如《玄机直讲》《打坐歌》《玄要篇》，被

113

中篇 太极养生之道

　　张三丰给我们留下的最出名的财富当属太极拳法。相传张三丰在云游龟山时无意中看到鹰蛇相斗，他觉得蛇在攻防之时的姿态非常符合道家所讲的一些道理，从而悟出了武当功夫这门与以往一味讲究凶狠彪悍、先发制人的武功完全不同的派别，在武学中别开生面，大放异彩。

 ## 第二节　太极拳的流派

　　太极拳经过数百年的流传和发展，不断完善，并演变出许多流派。据不完全统计，各式太极拳已达百种，而流传最广的是陈式、杨式、孙式、吴式、武式等五大派系，誉称为"五式太极拳"。此外，武当太极拳、赵堡太极拳、八卦太极拳等也愈来愈受到重视和发展，特别是国家体育局于1954年改编的太极拳综合套路流传甚广。

一、陈式太极拳

　　陈式太极拳有大、小架之分，亦有新、老架之别。其他套路还包括器械和对练等。陈式老架拳与陈式新架拳没有本质的区别，主要区别在于老架拳弧形绕转的圈较大，新架拳圈较小。故陈家沟也称老架拳为"大圈拳"，称新架拳为"小圈拳"。

（一）老架式拳

　　老架式拳传说是陈氏十四世陈长兴在家传的拳架中所总结与编排的。

　　老架式拳以缠丝为轴心，贯穿于整个套路，古朴而无花架势。一路拳以柔为主，柔中带刚，架势舒展大方，步法轻灵稳健，身法中正自然，内劲统领全身，以缠丝劲为核心，动作以腰为轴，节节贯穿，一动则周身无有不动，一静百骸皆静，运动如行云流水，连绵不断，发劲时松活弹抖，完整一气。因此也有人称一路拳为基础拳、练功拳。有了一定的一路拳功底，再近一步学习二路拳。二路拳，亦称炮捶。二路拳以刚为主，刚中寓柔，尤其突出太极八门劲的四隅劲：采、挒、肘、靠。有了一路拳的松，二路拳的松活弹抖就能更好地发挥出来。此两路拳术相辅相成、互为其根，直至达到刚柔相济、浑然一圆。

（二）新架式拳

新架式拳属大架式系列，为陈氏十七世陈发科由老架编排而成，经其子陈照奎定型为新架。新架式拳尤其突出缠丝螺旋动作。在套路上以松活弹抖，节节贯穿，胸腰运化，转关折叠等特点独树一帜。其特点是架式宽大，低沉稳重。拳架以"掤捋挤按"四正手的运用为主，以"采挒肘靠"四隅手的运用为辅；以柔化劲为主，发劲为辅，柔中寓刚，力求柔顺。外形以缓柔稳为主，疾刚跳跃为辅。运劲方法要求以手领身，突出螺旋缠丝劲的练习，以腰为轴，旋腕转膀，旋腰转脊，旋踝转膝，胸腰折迭，形成一系列的空间曲线运动。

无论是老架和新架，在练习时都要求：虚领顶劲，立身中正，松肩沉肘，含胸塌腰，心气下降，呼吸自然，松胯屈膝，裆劲开圆，虚实分明，上下相随，刚柔相济，快慢相间，外形走弧线，内劲走螺旋，以腰为轴，缠绕圆转。经过练习，逐渐产生一种似柔非柔，似刚非刚，极为沉重而又极为灵活善变的内劲，如棉花裹铁，外柔内刚。整套拳没有平面，没有直线，没有断续处，没有凸凹处，没有抽扯之形，没有提拔之意，浑然一圆，方为合格。

从化圈来分：老架套路是以大圈为主，以内气摧外形，以腰摧身，以身摧手，直至内气运行到周身五脏六腑、四肢百骸，要求练功时劲达四稍。而新架套路则是以小圈为主，以手领身，手不动，腰身不动，手一动周身迅疾呼应，最终做到"一处动而发全身"的效果。

（三）小架式拳

小架式拳传说为陈氏十四世陈有本所创。此套路除去劲发于外的动作，把劲路涵于套路当中，蓄而待发，整套拳打起来温文尔雅，有儒者之风范。

手法："双手相合勿翻动，微贯一气指肚间；上行不过眉，下行似松开；内转拇指界中线，外运勿探、沉肘尖；莫贪莫夹、束肋毛肤相挨。"两手相合，四六阴阳；瓦隆掌，大、小指相合，意贯拇指、示指和中指；手的运动范围以身体中线为界，左、右手各管半边，向上行不超过眉毛，向下行意想松开；出手勿贪，回手勿夹，留有余地，中规中矩。

步法："脚踏忌八、丁，切记合足尖；内脚掌踏地偏重，大二趾领先；以脚跟转换，步大一腿长，步小一竖脚。"基于开胯圆裆的需要，要求两脚基本保持平行，忌八字脚、丁字脚（造成两胯根不成窝状，裆部失去弧形，成"人"字裆即尖裆，不能实现圆裆）；从胯向下内缠（逆缠），落在脚掌内侧大、二足指上；出步勿贪，伸缩自如，大步不超过一腿长，小步不小于一竖脚。

攻法："宁进不退，下在上先"。其意大概为重心宁进不退；转换下在上先。

眼法："神送前手头忌晃动"。神意在前手，但目光并非死死盯住前手，头不能随便晃动。

劲法："裆贵开圆，莫扭莫涮"。臀部放松，向两侧外泛，使胯部从两侧向前、内裹，胯根里掖，形成后开前合，实现圆裆；裆为腰腿之枢纽，在运动旋转中，由趾而胫而股而会阴，由身（命门）而肩而肱而桡骨、尺骨直缠至指梢的"缠丝劲"，也叫"螺旋劲"；阴阳转换时，胯走后、下弧；胯似托盘，切记不能扭、不能涮；两胯走"∞"劲不断，背丝扣型循环缠；劲需走满，无过无不及。

立圆多：画圈走立圆是为了在松沉圆转的条件下，实现力从脚起，自下而上的传递。另外，走立圆也容易保持身体的稳定。所以小架走圆多为立圆，或有小角度的倾斜。

整圆多：整圆是为了劲路的完整，减少不必要的重复蓄劲，实现化、打连贯，出击迅速。

小架拳由于仅在家族内传授，且师承严格，至今鲜为人知。如今的陈式小架传人也开始向外界传授，但由于起步较晚，普及范围仍然有限。当代陈式太极拳小架代表人物有：十八代传人陈金鳌、陈克忠、陈克弟、陈伯祥，十九代传人陈堂（陈玉琦）、陈东海、陈东山、陈立清、陈立宪、陈伯先等。

延伸阅读

陈式太极拳技术特点和运动要领

1. 运动特点

缠绕折叠，松活弹抖，快慢相间，刚柔相济，连绵不断，一气呵成。宛如滔滔江河奔腾不息，气势恢弘，又似游龙戏水怡然自得；

其核心就在于"自缠"，身缠、手缠、足缠、臂缠、腿缠，周身缠。故有"陈式太极拳乃'缠'法也"之说。

陈式太极拳虽有小架、大架和新架、老架之分，但其运动特点基本一致：其在内是意气运动，在外是螺旋缠绕运动。强调在意识主持下，头悬、气沉，放长身肢，通过旋腰转脊带动上肢旋膀转腕，带动下肢旋胯转踝，使肢体在顺逆缠绕中，促成内外相合、节节贯穿。陈式太极拳的动作有快、有慢，一般发劲时和转换时快，动作过渡时慢，陈式太极拳有刚有柔，一般动作的终点刚、过程柔。全套动作在快慢、刚柔、开合、曲直中相互依存、互相转化。

2. 运动要领

陈式太极拳具有十大运动要领：虚灵顶劲，含胸塌腰，松腰养气，分清虚实，沉肩坠肘，以意行气，上下相随，内外相合，招式相连，动中求静。

陈式太极拳的运动原则及练习要求：意、气、身三者密切配合，以意行气，源动腰脊，旋腰转脊，节节贯穿。在推手中以缠绕粘随为主，"纵放曲伸人末知，诸靠缠绕我皆依"，在粘贴缠绕过程中，运用"掤、捋、挤、按"等法则，借力制动，舍己从人，听劲懂劲，发劲制敌。

陈式太极拳大师陈小旺认为，太极拳是一个运动体系和三种运动形式：一个运动体系是以丹田为核心的意气运动。丹田须通过松肩、沉肘、含胸、塌腰、开胯、曲膝、开裆等全身各部位的协调来形成核心地位。

三种运动形式：

第一种运动形式是丹田的左右旋转。这种形式最明确的运动是缠丝，通过丹田的左右旋转，带动躯干的缠丝，肩、肘、手的缠丝，以及髋、膝、踝的缠丝，形成一个一动全动的运动规律。气往内收时，通过肩、腰，入丹田；气向外运时，上身通过背、肩、肘，到手，下身往下通过髋、膝，到踝。

第二种运动形式是丹田前后旋转，为由前往后或由后往前的胸腰折叠。这种形式下的内气运转，开则气往手上走，合则气运回丹田。例如，在小缠丝中，手指尖向后时气往手上运，手指尖向上时气运回丹田。

第三种运动形式在第一种和第二种之间，丹田既有前后，又有左右的旋转。每次换劲，用的都是第三种运动形式。以右手单手缠丝为例，一个动作中就有两个换劲的过程，一个是右手手心向上，从右运动到身体左前方时，换劲

转为手心向下，从左前方开始向右向外运转；另一个是手心向外，运转到身体右外侧时，换劲转为手心向上，开始由右侧向身体左侧运手。两次换劲，都是第三种运动形式。以第二个换劲动作为例，右手向外运到头后，先向右向后运，再向左向前运，一个换劲，既向右又向后，既向左又向前，包括了4个方向的运动。

太极名家

陈 发 科

陈发科（1887～1957），字福生，陈氏十七世（太极拳第九代传人），是陈氏十四世"牌位大王"陈长兴曾孙，师承其父延熙。他是陈式太极拳承前启后的一代大师。

陈发科先生1928年应许禹生等之邀到北平（现北京）传拳，他以"挨着何处何处击，将人击出不见形"的高超技艺受到北平武术界的叹服，从而在北平站住了脚，开始在北平传拳，并改变了"谁知豫北陈家技，却赖冀南杨氏传"，开创了"不意陈君标异帜，缠丝劲势特刚强"的新时代，使得有300多年历史

的只流传在陈家沟一隅之地、一姓之众的陈式太极拳走出陈家沟。这是陈家沟陈式太极拳发展的一个重要的里程碑。陈发科技艺高超，教学有方，从学者甚众，培养出了李经梧、洪均生、李剑华、雷慕尼、田秀臣、陈照奎、冯志强等一大批优秀的学生，开创了陈式太极拳的新纪元。

陈发科是陈延熙晚年生的儿子，在他之前有两个哥哥因得瘟疫而亡，所以家里人对他很溺爱。陈发科年幼时吃东西不节制，肚子生了痞块，经常犯病，痛得在床上打滚。虽然知道练拳对身体有好处，能治病，但因为身体虚弱，懒于去练，到14岁时还没有练出一点功夫。

那时，陈延熙因在袁世凯处教拳，便请了陈发科的一位堂兄来伴他看家、种地。这位堂兄不仅身体壮实，拳也练得很好，在当时陈家沟的年轻人中是武艺最好之一。有一天晚上，一些陈氏的长辈来陈发科家中闲谈，当谈到家传的拳时，有人惋惜道："延熙这一支，辈辈出高手，可惜到发科这一辈就完了，他都14岁了，还这么虚弱。"陈发科听后，感觉很羞耻，暗自想：无论如何，也不能让家传的技艺断在自己手里。

从此，陈发科下决心苦练，除了跟堂兄一同练功，中午堂兄午睡时他也在坚持练，晚上一同睡下。陈发科睡两个多小时后，又起来练。因怕吵醒堂兄，陈发科不敢开门到外面练，只能在两张床中间练，并把震脚等易出响声的动作改为放松练。就这样，他苦练3年，肚上的痞块消了，人的个头也长高了，功夫不知不觉间长进了。

有一天，为了试试自己的进步有多大，他向堂兄提出，请他教推手。堂兄笑笑说："好哇，我们家的年轻人都差不多尝过我的手段，以前你太瘦弱，不敢和你推。你壮实了，经得起摔打了，可以尝尝和我推手的滋味了。"说完他们就推了起来。堂兄连续3次发劲摔陈发科，结果都被陈发科反摔出去。直到第三次摔倒后，堂兄才醒悟，陈发科的功夫已超过了他。他心里不服气，气愤地走了，口里还嘟囔着："怪不得你们这一支辈辈出高手，大概有秘诀吧，连远不如我的，都超过我了。看来我们别支的不能练这个拳了。"

陈发科的刻苦练习是远远超过一般人的。当年，他为了赶上堂哥，每天练习拳套少则 60 遍，多则 100 遍。到北京教拳后，他仍坚持日练 30 遍。当时，陈发科住在河南会馆里，曾移居数屋，屋内砖地原都是好好的整块，但居住不久，屋内两行砖成了碎块，可能是他在屋里坚持练习而踩碎的。

陈发科平时很少说话，单坐时常常两只手交叉练习，脑里时时想着练拳。他的弟子洪均生回忆："我师在闲坐中，又常以手交叉旋转，并嘱我也这么做。当时我不理解这是练什么功夫，后方悟此乃体会缠法功夫。"有一天陈发科对洪均生说："昨天晚上做了一个梦，梦见与一怪物对打，我胜不了它，它也胜不了我，打了几百回合，最后各以一只手握拳单推手，虽然很紧张，但是很痛快。"这应该是日有所思夜有所梦吧！

正如陈发科自己所言"功夫全在苦练中"。按照练一趟陈式太极拳 10 分钟来计算，陈发科从 14 岁到 17 岁三年间，每天练拳时间至少在 10 小时，最多达 16 小时。即使在 40 岁后，陈发科每天练拳也在 5 小时以上。这种训练强度，就是我们现在的专业运动员也无法与其相比。

二、杨式太极拳

杨式太极拳已经有 170 多年的历史。第一代祖师是杨露禅（1799～1872）。传说他曾经三下陈家沟，最后师从陈氏十四世、太极拳第六代传人陈长兴。学得真功夫后，他应亲戚武汝清（1804～1887，任清刑部奉天司主事）的邀请，率次子杨班侯（1837～1892）、季子杨健侯（1839～1917）到北京教拳。因武艺高强，号称"杨无敌"。

据顾留馨所说，杨露禅在北京授拳时，因弟子多为王公大臣、贝勒贵族，生活奢侈而体弱多病，又不耐艰苦。杨露禅考虑到这些人的身体素质和保健需要，将自己所学太极拳中的一些高难度动作简化，使姿势较为简单，动作柔和易练，既适合穿长衫、留辫子的人练习，又有益于健身。后经其子及孙修改，定型而成杨式太极拳，并发展成大小两种套路。其特点是：柔和缓慢、舒展大方、速度缓匀、刚柔内含、深藏不露、轻沉兼有。此拳一出，在京、津一带影响很大，学者日众。

杨露禅传子杨班侯、杨健侯（1839～1917），后其武艺由其孙杨少侯、杨澄甫（1883～1936）传承。杨澄甫以大架式拳为本，最后定型为当今流行的"杨家太极大架"。杨家内部仍然有大、中、小和长拳的传授，而拳架招式是以杨澄甫定型的大架式拳为主。其实，这4个架式并不是4套拳术，只是一套拳的4种打法。

杨式太极拳拳架舒展优美、身法中正、动作和顺、平正朴实、由松入柔、刚柔相济，一气呵成，犹如湖中泛舟轻灵沉着兼而有之。练法简洁，深受大众的喜爱，故而流传最广。

延伸阅读

杨式太极拳风格特点

杨式太极拳动作如长江大河，滔滔不绝。此动作之完成，乃下一动作开之端，绵延相续。心法上亦一气呵成。

1. 立身中正安舒

它包括了两个方面的内容：一是练功时身法须正，大部分动作都要使上中下3个穴位（即百会穴、会阴穴、涌泉穴）基本能保持上下垂直、中正不偏，形成一个重力垂直线，身体不能前俯后仰。二是尾闾须保持中正，从大椎穴到尾闾部位（长强穴）应保持脊椎的放松垂直，形成上下对拉拔长，而且尾闾要像船舵一样指引航向。在身心放松的情况下，做到了以上两个方面，就能体现立身中正安舒的特点。

杨式太极拳的这一特点，不少名家都有见教。杨澄甫的高徒汪永泉先生形象地把人体喻为一口古钟：钟蒂为颈项，钟顶为肩圈，钟身为腰圈，钟口为胯圈，中心垂直线为钟绳，钟锤系于中心垂直线下端，即所谓铜钟5个点，十分强调立身中正。

2. 拳架开展大方

杨式太极拳在拳架上的独特风格是开展大方。只有开展大方才有助于肢体上下左右的对拉拔长，拳架开展大方要求身体要内外放松，举手投足须到位。上下对拉拔长的典型拳势如"白鹤亮翅"。对拉拔长的开展大方，是衡量拳架动作是否到位的一个重要标准。

3. 动作松柔缓慢

杨式太极拳拳架中没有像陈式太极拳的弹抖、跳跃、震脚等明显的刚猛发力动作，而是形成了自己大松大柔的独特风格。这是增加功力由松入柔、运柔成刚的独特练法，也是老少皆宜的强身健体之法。据说杨澄甫教拳授徒，强调最多的也是一个松字，他常说："松！松！松！我不跟你说，三辈子也学不到。"他看弟子练拳半天可以不说一句话，但一个松字有时他要说几十次。这种大松大柔、绵里藏针的行拳走架风格，也符合中国道教鼻祖老子柔弱胜于刚强、无为而治的哲学思想。

4. 行动速度均匀

杨式太极拳强调慢、柔，而且特别强调速度均匀，忌讳动作时快时慢、架子忽高忽低。速度均匀既包括从起势到收势整个套路，包括单式动作手脚运行与配合的速度，还包括上一动作与下一动作的过渡衔接自然协调。一般人 1 套八十五式传统套路打下来大约需要 20～30 分钟，下盘功夫好的可以打 40 分钟至 1 小时，而起势的速度决定了整个套路的速度。全部套路的速度始终如一。

"迈步如猫行，运劲如抽丝"，要求动作转换时徐徐倒换重心，轻起轻落，点起点落，快慢始终如一，而不主张"快慢相间"。行功走架速度均匀，是杨式太极拳的独到之处，虽然个别动作可以做到稍快一点，但从总体上说好似行云流水。即便是"转身摆莲"和"转身左蹬脚"等动作，也仍然强调速度均匀。

5. 招式虚实分明

杨澄甫在《太极拳说十要》一文中，开宗明义地提出：太极拳术以虚实分明为第一要义，把分清虚实摆在头等位置。杨式八十五式太极拳从头到尾，每招每式都要求做到虚实分明，而且绝大多数动作都是一只腿承担大部分体重，当全身体重坐在右腿时，则右腿为实左腿为虚，当全身体重坐在左腿时，则左腿为实右腿为虚，两腿平均承担体重的动作是极个别的，除了起势、云手、打虎式、转回身右蹬脚的过渡动作中有短暂的马步外，其余都是一腿虚一腿实。

杨式太极拳中的虚实相互转换，又都是由半虚半实、全虚全实的逐渐转移。例如，脚踏地面的由虚变实：前进时脚跟先着地，脚掌、脚趾依次落地，最后才全部踏实，就像太极图中的阴阳鱼相互消长的情形一样。这种虚实分明的拳架特点，在杨式太极拳的整个套路中非常突出。

6. 周身圆活连贯

"圆"是说太极拳所有动作都走弧形的半圆；"活"是说动作不呆滞。上下相随，步随身换，手动、腰动、足动，眼神也随之而动，一动无有不动，一静无有不静。太极之圆犹如一个三维空间的球体，触动任何一个点都会引起整个球体周身转动和移位，挨着何处何处转。连贯，即动作之间衔接非常紧密，没有明显的断劲现象，如行云流水，滔滔长江波浪，连绵不断。

7. 腰身使动四肢

张三丰所传太极拳《十三势歌》云："命意源头在腰隙。"各式太极拳都强调"腰为主宰""腰为轴""太极腰八卦掌"等，说明太极拳强调腰部动作。杨式太极拳更是如此，对腰部要求特别高、特别严。杨式太极拳检验身法是否正确，有没有"太极之态"，主要还是看腰部有没有东西。

杨式先辈曾总结："腰"一动周身皆动，"腰"一静周身皆静，"腰不动，手不发""欲要身动，先要腰动"等宝贵经验。杨式太极拳家族传人杨振基强调：杨式太极拳必须练腰为主，一切动作都要靠腰带动，腰拉、腰转、腰手脚，他对每一个动作的讲解，都把对腰部动作要求介绍得非常详细、非常到位。杨式太极拳第四代传人赵斌传授杨式太极拳套路时，强调"身使四肢"而不能"四肢使身"，所谓"身使四肢"的"身"指腰身，"使"指带动的意思，就是在练拳时通过松肩松腰引导，带动四肢运动。它要求行拳走架时，上肢的气要沉在腰上，下肢的气也要提到腰上，真正地把腰变成周身运动的"发火点"。对于四肢来说，不要主动去动，而是在腰身的支配下，由身体的转动去牵动手臂转动，当身体下沉时，让地心吸引力去引导手臂沉落，当前进或后退时，让身体带动手臂发生位移。"身使四肢"这4个字，言简意赅，寓意深刻。

8. 换位逢转必沉

上海杨式太极拳名家顾树屏认为，杨式太极拳的一个显著特点是"逢转必沉"。这4个字确切地反映了杨式太极拳区别于其他各式太极拳的又一独特风格。"逢转必沉"突出沉劲，不只是表现在某一拳架动作上，而且贯穿于整个套路的全过程之中，其中"逢转必沉"是一个非常明显规律性表现。

杨式太极拳第四代传人杨振基在《杨澄甫太极拳》一书中说："倒撵猴一式的奥妙，在于它发沉劲时要松腰松胯、气沉丹田，使劲由脚而腰达手。除倒撵猴之外，还有单鞭、云手、搬拦捶、野马分鬃、搂膝拗步等等，凡是有转身的动作，几乎都要下沉的身势，这种沉劲的练习正是推手时产生'弹簧劲'的坚实基础，所以'逢转必沉'是杨式太极拳拳架动作的一个普遍性规律。"

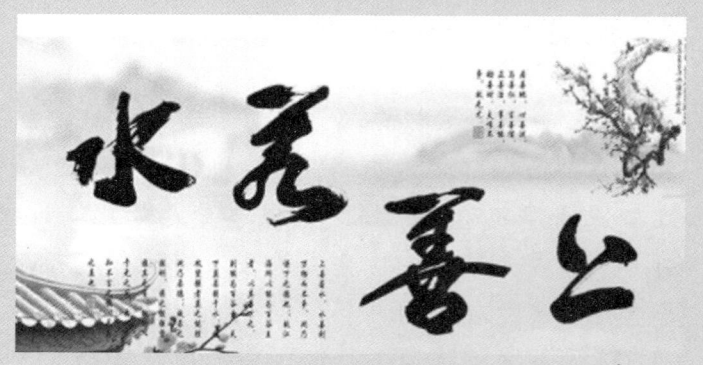

杨式太极拳拳架舒展简洁，结构严谨，身法中正，动作和顺，刚柔内含，轻松自然，轻灵沉着兼而有之；姿势开展，平正朴实，练法简易，由松入柔，积柔成刚，刚柔相济。正如杨澄甫所说："太极拳是柔中寓刚、绵里藏针的艺术。"拳架有高、中、低之分。

杨式太极传统拳套包括：大架、长拳、中架及小架（亦称用架和快架）。杨澄甫虽然只公开传授大架，但曾传授一路"太极长拳"于陈微明。此拳单招与大架极为相似，但一些招名有别，亦多出一些大架所无之招式。杨家支派王兰亭王府皇家太极拳的太极拳架，为杨式太极六十四式老架。杨家支派"府内派"

124

的太极拳架（不包括小九天等套路）有大架、老架和小架。其中老架可能出自杨家中架。杨式太极拳还有打手（今人多称"推手"）、大履、散手、太极功等流传于世。大架本是杨式太极拳入门基本拳架，杨澄甫简化后，其大架比原本来的大架和其他拳架更柔和简约，故很适合作为健身运动。

■ 太极名家 ■

杨露禅

　　杨露禅（1799～1872），河北省永年县人。自幼好武，因家贫，迫于生计，在广平府西关大街中药铺"太和堂"做伙计。这药店为陈家沟有名的财主陈德瑚所开。据说，有一天，一伙地痞到店里捣乱，被店里陈家沟来的一个主事三拳两脚打翻在地，其拳术极为精妙。杨露禅敬佩之至，欲拜其为师，但其谦虚说只得陈家拳术之皮毛，不敢成师。

　　后经陈德瑚介绍，杨露禅前往陈家沟学艺。恰巧那段时间，陈长兴借陈德瑚村南大宅院授徒。杨露禅在陈氏师徒练拳时一旁观看，并用心记下某些招式，无人时便私下练习。后被陈长兴发现，叹其为天赋异禀之武学奇才，不但没有怪罪他偷学武功，反而大胆摒弃门户之见和江湖禁忌，准其学习拳术。这样，杨露禅才得以正式拜陈长兴为师。

　　正式拜师后，杨露禅18年间三下陈家沟，深得太极拳法之精髓。

　　杨露禅40岁左右武艺修成，返回家乡冀南永年县设坛教拳，拳械运用高妙，所向无不披靡，乡里高手尽皆慑服。后来，杨露禅被武汝清（武禹襄二哥——刑部官员）推荐去北京授徒，历任大户酱园张家、京师旗营武术教师等，后被请至端王府授拳。因众多弟子大都出身高第，使得太极拳的社会地位和影响力非同一般。旧社会武

125

行规矩虽大，但争斗也极多，露禅公因每在擂台上与别家武者较量，出手即见红，一响必成功，遂被誉为打遍京城"杨无敌"，声名大噪。

杨露禅过世后，太极拳传子杨班侯、杨健侯，后由其孙杨澄甫修定而成。杨式太极拳由于从学者众，影响后世甚广。因而也衍生了许多杨式支派，最为著名的有王氏太极拳（王壮弘）、郑子太极拳（郑曼青）、熊式太极拳（熊养和）、董氏太极拳（董英杰）、田式太极拳（田兆麟）、李氏太极拳（李瑞东）、府内派、老六路等等。

三、武式太极拳

武禹襄，名河清，字禹襄（1812～1880），河北永年广府城内东街人。他出身望族，博览群书，曾考中秀才，但酷爱武术。

武禹襄虽生于富豪之家，但不思利禄，在家除教书外，就是习练武术。武禹襄与杨露禅是同代人，起初两人同习长拳。道光二十年（1840年），杨露禅三下陈家沟求师，学习太极拳技归来后，禹襄从杨露禅学得陈氏老架，但仅能得其大概。1852年，为了深入研究探索太极拳之奥妙，武禹襄决定赴河南陈家沟向陈长兴求教，路过河南怀庆府赵堡镇时，得知陈长兴已年老多病，不能收徒传艺，素闻赵堡镇陈清平拳艺甚精，便拜陈清平为师，习赵堡新架太极拳。他边学边练，并将所授拳理、拳诀一一作了札记。因武禹襄的兄长在河南舞阳县任知县，禹襄在赵堡期间，帮助陈清平了结了一桩特大难平的案子，陈为报禹襄搭救之恩，便将自己所习拳技精髓、奥旨秘诀，倾囊传授于武禹襄。武禹襄亦加倍努力，日夜研习，深得太极拳的理论奥妙。

学艺结束后，武禹襄又将其兄在舞阳县盐店觅得的王宗岳《太极拳论》带回永年，与其外甥李亦畲按照陈清平传太极拳的精髓及《太极拳论》所讲的要领逐式进行试验。在试验过程中，武、李二人每得一体会，即写一纸条贴于墙壁，再反复体验，最终将实践经验上升为理论，写出了一系列言简意赅的太极拳文论，如《打手要言》《四字不传秘诀》《十三势行功心解》和《身法十要》等太极拳经典理论著作。

在钻研赵堡太极拳架的基础上，武禹襄结合《太极拳谱》之精华，通过自身练拳体会，融会贯通，创编出一套"圈小劲捷、紧凑灵巧、式简技繁、术法分明、古朴典雅、端庄洒脱"的新型拳术，后人称之为"武式太极拳"。

武式太极拳学而化之，自成一派。其动作简洁紧凑，架势虽小而不局促，动作舒缓平稳，出手不超过足尖，收时不紧贴于身，左右手各管半个身体，不相逾越。胸部、腹部的进退旋转始终保持中正。步法严格，分清虚实，小巧灵活，迈步时足尖先着地，然后再足跟着地徐徐放下全足踏平。弓步前腿膝盖不得超过足尖，后腿不挺直高拔。拳势讲究起、承、开、合，动作连贯顺遂，用内在的虚实转换和"内气潜转"来支配外形，以"神宜内敛""先在心，后在身""以心行气，以气运身，意动身随，意动气随，意到气到，气到力到，意力不分"，达到意、气、形三者合一。

四、吴式太极拳

全佑，杨式太极拳名家杨班侯弟子，习练太极拳以柔化著称，架子斜中寓正、松静自然、大小适中。推手时，守静而不妄动，以善化见长。他根据自己的练拳感悟，在杨式小架太极拳的基础上予以修订。全佑之子鉴泉（1870～1942），又名爱绅，从汉姓吴，自幼秉承家学。民国元年（1912年），吴鉴泉在北京体育研究社教授太极拳，他对家传的太极拳加以充实和修改，去除重复和跳跃动作，修改定型，自成一家，形成了一个松静自然、架式紧凑、缓慢连绵、不纵不跳、长于柔化、独具风格的新型拳术，人称"吴式太极拳"。

吴式太极拳以柔化著称，动作轻松自然、连续不断、松静自然，独具静态之妙。拳架虽然小巧，但具有大架功底，又开展而紧凑，在紧凑中自具舒展，不显拘束。推手时，端正严密、细腻熨贴、守静而不妄动，以善化见长。

五、孙式太极拳

孙式太极拳由河北省完县（今河北省顺平县）人孙禄堂（名福全，1860～1933）所创。

孙禄堂是清末民初蜚声海内外的著名武学大家，在近代武林中素有"虎头少保""天下第一手"之称。1912年，孙禄堂在北京遇武式太极拳名家郝为真。郝为真将自己所习太极拳心得传授于孙禄堂。1918年，孙禄堂将太极拳、形意拳、八卦掌三家合冶一炉，融会贯通，革故鼎新，创编了动作小巧轻灵、架高步活、柔缓圆活、转换轻盈、运动方向变化多样、步法进退相随、运转开合相接的太极拳新套路，自成一家，人称"孙式太极拳"。

太极名家

孙禄堂

　　孙禄堂（1860～1933），河北顺平县北关人，孙式太极拳创始人，中国近代著名武术家。在近代武林中素有武圣、武神、万能手、虎头少保、天下第一手之称。

　　孙禄堂9岁丧父，家中一贫如洗，由老母抚养成人。他从小喜爱武术，曾拜一位江湖拳师学习少林拳术。11岁时背井离乡，去保定一家毛笔店做学徒。13岁时，孙禄堂拜河北省名拳师李魁元为师，学习形意拳，同时文武兼学。两年后，孙的武艺出类拔萃，李魁元便把他推荐给自己的师傅郭云深继续深造。不久，他便把形意拳的真功学到手。然而他并不满足，继续寻师学艺，到北京跟八卦掌名师程廷华学艺，苦练年余，尽得八卦掌之精髓。

　　1886年春，孙禄堂只身徒步壮游南北11省，访少林，朝武当，上峨嵋，闻有艺者必访之，逢人较技未遇对手。1888年，他返归故里，同年在家乡创办了蒲阳拳社，广收门徒。

　　1907年，东三省总督徐世昌闻孙禄堂武功绝伦，特聘他为幕宾，同往东北。1909年，孙禄堂随徐世昌返回北京。1912年，孙禄堂在北京遇太极名家郝为真。郝将自己所习太极拳之心得传授于孙禄堂。1918年，孙禄堂将形意、八卦、太极三家拳术合冶一炉，融会贯通，革故鼎新，创立了孙式太极拳，卓然自成一家。同年，徐世昌请孙禄堂入总统府，任武宣官。1928年3月，南京中央国术馆成立，孙禄堂受聘为该馆武当门门长；7月，又被聘为江苏省国术馆副馆长兼教务长。

孙禄堂晚年，正值列强环伺，国力衰微，民族危亡日趋严重。在外侮面前，孙禄堂大义凛然，在他年近半百之时，曾信手击昏挑战的俄国著名格斗家彼得洛夫；年逾花甲时，力挫日本天皇钦命大武士板垣一雄；古稀之年，又一举击败日本5名技艺高手的联合挑战，故在武林中不虚有虎头少保、天下第一手的美称。

六、武当太极拳

武当太极，并非是指所见单纯的太极拳套路，而是由太极、两仪、无极等不同层次的拳术、功法组合而成的一套由外及内、由动至静，从初级到高级，动静结合、内外兼修完整的太极体系。

武当内家拳是一种集竞技和养身为一体的精妙传统拳法，属于武当武术。它有以静制动、以柔克刚、以四两拨千斤、后发先至的武术特点；亦有动如行云流水、绵绵不断、刚柔相含、含而不露的武术风格；更有发人潜能、开人智慧、充人精神、壮人体魄、祛病健身、益寿延年的独特功效。

武当太极拳讲究"拳打卧牛之地"，基本上两米方圆足以施展，其中除螺旋缠丝外，另有九宫、八卦的内容。武当太极拳的要诀是：拳随心境，舒展绵长，恢宏大气，容万物于心。武当太极拳结合有炼精化气、炼气化神、炼神还虚、还虚合道的道教气功功法，是一种集武术与养生一体的上乘拳法。

武当太极拳的练习过程分3个阶段：首先炼形，然后炼气，最后炼神。其内含功法主要有：吐纳导引功、外气采补功、混元站桩功；其动作以掤、捋、挤、按、采、挒、肘、靠为主，在应用中随、连、粘、贴，连绵不断、行云流水。演练太极拳要求虚领顶劲、含胸拔背、沉肩坠肘、动作舒展，做到神形俱妙。武当太极拳动静结合、内外相含，是道教文化的结晶。

七、赵堡太极拳

赵堡太极拳形成于河南温县赵堡镇，它的起源有两种说法。一种是相传由武当太极拳创始人张三丰所创，由武当太极拳外传，祖师王宗岳传蒋发，蒋发又传邢喜怀，传张楚臣，传陈敬伯，传张宗禹，传张彦，传陈清平，传张敬芝，传陈英明，传王庆升等，是历代传人经过数百年的辨理、习技而形成的。另一种说法是陈式太极拳小架的一种套路，是由陈有本的弟子陈清平创编，其特点是小巧紧凑、动作缓慢，练会后逐渐加圈，以至极为复杂。因为是在河南温县赵堡镇首先传开的，故称之为"赵堡架"。

赵堡太极拳无论拳架或理论、著作都是由师傅言传和身教。理论著作有：王宗岳的专著《九要论》《太极行功歌》《捷要论》《运天机轮》《五字诀》《撒手法》，还有《论推手》《论擒拿法》和《论卸骨法》等。在太极拳花园中，赵堡太极拳是民间流传的一门太极真功，有着独特的技击特点和显著特征。

赵堡太极拳有拳架七十二式，式式皆为立式画圆，从而成为该拳种的核心与特征。整个拳架是从先转大圈后小圈，犹如春蚕抽丝连绵不断，里有顺圈逆圈组成，以身而言，有：以手化圆，以肘化圆，以胸腹化圆，以膀化圆和以胯化圆。丹田转动，此乃一圆化太极。拳架的演练遵循"三直"、"四顺"、"六合"和"意贯四梢"等规则。"三直"，即头直、身直、小腿直；"四顺"，即腿顺、脚顺、手顺、身法顺；"六合"，即外三合：手与足合、膀与胯合、肘与膝合，内三合：心与意合、气与力合、筋与骨合；"四梢"为牙为骨梢、舌为肉梢、发为血梢、毛孔为气梢。赵堡太极拳拳架轻灵圆活，动作舒展大方；演练时，步活圈圆，环环相扣，无明显发力动作；套路贯穿，有柔有刚。在掌握套路后，即逐步化圆为圈、由简到繁，提高技巧、难度。赵堡太极拳在走技方面擅长拿、跌、掷、打、靠诸艺，又有各种擒拿与反擒拿动作融于套路中，使其技击特点甚为突出。

八、八卦太极拳

八卦太极拳有两类：一为赵堡大架太极拳第十一代掌门人赵增福所公开的。赵堡大架太极拳架系赵堡架第六代宗师张彦所传。张彦在山东广收门徒，使太极拳拳艺代代相传，后传至山东聊城的马永胜。马永胜在 20 世纪二三十年代根据最为古老、最为实用的赵堡太极拳创立八卦太极拳，传拳王怀德，王怀德传拳赵增福。

由于该拳架在编排上吸取了八卦的理论与形式，使外象具体量化：按太极分两仪，故拳为 2 节；两仪生四象，故拳架分四段；在拳架的运动路线上，按乾（开门）西北、离（景门）南、坎（休门）北、兑（惊门）西、震（伤门）东、巽（杜门）东南、艮（生门）东北、坤（死门）西南严格布阵，故此拳为八路，而成外象之八方五位之图。其拳架招式，又取上五禽、下五兽。上五禽：凤、鹤、鹰、燕、雀；下五兽：龙、虎、狮、马、猴。该拳架盘练起来颇为壮观。

赵增福传授的八卦太极拳有上、中、下三盘，九十八实战法。

另一种被称为“八卦太极拳”的情况是：当年杨露禅与八卦掌祖师董海川、形意拳大师郭云深切磋技艺。董海川发现 3 种拳艺虽练功方法不同，然则理为一贯，萌生了取太极拳之长，弥补八卦掌之不足的想法，便自编了一套走直趟的类似于太极拳的练功方法，传给了程廷华、刘德宽等弟子。

 ## 第三节　太极拳理论思想

目前，我国较为通用的太极拳定义为：太极拳为我国国家级非物质文化遗产，它是以中国传统儒、道哲学中的太极、阴阳辩证理念为核心思想，集颐养性情、强身健体、技击对抗等多种功能为一体，结合易学的阴阳五行之变化、中医经络学、古代的导引术和吐纳术形成的一种内外兼修、柔和、缓慢、轻灵、刚柔相济的汉族传统拳术。

太极拳之所以叫太极拳，是因为它的理论基础是“太极学说”。王宗岳《太极拳论》曰：“太极者，无极而生，动静之机，阴阳之母也。”《陈式太极拳图说》作者陈鑫道：“它理根太极，故名太极拳。”《观经悟会法》云：“太极功非研易不能得，尤须朝夕悟在心内，会在身中，超乎象外，得其环中，有人所不知而己独知之妙。”可见，太极拳在长期的发展过程中，形成了一套独特的理论体系和行功原则，其命名体现了周易原理，故《太极歌》咏：“太极原生无极中，浑元一气感斯通。先天逆转随机变，万象包罗易理中。”

“太极拳”的名称产生之前，先人习拳都从单招式开始，一式熟练后，再学下一招，并无一定的套路，直至把各个招式练至纯熟后，再把各式串联起来，一气呵成，形成连贯的套路。这样的演练有别于单式，连绵不断，因而相对于单式，此拳术被称为长拳。张三丰《太极拳经》中说："太极拳，一名'长拳'，又名'十三势'。长拳者，如长江大海，滔滔不绝也。"

杨露禅三进陈家沟学拳18年，回到永年教拳，因拳软绵，而称之为"绵拳"或"沾绵拳"，亦未冠之太极而称世。后他来到北京教拳，不断有人慕名而来，与之结网较技，杨露禅不时将对手抛起、射落于网。光绪皇帝的老师翁龢和大学士观其精妙的武艺后赞赏说："杨进退神速、虚实莫测、身似猿猴、手如运球，犹太极浑圆一体也。"并书赠对联"手捧太极震寰宇，胸怀绝技压群英"予以祝贺。自此，太极拳之一名始为大定，杨露禅亦因此名号"太极杨"而名震京华。

太极原理在太极拳运动中主要体现以下几个方面。

一、太极图中的圆形与太极拳的整体性运动规律

一切事物的发展过程、运动形式都有一种向圆善、圆美、圆满发展的内在倾向，都趋之于圆、归之于圆。一般而言，圆是由事物旋转运动而形成完美曲线的球体状态，具有东、南、西、北、西北、西南、东北、东南、上、下十维空间，象征事物的整体性、全局性和广泛性。太极图正是一个圆形整体，不是平面圆就是立体圆，上、下、左、右、前、后均一样为圆。这就要求打太极拳要"浑然一体""处处成圆""非圆即弧，无凹凸，无缺陷"，达到"圆融精妙"的境界。

"太极拳继承了太极图中"圆"的完美性，并以中国传统哲学和传统医学等为理论基础，强调从整体上把握世界万物的和谐统一，体现人体健康成长和自我保护的根本规律，即从整体上调整自身的各种机能，使人体处于一种整体协调平衡、统一进化的状态。为此，太极拳运动处处强调整体性，"一动无有不动""周身一家""一动无不动，一静俱寂然"。太极拳动作纷繁复杂、千变万化，其势虽不同，而劲、气归一，始而意动，继而气动，然后外动；内不动，外不发；腰不动，手不发；由内及外，完整一气。可见太极拳之整体性乃是有形与无形，外部的动作与内部的精气神、意气劲之间和谐统一。

二、太极图中的 "S" 线和太极拳中的螺旋缠绕

太极图中的阴阳鱼之间有一条漩涡状的 "S" 曲线，它象征一种动态，标志着事物的阴阳变化是在螺旋式动态中变化发展的。内家拳的创造者，将太极图应用于拳技，太极图也成了太极拳的图徽，在这个图徽模型的指导下，太极拳的运动方式和路线也成为曲线、弧线和圆线。尤其是陈式太极拳所有劲力和形态动作，处处都要求走螺旋，讲究顺逆缠丝；虚实、快慢，都是在螺旋中运动、变化；"开，也是在螺旋中开，而不是掰开；合，也是在螺旋中合，而不是直线合"（陈照奎语）。陈鑫道："太极拳，缠法也。"打拳三个圆，推手三个圈，都是体现的这一道理。不讲缠丝劲，不见立体螺旋者，即不符合太极图的这一特征。

三、太极图中的 "圆" 与太极拳理法

太极拳是有名的哲理拳，其运动形式是中国人圆态心理的外在表现。它是通过由外到内、由表及里，由形而下的身体有形活动以促进形而上的无形升华，实现理想人格的塑造，体现为人处世的圆通、修身养性的圈融，从而达到人性追求的圆满。

（一）为人处事中的圆通

太极拳受中国古代哲学思想的影响颇重，其拳理所映射的人生道理正好迎合了人的处世哲学——谦让、圆通和圆融性。所谓圆通、圆融即无棱无角，收放自如，通达事理，处事灵活随和，不固执拘泥，追求自然和谐，讲究求中、求融合，可以与人和谐相处；智圆行方，一般睿智、聪慧、精明的智者都是曲线思维之人，为人处世富有同情心，悲喜与共，善于合作和化解矛盾，长于创造，不满足现状，乐于接受新观念、新挑战和新的生活方式。

"圆"代表了和谐统一，亦此亦彼，相辅相成，随机应变。做人要自律自强，不求强加于人，只求完善自己的道德情操。人的心灵原本是圆明洁美的，因而，做人应圆通光明，圆融谦谨，即不固执死板，又要合宜适度。可见太极拳理教给人为人处世要顺遂圆通，不要走极端；要遇事不惊、清醒自正、谦虚谨慎、不卑不亢。此处的圆并不是指圆滑，而是指心灵的净化、人格的完整。

（二）修身养性中的圆融

太极拳受道家思想影响，讲究阴阳平衡，走的是中庸之道，追求以静制动、

以柔克刚，为的是舍己从人。太极味越浓郁纯正，就越显得圆通圆融。练拳即为修身，要谦恭有礼、虚怀若谷。"圆"具有浩然正气和团结精神，以融合持中为其基本特征，也是东方文化的象征。

圆融也是圆满融通、非常和谐之意。人的一生是其过去、现在和未来的言行一点一滴连结起来的圆的自然回归。正因为它短暂，人才不应该消极；正因为它太匆匆，人才不应该虚度年华，才应该珍惜每一分钟生命，做最有意义的事情，走好人生的每一步。要始终乐观而坚定地面对人生，不为物欲所动，不为权钱所惑，不为名利所累，不为世俗污染，持勇于奋斗、积极进取的乐观态度，尽心竭力，穷尽为人之道，追求干净纯洁、高尚的人生境界；要有所作为、有所建树，脚踏实地，不枉此生，以实际行动去造就修身养性的圆融。

（三）人性追求中的圆满

圆有着完美的弧线，有圆心、半径和直径。圆心使人们保持一种平衡与等距，但是圆心也许人一辈子都无法企及，因而存在缺憾。所以从本质上讲，人生就是为了补缺。正因为人缺乏或未占有某事物才渴求某事物，正因为不圆满才追求，以达到生理和心理的满足。圆象征着无始无终的生命周期，往复循环、自强不息的精神意志体现，这种多以圆、弧轨迹的运动，正是喻意以太极拳运动为载体，传载于人生生不息、永不穷殆的精神意志。人的心灵深处闪亮着圆，理想的羽翼追逐着圆，伤残的生命渴望着圆，人类的思想、言论、行动无不体现出对完美的崇拜、对圆的追求和向往。人生应该始终朝着完美的方向而努力，应该追求完整的人格、完善的道德和完美的精神，这是人生价值之所在，是人们终身为之努力的目标。人生之所以有意义，根本不在于生活本身是否美好，而在于人们对美好生活的追求，有追求而激励人们去创造、去拼搏、去奋斗。

人类的心理状态同样是以圆为美、为至美的。在人的心目中，"圆"是一个伟大、和谐、完美、崇高的形象，是人生最美好、最吉祥、最理想的追求目标。练太极拳最高深的境界就是对这种高妙精神的追求，用实际行动画出一个辉煌壮美的人生之圆。

四、太极图中的"圆"与太极拳行功走架

（一）太极拳螺旋运动所遵循的原则

非圆即弧：太极拳动作练习中动作自身的自转与公转，不仅四肢运行中处

处走弧线，而且手臂、腿脚自身也在不断旋转中运行。缠丝劲的圆运劲，不是平面上的弧形动作组成的，而是立体空间曲线弧形螺旋形式的动作组成。每个动作从施力点到发力点，从起点到落点，都走弧线。倒换虚实，裆走下弧，下塌外碾也是弧线。

非顺即逆：欲顺先逆，欲逆先顺，一顺一逆，忽顺忽逆，交替缠绕。

处处螺旋：螺旋中开，螺旋中合；螺旋中升，螺旋中沉。不论是开还是合，是上升还是下沉，都在螺旋中运行，纵横螺旋，纵横变化，也都要走一个顺逆相反的螺旋劲。即欲纵先横，欲横先纵的加掤劲；八门五步，式式皆走螺旋。

处处成圆：内气鼓荡，处处成圆，外形气势饱满，处处掤圆。不论从上下、左右、前后观看，打拳人周身气势都是充实而饱满的。不仅动作要圆，定势造型也要求处处掤圆。

（二）太极拳动作练习中"圆"的要求

太极图是圆的，太极拳动作多呈弧形，也是圆的，所以称为太极拳。

太极以圆弧为本，不仅表现在外观形体运动路线和定势姿势上，也反映在身体运动的特点上，可以说是以腰为轴心的转动，无一不贯穿着圆、弧的运动，随着运动的变化形成了"大弧带小弧""大圆套小圆"，或者平圆、立圆、八字圆等各种圆弧运动。有人说太极身法都是"圈儿"，这是有道理的。

太极拳不论动作大小、快慢，都要求做到非圆即弧、处处成圆，顺逆缠丝贯穿于各种刚柔、快慢、开合、升沉动作之中，体现于身体各个部位之上。其讲究"不画圆，不成拳"。在动作练习中，腰身不停地在进退旋转，两脚、两手亦无直来直去的动作，总是在走或大或小的弧线。

在练习太极拳的过程中，严格掌握缠丝法，即缠绕螺旋的运动方法。在松肩沉肘、含胸塌腰、开髋屈膝等规则下，以腰为轴，节节贯穿。手往里旋转，以手领肘，以肘领肩，以肩领腰；手往外旋转，以腰催肩，以肩催肘，以肘催手。表现在上肢是旋腕转臂，表现在下肢是旋踝转膝，表现在躯干是旋腰转脊，三者结合起来，形成一条根在脚、主宰于腰而行于手指的空间旋转曲线。

第七章 详推用意终何在 延年益寿不老春

——太极拳的养生原理

"详推用意终何在，延年益寿不老春"，是王宗岳《十三势歌》中太极养生经典语句，它解答了练太极拳的最终目的。"延年益寿"十分容易理解，"不老春"也有深刻的涵义。

《易经》认为，"春"者，乃万物资始，元始也。以春（元）比喻修炼太极的目的有两层含义：一是比喻人体生理要永远像春天那样生机勃勃；二是希望人的心理（心性）要返回到先天本性，即"人之初"的最佳境界。"不老春"三个字描绘了一幅既延长人体肉体生命，又延长人的精神生命的美好画卷。

第一节 太极拳与"天人合一"思想

"天人合一"概念起源于人们对神灵的崇拜和对上天的敬畏，是一种对道德理想和精神境界的追求。它最早是由庄子阐述，后被汉代儒家思想家董仲舒发展为天人合一的哲学思想体系，并由此构建了中华传统文化的主体。

"天人合一"思想的内涵非常丰富和复杂。简单来说，它认为：宇宙自然是大天地，人则是一个小天地。人和自然在本质上是相通的，故一切人事均应顺乎自然规律，达到人与自然的和谐，就像老子所说："人法地，地法天，天法道，道法自然。"

"道法自然"的涵义也很丰富，从"天人合一"的角度来看，它的意思是：人应通过顺应大自然，与大自然为一体，进而达到与天（道）合一境界，道家最高境界的"天人合一"实际上是"人道合一"。

"太极阴阳"学说是太极拳的理论核心，"天人合一"思想作为中华民族的思想核心与太极学说有着紧密的内在联系，并进而影响了太极拳的方方面面。具体而言，"天人合一"思想与"太极阴阳"理论的内在逻辑为：易有太极，太极者乃宇宙最初浑然一体之元气，气化宇宙分阴阳，一阴一阳之谓道，道法自然，天道人道本同道，天人合一。

"天人合一"思想对太极拳运动的影响十分深刻，可分为"道""德""技"几个方面。

从"道"的方面来说，可体现在"一来一去"两个方面。

"一来"为太极拳的由来。太极拳以太极阴阳学说为根本，正如王宗岳《太极拳论》开篇所言："太极者，无极而生，动静之机、阴阳之母也。动之则分，静之则合。"一阴一阳、一动一静皆为"道"的体现，即太极拳是在阴阳之道的指导下创编的，所以无处不体现"道"的含义和要求。天人合一谓之道，作为一种基本的思维方式和理想的精神状态，"天人合一"思想也统摄于太极拳的拳理之中。

"一去"为太极拳的终极追求。道作为宇宙至精至妙之理，是治学、修行、习武的终极追求。中华武术，神乎其技。"由武及道"是众多习武者的不懈追求，习练太极拳亦是如此。王宗岳《太极拳论》中阐明了道的本原为"从心所欲""阶及神明""虽变化万端而理为一贯"。"从心所欲""阶及神明"是一种自由自在、随心所欲的状态，一种妙不可言的精神体会。《易》学有云："形而上者谓之道，形而下者谓之器。"《易》学把超出形象视为高级理论，视为指导性的法则，视为道，这就是太极拳"从心所欲""阶及神明""一贯之理"的核心。易无止境，法无常则，太极求道者熟招懂劲、默识揣摩是方法，天人合一是原则。

在"德"方面，"天人合一"思想的影响主要体现在对"拳道合一"境界的追求上。

太极拳修炼的最终目的不是较技、不是暴力，而是在练习过程中体悟太极拳所蕴含的随曲就伸、不偏不倚、处乱不惊的精髓，最终形成一个良好的心态，或者说一种率真的生命状态，外形温和存威不露，沉雄大度，内存宽容、平和、同情、理解，为人真诚，有同情心，向往人性的丰富，追求人的审美状态和生命的长久。

通过练拳入静，达到身心放松，心境澄明无碍，放弃一切执着、烦恼，体悟虚无大道，体会真空妙有的乐趣，最终走向自然无为、心境平和。这就是"拳道合一"的境界，越练越体舒神静、心胸豁达、心地宽厚，能够俯察人生万象，常生宽容慈悲之心、纯净之性。用今天的话说，是人格的提升、人生境界的升华，或说是对生活的审美状态的追求。

在"技"方面，"天人合一"思想主要体现在"舍己从人""以柔克刚""用意不用力"等方面。

"天人合一"要求顺应自然、"道法自然"，这反应到太极拳技击原则中就是"以静制动""不丢不顶""舍己从人""以柔克刚"等，实际应用体现在"粘、连、黏、随"四字诀上。

舍己从人，以对方的行动而行动，不丢不顶，应像对待客人一样迎来送走，也就是明白"对待"之理。

要做到"舍己从人"，首先应舍弃自我，避免主观妄动，逐渐放弃原来的思维方式和用力习惯，从客观实际出发，按客观规律办事，不丢不顶，人刚我柔，随屈就伸，通过沾粘连随的功夫来做到我顺人背、以柔克刚的目的。

要做到"以柔克刚"，就是要松，通过松柔的不丢不顶来培养"一羽不能加，蝇虫不能落"的精细的听劲能力，洞悉对方的虚实重心，"人不知我，我独知人"。当对方来袭时，我松柔如水，毫不受力，对方则如捕风捉影，处处落空。我则乘对方失重之时，如浪潮回涌，顺势予以攻击，以巧制胜，所谓"牵动四两拨千斤也"。

太极拳的"用意不用力"也是"天人合一"思想的体现。所谓"用意不用力"是指行拳时大脑要静下来，用意念引导动作，精神达到高度集中，中枢神经调节到最佳状态，以便把精神和意念贯注于一招一式之中，做到"心中无物，极其虚灵"，最终达到诸客体相互交融的神韵，从而实现人与自然"天人合一"的最高境界。

概而言之，太极拳运动的哲学基础是"天人合一"思想。

 ## 第二节　太极拳与阴阳学说

阴阳学说是我国哲学的重要范畴，是中医学的重要理论基础，也是人们养生、防病、治病的大纲。《素问·阴阳应像大论》中说："阴阳者，天地之道也，万物之纲纪，变化之父母，生杀之本始，神明之府也，治病必求于本。"意思是：阴阳是自然界发生变化的一般规律，是一切事物的纲领系统，变化的由来，生长消亡的根本，也是一切事物变化的根源。所以，治疗疾病必须探求阴阳这个根本。同理，养生也是要探求阴阳这个根本。

阴阳学说认为，事物存在着矛盾的两个方面，这两个方面具有不同的属性、不同的特点，他们相互依存、相互制约、消长变化，处于一个动态的平衡状态。《素问·阴阳应像大论》曰："阴在内，阳之守也；阳在外，阴之使也。"《素问·生气通天论》曰："阴平阳秘，精神乃治；阴阳离决，精气乃绝。"

太极拳富含中国古代哲学思想，太极拳无论是盘架还是技击，始终贯穿着阴阳之变化，时时体现着阴阳转化之规律。在行拳走架过程中，每一动作的开合虚实、起落旋转，都是由一个圆圈构成的，在这一个圆圈中包含有阴和阳两种力量在旋转变化，像太极图圆圈中的阴阳对立面那样。这具体体现在动静、开合、虚实、刚柔等4个方面。

（一）动静

动静是指宇宙万物运动、变化、发展的形态和事物本身所固有的属性及存在的形式。动静的相互转化是事物运动变化的根本规律。《太极拳经》曰："盖万物之理，以虚而受，以静而成，天地从虚中立极，静中运机，故混沌开，而阖辟之局斯立，百骸固，而无之藏自立，无不从虚静中来也。"虚静也是太极拳的最精妙之处。同样在太极拳中，其外在招式与内部气血在心意的统领下，内外相合融为一体，达到与自然的和谐并融于自然。通过"静"来定心自养，体验宇宙本体之"道"。静为动之源，动为静之终，动静互根。

具体来讲，没有"动"就无从涉及"静"；同理，没有"静"也无法准确地描述"动"在何处，如何而"动"。太极拳是整体的相互依存的矛盾运动，有开必有合，有合必有开，有动必有静，有静必有动，动静相济，相得益彰。太极拳就是一种动中求静、静中求动的运动项目，它以松静为本。"静为势之本，动为势之末。"唯心静，方能静察彼情、静观其势，进而辨彼之虚实，知彼之动向，做到人不知我、我独知人，静以待动，不动则已，一发而至，至而必中。由此可见，太极拳在本质上力主于静而不是倾向于动。在练功上，太极拳体现出心静用意、神舒体静的气势和形体舒缓的运动。

从意念神态上，太极拳强调心静用意，以意领气，以气运身。《拳经》云："神为主帅，身为驱使。"打拳必须使大脑松静下来，排除一切杂念，洗心涤虑，使心纯静地集中到练拳上来。入静后，人体内气血开始萌动，气血沿着经络、血管系统流转，身体外部形态及手足的变换，均是随着内动而运动，从而达到意不断、动不停，意动形随。正如陈鑫所说："外之所形，莫非内之所发。"即内不动，外不发，由内及外，内外合一，此皆是用意来指挥，以意气引导动作的结果，从而达到静中求动的目的。

从身体形态上，太极拳缓慢匀速的运动，是太极思维特有的运动方式，引导习练者顺其自然，动作轻灵柔和，均匀连贯，绵绵不断。如陈鑫在《拳论》中曰："沿路缠绵，静运无慌，肌肤骨节，处处开张。"因此，练太极拳是在动作轻缓中求得周身内外的松静，周身处处松静有助于节节贯穿，只有周身节节贯穿，方能运行无滞，圆转自如，轻而不浮，沉而不滞，进而达到一种看似行云流水，似动非动，似动犹静的状态，通过身体轻缓的外动达到身体沉稳松静的目的。

太极拳正是内外兼修、动静互因的功夫，它从整体上展现了动、静两个方面的矛盾统一关系。

（二）开合

开合是阴阳学说衍生出来的一对哲学概念，它是宇宙万物矛盾对立统一关系的形式和状态，也是事物动静关系变化的表现形式和结果。

所谓"开"，是指矛盾的事物向着自身相反的方向分成两个或两个以上的方面。开的本意是开启、打开，还有展开、舒展之意。所谓"合"，则是两个或两个以上之间相互矛盾、相互关联的事物聚集在一起并成为一体。"合"最初意思是合拢、关闭，也指阴阳双方互为一体，因为天地万物都有阴阳两端，而阴阳两端是相异的，异性相吸。

太极拳的开合是指人体由内导外、以外引内，内外统一的，先内动而后再外动所表现出的动作形态的概括。太极拳的开合着重在内部的变动，而不在于形式。其内动的开合，仍然是运劲似螺旋的作用，就是所谓劲由内换，或谓之内气潜转。开为向外伸展、放大；合为向内缩小、收敛。太极拳的运动，由腰脊主宰运用螺旋形的弧形动作向着四梢去的谓之"开"，从四梢回归丹田的称为"合"。就外部形态而言，则是指由内而外动作的屈伸、攻防、进退、俯仰、起落、吞吐、闪展、蓄发等等，伸、攻、进、俯、落、吐、展、发等动作，在配合呼吸的情况下，叫做"开"；屈、防、退、仰、起、吞、闪、蓄等动作，在结合呼吸时，称为"合"。

从呼吸上讲，"开"就是内气从丹田向肢体梢节呼出的过程，那么"合"

则是内气向丹田吸入的过程。一开一合，就是一吸一呼，呼为开，吸为合，太极拳就是一呼一吸的运动，每个动作的开合均是与呼吸有节奏地自然结合。从肢体的屈伸上讲，即屈为合，吸气，伸为开，呼气；从劲力的蓄发上讲，是蓄劲为合，吸气，发劲为开，呼气；从内气的出入上讲，出气为开，呼气，入气为合，吸气；从攻防、进退上讲，进、攻为开，退、防为合；从刚柔、虚实上讲，刚、实为开，柔、虚为合。甚至从动静、阴阳上讲，也是阳、动为开，阴、静为合等，都应遵循"开呼合吸"的原则，这合乎人体生理规律，也符合技击的原理。

总之，太极拳的开合，均由内导外，以外引内，内外统一。强调意识、呼吸、动作三者密切配合，"炼意""炼气""炼身"同时进行。

（三）虚实

虚实是阴阳学说衍生出的哲学范畴，它时时刻刻存在于人们的生活之中，一切事物中无不含有虚实之变化。太极拳将虚实概念引入太极拳中，认为太极拳是一虚一实、虚实相兼的运动。太极拳始终贯穿于虚实变化之中。

《拳论》中讲："虚实宜分清楚，一处有一处虚实，处处总此一虚实。"也就是说，太极拳对身体重心的要求，必须分清虚实，使动作处处有虚实。太极拳运动中，人体的重心常有偏移，当重心偏移到前方时，则变成前腿实而后腿虚，偏移到后方时，则又变成后腿实而前腿虚。虚实的变化是不固定的，它随着肢体的运动而变换。如杨式太极拳中的左搂膝拗步，左脚提起向前落步时，重心渐渐由右腿移向左腿成左弓步，即由右腿实左腿虚转变成左腿实右腿虚；左掌随转体向下经左膝前以半圆形搂至左胯旁，右掌也随着重心前移和身体左转继续弧形向上经右耳旁向前按出。此时，左手由实变虚按于左胯旁，右手由虚变实按于体前。可见，身体各部位的虚实转换，对保持身体上下协调和重心平稳移动提供了有利条件。另外，在虚实变换中，还要注意虚中有实，实中有虚，即虚手中要虚中含实，实手中要实中含虚。再以左搂膝拗步为例，左掌随身体向下经左膝前搂至左胯旁，左手由实变虚，于左胯旁向下按击，手心空出，此虚手中又分虚实，手背面为虚，手心面为实；右掌随身体左转向前按出，右手由虚变实，此实手中也分虚实，向前攻击的一面称实，另一面谓虚。身体重心虚实的转换是以腰为轴，腰为一身之主宰，上下沟通之枢纽，左右转动之纵轴。《十三势行功歌诀》讲："命意源头在腰隙，变换虚实须留意。"李亦畬说："紧要全在胸中腰间运化，不在外面。"

虚实的划分，宜采取大虚大实之姿势。以弓步为例，两腿的负重分配比例为前腿8分力、后腿2分力，随着功夫的熟练，即转为小虚小实之姿势，逐渐改变负重的分配比例，由二八步向三七步、四六步过渡，以至于两者相差甚少，即虚实的距离愈短，动作变动幅度愈小，使身体重心虚实变换更加灵活，从而达到内有虚实外不见虚实的境界，使身体中正安舒、支撑八面、上下相随。

（四）刚柔

刚柔是阴阳学说衍生出的一对哲学概念，其时刻存在于一切事物发展变化之中。而太极拳中的刚柔正是老子哲学思想的具体体现。在自然界中，新生事物总是柔弱的、充满生机的，由柔弱而至壮大刚强，然一旦壮大刚强则逐步走向衰亡。由此，事物就会向相反的方面转化，即由柔至刚，进而刚而复柔，循环往复。

以柔克刚是太极拳的技击原则，也是太极拳的技击特征之一。所谓以柔克刚，"柔"是能伸缩、能运化、能沾粘的有法之柔，表现为一种进可攻、退可守的内劲，并赋有韧性、弹性、轻灵性；而"刚"则表现为一种硬力、拙力、无随机变化之力。双方相搏时，敌以刚力击来，而我以刚力应之，那么双方即会相顶，出现顶牛，结果力大者胜。

从太极拳盘架上看，太极拳运动的特点是连绵不断、举动轻灵、运行和缓、柔中带刚、棉中裹铁。陈鑫曰："是艺也，不可谓之柔，亦不可谓之刚，第可名之为太极。太极者，刚柔兼至而浑于无迹之谓也。"太极拳不可偏执于柔，也不可偏执于刚，而是至柔至刚，刚柔相济，无端可寻。同样，在太极推手中，要求动作轻灵粘扶、顺行不悖、不即不离、以柔为显。如只柔不刚，则必柔软而不坚，软弱无力，缺少弹抖劲。相反，只刚无柔，就像枯木之僵脆，易遭摧折，动作呆板不松活，缺乏灵活性，动则舍相，易为人乘。太极推手用柔，并非一柔到底，而是柔中带刚，刚中寓柔。如《拳论》曰："用刚不可无柔，无柔则环绕不速；用柔不可无刚，无刚则摧迫不捷。"据此，太极拳是刚柔并用之拳，只有刚柔并举，相互并用，才能攻则有方，防则有法。

第三节　太极拳与中医经络理论

经络是经脉和络脉的合称，是人体气血运行的通路，"外络于肢节，内属于脏腑"。中医学认为：经络是布满人体的气血通道，它源于脏腑，疏注于四肢百骸、脏腑经络。气血失和，而疾病生，和则健身益寿。

太极拳将经络理论应用于其拳理之中。陈式太极拳先贤陈鑫云"太极拳，缠法也"。"缠丝劲"的练法，就源于中医经络理论。

陈式太极拳最具特色的就是缠丝劲，它要求每个拳势动作，不论大小、快慢、开合，都须走螺旋式的运动形式，使人体从腰和丹田到四梢，不论脏腑、肌肉、关节。

陈式太极拳的缠丝分为顺逆缠、进退缠、左右缠、内外缠、大小缠多种形式，其中顺逆缠丝是基本缠丝，也是此拳的精华。它分为手的顺逆缠丝和腿的顺逆缠丝。

手的顺缠是指手心外旋，掌心由内向外翻，以小指领劲，拇指合、掌心空、虎口圆、顺时针方向旋转；手的逆缠是手心内旋，掌心由外向内翻，大拇指领劲，掌心空、虎口圆、小指合，依次至拇指，逆时针方向旋转。

当出腿或收腿时，以脚掌外缘领劲，向脚心方向旋转，膝部向裆外方向旋转，即为腿的顺缠；以脚跟里侧领劲，向脚心方向旋转，膝部向裆内方向旋转，即为腿的逆缠。

顺逆缠丝在运行中都要求循经走穴。

如手顺缠劲的内劲由实腿的腹侧腰隙上行至日月，达肩井，向肩颙；下行至青灵、少海，经上廉、下廉，达阳池，注五指，或由阳池向拇指根，从手背再缠至小指腓，里转小指肚，依次贯注于无名指、中指、示指、拇指肚。指向前合，劲贯九分，神气要贯到十分。逢虚腿一面的手顺缠时，内劲也由实腿的腰隙起，斜行至虚腿一面的日月而运转。

手逆缠劲的内劲由实腿的背侧腰隙起，上循背后膏肓、魄户、附分逆行而上至肩颙，经消泺、清冷渊，达少海，向上廉，经支沟、阳池，至拇指掌，分注五指肚。逢虚腿一面的手逆缠时，内劲仍由实腿的背后腰隙起，斜行至虚腿一面的背侧；随即上行至膏肓而运转。

腿顺缠劲的内劲由腰隙经大腿根里边向上而外，经环跳穴，再往里向下斜缠至足跟（大钟穴），分注五趾肚。

腿逆缠劲是脚平实踏地，脚趾与脚跟用意沉住，中间涌泉穴要虚，随着下缠劲，其劲如缠入地下，似有盘根错节之意；膝以上两大股用精神贯注，有腾挪之意，则桩步愈练愈稳固而又轻灵善变。

从躯体中枢，以至无微不至的毛细血管，都在非顺即逆的反复旋转中运动，缠来缠去，拧来拧去，左绕右绕，非圆即弧，处处走螺旋。这种螺旋式的缠丝运动方式，可以促进气血运行，疏通经络，行气活血，达到调整人体气血平衡的健身目的。

此外，为了贯通"督任"二脉，练太极拳时要求舌尖轻抵上颚，刺激金津、玉液二穴，使其分泌足够的津液，以滋润口腔。头部姿势要求"虚领顶劲"，百会穴轻轻上提且与会阴穴保持垂直，可使督任二脉之气相贯通。太极拳强调身型犹如一张弓，身弓以腰为弓把，始终以意贯注于命门穴。大椎穴与长强穴为弓梢，上下对称。

缠丝劲在陈式太极拳表现得很明显，缠绕运动的幅度大，其他太极拳流派也包含有这种运劲方法，不过缠绕运动的幅度小，外形上不太明显，因而也有人称作"抽丝劲"。

总之，太极拳符合中医经络学说，能够调和气血，疏通经络，有效地排出体内毒素，达到阴阳平衡、强身健体的效果。

第四节　太极拳与传统"养气"观念

气，是中国哲学范畴的一个极为重要的命题。它最早是由战国后期的诸子百家争鸣的道家所提出的观点。道家认为包括人在内的宇宙万物皆由"精气而生"。如道家代表人物庄子在《庄子·知壮游》中说"人之生，气之聚也；聚则为生，散则为死。故曰通天下一气耳"。

中医学继承了这种"气一元论"思想，认为"人"是自然界阴阳二气作用的产物。如《素问·宝命全形论》道："夫人生于地，悬命于天，天地合气，命之曰人。"《灵枢·天年》曰："何者为神？岐伯曰：血气已和，营卫已通，五藏已成，神气舍心，魂魄毕俱乃成为人。"

"气"不仅具有物质性，还具有阴阳两个对立统一的属性。《素问·阴阳应象大论》中讲"阴阳者，天地之道也，万物之纲纪，变化之父母，生杀之本始，神明之府也。故积阳为天，积阴为地，阴静阳躁，阳生阴长，阳杀阴藏，阳化气，阴成形"。这扼要地说明了阴阳的基本概念。只有阴阳二气的相互作用，才能使物质世界出现气象万千的生动景象。宇宙万物不仅由"二气"构成，而且"二气"处于不停顿的运动之中。阴阳二气是对立的，又是统一的，相互依存，相互作用，并且在一定的条件下又相互转化。

气被视为生命的本源，是构成人体的基本物质，是人体脏腑、经络、组织器官活动的物质基础。气为血帅，血为气母，气血的调和与通畅是人体健康的关键。

气的基本特点就是运动。气的运动中医称为"气机"，有升、降、出、入4种运动形式。气在不同脏腑有不同表现形式，气流布全身各处，走到脏腑称为脏腑之气，至血脉内外则称营卫之气，至经络则称经络之气等。中医学认为，人的生命表现为"升、降、出、入"的气化运动，将人体之气按来源分为：肾中之精气，水谷精微之气，自然之清气。对机体来说，升和降、出和入之间必须协调平衡，这种协调平衡，称为"气机调畅"。调气，首先要使气行通畅。其次，要使气机和调。气机和调，则人抗拒病邪和抗衰老的能力提高。如古人所道："长生之要，以养气为根。"养生之大，在于养气，有一诗云："身中一宝，隐在丹田，轻如密雾，淡似飞烟。"

中国古代重气的观念被太极拳所吸取，结合自身的运动特点，形成了以气养生的运动形式。

太极拳从实践到理论，从观念到方法都十分注重"气"，注重运气、练气、养气。练太极拳要气沉丹田，呼吸要匀、细、深、长，自然平和，绵绵若存，用之不勤。行拳走架过程中讲究"以意运气、以气运身、以体导气"，通过意念指导体内之气的运行，促进人体内部气血的运行。具体要求"虚领顶劲、气沉丹田""气遍身躯不稍滞""气宜鼓荡""气敛入筋骨""气由脊发"等，气循经络有规律地运行，调和气血，达到内壮，增长内劲。

同时，太极拳继承了古代的导引吐纳术，要求用意念引气循环意守丹田，先吸后呼，一吸百脉皆合，一呼百脉皆开，呼吸往来百脉皆通。

从养生学角度，呼吸实则为吐故纳新，吸清倒浊，进行气体交换。太极拳主张采用"细、长、匀、缓、深"逆腹式深呼吸，呼吸之气的升、降、出、入为运动特征，使人与自然息息相通，进而调理人体的气机，使气血畅通，百脉和匀，达到太极拳大师吴图南提出的养蓄宗气、培补元气，运行营气、开发卫气的目的。

此外，中医学将气归纳为元气、宗气、营气、卫气4种，其中最重要的是元气，也称为"中气"，它是先天之气，是人体生命的原动力。而太极拳最为注重的也是"中气"。《太极拳论》中要求"须以直养而无害""以虚灵之心，养刚中之气""浩然之心行之，无往不宜"，强调中气贯于脊中，收于丹田。特别是《十三势行功心经》中对太极拳中的气做了深刻的阐释："以心行气，务令沉着，乃能收敛入骨。以气运身，务令顺遂，乃能便利从心。"

太极拳用意练拳、行拳炼气、虚静其心、以心行气，蕴含着生命本源论，又涉及道德精神论。将气与心结合，在不断的运动中求静，气遍全身，顺势扬气。至此把人的生理、心理、人生哲学连在一起，把心理平衡、延年益寿、生活情趣融合在一起。太极拳通过对气的修炼来实现人的身与心的健康，是一种不可多得的修身养性的运动形式。《重阳全真集》的勤道歌说得好："自然消息自然恬，不论金丹不论仙，一气养成神愈静，万金难买日高眠。"

 ## 第五节　太极拳与五行之道

张三丰《太极拳经》中说："十三势者，掤、捋、挤、按、采、挒、肘、靠，此八卦也；进步、退步、左顾、右盼、中定，此五行也。掤捋挤按，即乾坤坎离四正方也；采挒肘靠，即震兑艮巽四斜角也；进退顾盼定，即金木水火土也，合之则为十三势也。"这是说十三势的基本技术内容，与八卦五行方位及其八门五步有相对应的关系。

太极拳和其他的拳术一样，是运动战，无非是向前、向后、向左、向右。但不管是前进后退，还是左顾右盼，都要保持自身中定。这就形成了进、退、顾、盼都要有中定的法则。这与金木水火土五行相合——进对火、退对水、顾对木、盼对金，而定对中土，中土为枢机之轴。这里是用五行生克的结构关系表达五步运行的关系，一方面表达了步法的多样性，另一方面强调运用步法身法时，须遵循"立身中正""无过不及"的原则。

从健身效用上讲，十三势中的八法：掤、捋、挤、按、采、挒、肘、靠也与五行相对应。如：掤——五行属水对应肾经；捋——五行属火对应心经；挤——五行属木对应肝经；按——五行属金对应肺经；采——五行属金对应大肠经；挒——五行属土对应脾经；肘——五行属土对应胃经；靠——五行属木对应胆经。太极拳上肢动作通过两臂和两腕的旋转、缠绕、折叠，可对上肢的三阴经、三阳经有一定的刺激，对强心益肺有良好的作用。而下肢动作通过腿的旋拧、绷、勾则可对脾经、胃经和肾经起到良好的调节作用。

第六节　太极拳与道教内丹养生功法

太极拳内功法则来源于道家内丹修炼功法。所谓内丹功就是道家以人体为"炉鼎"，以自身的精气神为药物，经过炼精化气、炼气化神、炼神还虚3个阶段的修炼，达到身心健康、返老还童，甚至长生久视、羽化登仙。它是一种性命双修的功法，也成为太极心法之法则。

这里所谓的"性"，不是男女之性，而是指精神生命，即心理、品德、道心、天性等；所谓"命"，是指肉体生命，即生理机能或者人之元气。性命双修，就是把精神与肉体、心理与生理结合起来一同修炼，不可偏废。

武当道教创始人张三丰将无极而太极作为道学的根源，把人体的生命比作无极而太极的过程，提出了"太极分阴阳，阴阳顺则生人，阴阳逆则生神"的丹道思想，又总结出宇宙天地是一大太极，人身丹田是一小太极的丹派理论，把人身的丹田看做是道家内丹的修炼之地，认为它既是养生之宝，也是产生技击劲力的发动机。因此将人体虚拟作"炉鼎"，将道家的导行之术、吐纳之功融于拳法之中，再通过形体的独特运动技法，在自身的炉鼎内炼丹化气，炼养自身的精气神，以"有形之体，演练无形之气"，充分地激发人体内的潜能，使之产生具有较强的养生修道之效和独特的技击之功，进而达到外炼取形体、内炼会神意，内外结合，形意相抱，凝神静虑，抱之守一的目的。

在解释这种炼气炼丹的方法时，张三丰只用了8个字："凝神调息，调息

147

凝神。"又曰："心止于脐下曰凝神，气归于脐下曰调息。"这其实是说练功时要意守丹田，清心调神、松静调息，心境空明澄澈，最后达到神息两忘、天人合一的虚无状态。

在这种修炼状态，人感受到的是与自然的和谐统一，不仅使人空静自然、欲念全消，还使人心灵得到升华，感受到与自然相和谐的律动，领悟到人与自然和谐统一、相互依存的道理，认识到人应该与自然和谐相处的重要使命。太极拳每一个动作都"精中寓神、神中寓气"，是一种精气神始终处于饱满状态下的自然安舒，它追求的是在无我的境界中，"不知身之为我，我之为身"，把动作与自然合为一体，"我人在道中，道在我人中"，使身心之中与道合二为一，最终实现对自我的超越。

此外，太极拳中蕴含丰富的哲学思想，延伸到现实生活中则表现为自身为人处世、修身养性的指导。例如："立身中正""内外兼修""刚柔相济""动静结合"等，与为人处世、道德修养紧密相连，对指引人生的方向、做人与处世具有极其重要的现实意义。"立身中正"可引导人们做人要挺胸抬头、堂堂正正，刚正不阿，指导人们为人处事要坚守一定的原则，不偏不倚，不能图一时的利益而偏离做人的宗旨；"内外兼修"体现的是人的全面发展，提示人们应向着德才兼备、身心俱佳的方向发展，既要注意积累内在的知识，又要加强外在能力的提高，将修身养性作为身心发展的目标，不断实现自我、超越自我；"刚柔相济"告诉人们要正确处理好利与弊的关系，处事要讲求分寸，有弹性，既不可过刚，也不可过柔，"刚柔相济""软硬适中"方能成大气；"动静结合"体现的是一切事物都是在发展变化的，劝诫人们要以辩证的观点看待世事，即不要以一时之得而喜，也不要因一事之失而忧，需知"塞翁失马焉知非福"，如此才能淡泊名利，以平和的心境面对人生的得失。

太极拳以它独特的运动特色最终达到的是外炼取形体、内炼会神意，内外兼修、和谐统一的目的。

第八章　太极行健

——太极拳的养生效用

世界卫生组织（WHO）对健康下了一个被人们普遍接受的定义："健康，不但是没有身体缺陷，还要有完整的生理、心理状态和社会适应力。"从而明确了健康的真正含义，它不仅指身体上的健康，还包括了生理、心理和社会行为上的和谐。只有综合意义上的健康，才能体现人类对健康追求的本质。

太极拳是融竞技、健身、养生、疗疾、益智及开发人体潜能等功效于一体的拳法，它要求人体进行志、意、神、筋、劲、骨、精、气的全面锻炼，概括可分为精神意识和形体物质两方面，也就是身形兼备、体用两全的科学修炼目的，与现代的健康定义不谋而合。

第一节　太极拳的主要运动效用

如果剔除那些神秘的学说，概括来说，太极拳运动可以练脑、练气、练身、练性。

一、太极拳：一练脑

太极拳对人的脑部功能起着积极的调节和训练作用。太极拳要求精神专一，全神贯注，意动身随，内外三合（内三合指神、意、气、力相合，即神与意合，意与气合，气与力合；外三合指手与足合、肘与膝合、肩与胯合），连绵不断，一气呵成。这些细微、复杂、独特的锻炼方法及要求融合在太极拳练习过程中，是对大脑很好的锻炼，进而调整身体诸系统的功能，使其趋于正常，诸脏器达到坚强有力，从而起到防疾、治病、强体、防身的目的。

太极拳是"以静制动，虽动犹静"，动与静结合的锻炼方法。这有益于对大脑皮质兴奋、抑制的调节。它对于大脑皮质过度兴奋引起的神经衰弱、失眠、头晕等有显著的疗效。如果长期坚持练习，亦可逐渐消除疾病在大脑皮质引起的病理兴奋，从而达到治疗效果。

太极拳强调在周身放松条件下进行锻炼。它不仅要求躯体放松，而且更要求大脑放松。在大脑支配下，神经、肌肉放松又能反射性地使全身小动脉（高血压主要表现小动脉收缩）得到舒张，同时缓解小动脉壁的硬化。这样血压随之下降，并趋于正常，对高血压患者更为有利。在脑力劳动、体力劳动后进行全身放松，能使兴奋的神经、疲劳的肌肉恢复得较快，这就是练拳比静止更能消除疲劳的原因。

二、太极拳：二练气

太极拳练气是在大脑皮质统摄诸神经系统下，使全身处于松静状态，随着深长的呼吸，促使内脏器官和外部肌肉有节律地舒张、收缩，腰、脊、四肢螺旋缠绕将沉蓄于丹田（小腹）之气，运送到全身，此时末梢神经会产生酸、麻、胀、热的感觉，即通常所说的"气感"。有此气血运行感的人皮肤红润，其体温可增高1℃左右。

通过气的运行，肌肉每平方毫米约有200条毛细血管打开使用（在平时只有5条左右有血流过）。而毛细血管是依照一定周期来开闭的。因此它们的搏动，好像给身体增加了几百万个微小的"心脏"。这些外围小心脏的大量开发，减轻了心脏的负担，对心脏病的防治极为有利。

通过肢体的顺逆缠绕运动，不仅锻炼了肌肉的弹性，而且可提高血液循环的速度，进而可防治因血行受阻所产生心脑血管的病症。

练太极拳可使呼吸逐步加深，因之横膈膜下降得较多。通过横膈上下鼓动，牵动胸腹运动加强，对五脏六腑起到"按摩"作用。这是药物所达不到的效果。如此，胸腔、腹腔的器官血流旺盛，吸收功能加强，对诸脏腑产生的疾病，如肠胃消化不良、糖尿病、大小便失禁等会起到良好的疗效。

太极拳的深长呼吸使肺腑排出大量浊气，吸入较多的氧气，提高了肺部的换气效率，同时增强了肺组织的弹性。这可使肋软骨骨化率降低，胸廓活动度加强，对肺病和肺气肿的防治有一定的作用。

吸气时吊裆（指轻轻地收缩肛门肌肉，就像会阴吊着一样），会阴轻轻用意上提，吸气时放松。这样会阴一提一松，练久了会感到会阴部随着呼吸张弛起伏。

这是肛门括约肌的运动,可防治痔瘘病、脱肛、子宫脱垂和某些慢性生殖系统疾病。

三、太极拳:三练身

1. 躯体

太极拳要求立身中正,上下一条线,"顶头悬、尾闾收",即百会穴与会阴穴在一条直线上。这样不但可使气血上下疏通,而且能避免未老先衰、低头猫腰、脊椎萎缩等病态。通过太极拳顺项贯顶,脚底生根,会使身体上下对拉;加之手眼相随,使颈椎左右摆动,前后摇转等,可对颈椎疾病起到有效的预防和治疗作用。

2. 腰

太极拳特别注意腰部活动,要求"以腰带脊"等。通过腰部锻炼,可增强肾功能,同时对脊髓神经及自主神经有良好的功能刺激,再加上腹肌和膈肌运动的配合,对腹内器官瘀血的消除和肠蠕动功能的改善尤有积极影响,对腰背疼痛的防治更有突出作用。

3. 眼神

练太极拳时是否精神贯注,主要表现在眼神上。俗语说:"神聚于眼""眼为心之窗"。练拳时眼神应随着实手的动作向前平视,动作变化时首先要意动,指挥眼神转向欲去的方向,然后身法、手法、步法跟上去,做到意到、眼到、手到、足到,达到"形神合一"。这样的练法,不仅能使眼球神经得到锻炼,也有助于视力的改善和增强。

4. 关节和韧带

太极拳要求节节贯穿、周身一家。在腰脊、关节的带动下再配合螺旋缠绕运动,即能使肩、肘、膝、胯、踝、腕等关节,达到节节贯穿、周身一家。这能增强各关节的功能和防止其发生退化现象,并有助于关节韧带软骨组织的正常功能。

5. 肌肉

肌肉的质量主要看弹性和坚实程度。长期演练太极拳能使肌肉坚实有力,从而防止大腹便便、行路困难。通过肌肉张弛和关节伸屈的运动,一方面可使劲法运用自如;另一方面由此产生的有节律的挤压,对静脉血回流心脏将起到促进作用。

6. 腿和脚

太极拳着重虚实转换锻炼。不论上肢、下肢、躯干及内脏各部"处处均有一虚实"。以腿为例，体重在左腿，则左腿为实，右腿为虚，反之亦然。腿部通过虚实锻炼能增加力量。再以脚为例，当脚跟、脚掌、脚趾相继下落抓地为实，脚心（涌泉穴）轻轻上提为虚，称为实中有虚。经常做脚底板贴地、足弓上提的活动，一紧一松的虚实交换可使足部肌肉和韧带得到充分的锻炼。长久下去，不但可以矫正平足，同时可使足弓增强弹性，达到健步轻灵。

太极拳特别注重下盘腰腿功夫的锻炼，要求全身松沉、中正挺拔、头虚顶、裆提落、松腰松胯、屈膝下蹲、双脚开立、不丁不八，或足尖离跷，或足心含空，庄严沉雄姿势不仅传递了松弛平衡、稳健自信的信息，而且虚实分明、轻灵活泼、圆融松沉、稳固厚重、迈步如猫行的承重型步型步伐，使下盘腰腿稳固有力，足膝轻捷灵活，从而充分地锻炼了人的"第二心脏"，使心脏有了强劲的支撑。

四、太极拳：四练性

"性命双修"是太极拳在健身养生方面的本质特征。所谓性，是指精神的生命，即心理健康；所谓性命双修，就是把精神和肉体、心理和生理结合起来一同修炼，不可偏废。太极拳的思想基础主要为黄老哲学，同时又吸纳了佛家的清静无为和儒家的积极入世思想，而道家思想对太极拳的形成和发展仍起到了至关重要的作用。

太极拳锻炼不仅可以使形体得到炼、养，更为重要的是由于在拳法演练过程中突出了意识对形体的主使作用，使精神得到调摄，以达到形体健康、精力旺盛的锻炼目的，进入身体与心理（精神）平衡发展的良好境地，使作为生命载体的身体状态得到质的提高，并在精神感受方面获得全新的愉悦体验。

太极拳内外兼修、阴阳交感、刚柔相济、开合相寓、松沉兼备、随曲就伸等特有的思维规律，引导和要求太极拳练习者顺乎自然、放松入静、沉着泰然。

练拳者在练拳中须表达自己的心态，练拳同时又影响自己的心态，因此太极拳的内涵既恬淡虚无、清静无为，又刚柔相济、有所作为，必将影响到练习者日常生活处世的方方面面。

以拳论而言，立身中正，做人就要一身正气；刚柔相济，处世应能屈能伸；开合相寓，要能容能化，松沉兼备，镇静沉着，遇事不慌，能容能忍，大将风度。

练拳有顺缠和逆缠，做人处世也有顺境逆境，顺境时淡然，逆境时坦然；练拳强调凝重而舒展，做人也要沉着稳重，严谨而潇洒。通过太极拳锻炼可以升华人们的精神和心灵，达到精神上的健康，把个人名利看淡一些。做到在日常工作与生活中顺应自然、天人相应、道法自然，春夏秋冬、冷暖相适则心底坦荡、精神高尚，待人大度有理、心平气和，也必定会带来精神上的愉悦和机体上的健康。

太极拳是最富有"德"性的。在技击上，太极拳讲后发制人，讲借力打力、因势利导。《十三势行功心解》中说："彼不动，己不动；彼微动，己先动。"武德高尚之人，必受他人尊敬、赞赏、爱戴和欢迎，反之，则被唾弃。这是人所共知的事实。因此，从这个角度讲，习练太极拳，可以扩展人们的胸怀，宽以待人，谦让处世，虚怀若谷，百川可入，容天地之灵气，纳日月之精华。

太极拳是中国奉献给世界的一种既不用力、又强调用意，既健体、又健脑，既能强身、又能护身，既能调动人的体力功能，又能调动人的心理功能，既能给人健美的体魄，又能给人以高尚气质的高级修炼方法。

有人经过长期研究发现，凡是较长时间从事太极拳锻炼的人，大都举止端庄、性情和顺，很难发现其有不良的社会习气和不良的生活方式。即使之前有些不好生活方式的人，经过一段时间的锻炼，也自动克服了这些不良习惯。

第二节 太极拳运动对身体各功能的影响

一、对神经系统的影响

太极拳运动要求"以意导气""以气运身""心静体舒"，是通过意、气、身三者的相互结合，来达到引导经络、通畅气血的目的。这里所谓动作与意识的相互结合是指神经系统对肢体动作的调节能力，所以，经常习练太极拳能够提高神经系统的兴奋性，使大脑皮质有关中枢神经形成一个特殊的优势兴奋，从而使周边区域处于抑制状态，能增强中枢神经和自主神经系统有意识的功能调节。

根据苏联生理学家巴甫洛夫的理论，凡是使神经中枢受到良好影响的方法（神经中枢需要安静，而不可紧张），也就是使中枢神经系统对全身各个系统和器官的功能活动起着良好作用的有效方法。

太极拳运动强调"心静体舒""用意不用力"，通过有意识地调节中枢神经系统紧张度，能活跃人体系统与器官的功能，增强大脑对各器官系统的调节作用。久而久之，可以使某些神经中枢的生理功能和病理状态得以恢复和改善，从而使某些病症得到控制，并逐步减轻或消失，使机体逐渐康复。

太极拳是内家拳，重在内修，而非单纯的身体外形的粗壮。它从头到脚，都是以腰为轴连绵不断地进行运动，其各种动作形式的变化方式都是通过感受神经、运动神经以及其他中枢共同支配来实现的，充分体现了神经调节在动作练习中的重要作用。

太极拳强调松静自然，主张舒展全身肢体，全身放松才能更好地促进大脑入静，同时入静又能反过来加深放松。只有将全身置于自然松静的境况下，心平气和、专心致志、沉稳安静地练拳，才不会导致神经系统过度紧张，神经放松才能身心泰然、安舒，身心泰然才能气血通畅，从而达到温养五脏六腑、调节身心的养生作用。

所以，经常进行太极拳运动，能改善中枢神经系统的功能，提高中枢神经系统对身体动作的调控能力，预防脑细胞的衰老，加强大脑皮质神经的兴奋性、均衡性和灵活性，延缓神经系统调节功能的退化。此外，运动加快了血液循环及新陈代谢的速度，能提高脑动脉血中氧的含量，进而改善细胞的氧供应。肌肉活动的兴奋与抑制可以刺激大脑皮质，并加速大脑皮质神经活动过程的程度，提高机体对外界环境的适应能力，使机体保持良好的精神状态。

二、对心血管系统的影响

现代社会中，随着人们生活压力的增大，心血管系统功能的过早衰老成为导致人体衰老的重要原因之一，如何预防和改善心血管疾病、防止心血管系统的退化进程已成为当今健康问题的重中之重。除了调节饮食、养成良好的作息习惯外，最主要的手段是科学的运动。

太极拳要求"用意不用力"，讲究整体气势滔滔不绝，用劲轻灵如蚕吐丝，绵绵不断。这种缓慢柔和的运动，能加速血液循环的速度，增强血管弹性，提高毛细血管韧性，促进心肌及脑部的营养，最终使机体对外界的刺激适应性增强。

太极拳练习要求"颈项松竖、下颌微收、虚领顶劲"，有利于静脉血回心，能促进血液循环，这些要领使颈内动脉和椎动脉各以适宜的形式分别通过颈动脉管和枕骨大孔而进入颅腔，脑底部动脉因而也就置于适当的平面上，在内外放松、心静用意的行功走架中血液的阻力减少，胸部血液循环得以改善。

太极拳讲究松静自然，强调消除焦虑和杂念，放松精神，这种主静的锻炼方式有助于缓解并恢复神经中枢的功能。有研究结果表明，规律性太极拳锻炼有助于提高心血管内皮细胞的抗氧化功能，保护或逆转高血压患者的内皮细胞功能，使外周阻力血管功能改善而有助于血压的降低。

太极拳是一种独特的有氧运动，其独特的运动形式可以提高血流速度，增强机体血液的活性。老年人可以通过太极拳运动改善血液的流通环境，缓解血液"浓、粘、聚、凝"的退行性变化，从而有助于预防心脑血管意外的发生。

三、对呼吸系统的影响

太极拳运动十分强调意识主宰下的肢体活动与呼吸的相互配合，意识、动作和呼吸是构成太极拳运动的三大要素。

太极拳练习对呼吸的要求很高，在练习过程中一般采用逆腹式呼吸，将呼吸与肢体动作相结合，吸气下沉蓄力于丹田，强调由丹田发力，发力时使呼吸与动作配合一致，借助呼气催促，将内蓄的劲力爆发出去，即"先借气蓄力，再以气催力"。并强调呼吸保持深、长、细、匀，与动作协调一致，保持"腹实胸宽"的状态。

太极拳运动的这种逆腹式呼吸，不仅是符合人体呼吸运动的生理规律，而且有助于保持胸部正常的活动幅度，增强肺部的弹性，同时缓慢而细长的呼吸有助于胸廓有节奏的开合，能使横隔膜得到锻炼，提高机体疲劳的耐受力。

长期习练太极拳，可以养成良好的呼吸习惯，逐渐加强呼吸深度，减少呼吸频率，从而使肺组织弹性增强，增加肺泡通气量，增大肺活量，使呼吸差变大，从而改善肺换气的能力，提高气体交换率，达到古人形容的"吐惟细细，纳惟绵绵"的程度。腹式呼吸以深、匀的呼吸方式为主，呼吸频率相对比较慢，能对呼吸肌进行锻炼，使呼吸肌张力增强，肺活量增大，对于肺部功能的改善有积极意义，能促进呼吸系统疾病的康复，是提高吸呼效率的有效手段。腹式呼吸的形式使横膈肌得到锻炼，增大了横膈肌的运动幅度，使胸腔的体积变化增

155

大，腔内的负压和腹压变动也随之增大，从而加快静脉血回流心脏的速度，提高血液循环的速率，促进了新陈代谢。

太极拳练习过程中，通过调整呼吸，再结合动作的开合收放，呼吸频率逐渐减少，由正常人每分钟 16～20 次，逐渐减少至每分钟 10 次、9 次、8 次，太极拳速度越慢，呼吸频率递减幅度越大，呼吸的深度就越深，潮气量明显增大（潮气量，即机体每次吸入和呼出的气量），既节省能量耗费，又提高肺泡气体更换率，为细胞摄氧和利用氧提供方便。

因此，长期习练太极拳，会增强呼吸深度，同时使呼吸频率减少，使肺活量大于一般人的水平。太极拳运动独特的呼吸方式，能有效地促进血液循环，加速气体交换，改善机体的内环境，使身体各器官得到充足的氧和养料，从而使各器官系统的营养状况得到保证。

四、对新陈代谢的影响

太极拳是一种缓慢、柔和的运动，是最典型的有氧运动之一，它讲究以恬静自然的状态进入运动，保证运动过程中氧气的充分摄入，达到生理上的平衡状态。这种平静安舒的心理状态，能使毛细血管充分地扩张，不仅使机体运输氧和营养物质的能力提高，而且加速了机体排除废物的能力，并为身体功能的正常运行提供了更高的保证。

新陈代谢是指生物体从环境摄取营养并转变为自身物质加以利用，同时将自身的废物排出体外的一种不断更新的过程。新陈代谢的前提是血液运输氧的能力，而太极拳作为一种有氧运动能有效地加速血液循环，提高血液对氧和营养物质的运输能力，并能加速血液在毛细血管网的物质交换。

太极拳是一种全身性的柔和缓慢、内外相随、连绵不断的匀速运动，长期练习太极拳可以促进血液循环，提高器官系统的功能，增加骨骼肌组织储存氧（肌红蛋白）的能力，并改善骨骼肌的微循环，增加细胞从低氧血和血浆中利用氧的能力，增加线粒体的数量和体积，改善呼吸链的功能，促进关键氧化酶和抗氧化酶系的活性提高。最终表现为：心肌的兴奋性增强，血流速度加快，血红蛋白运输能力得到改善，肌细胞利用氧的能力提高，从而增强机体的新陈代谢能力。

太极拳练习中要求动作要舒展圆活，这种放松姿势可使肌肉运动更富有节奏，从而有效帮助气血运行，使各组织器官营养物质的交换顺畅进行，为组织器官保证充足的氧供应，防止组织器官缺氧，并能及时清除代谢产物，保证机体活力。

此外，在练习太极拳时，身体上下柔缓地运动，肺部血流均匀，各细胞参与气体交换，提高各细胞的活性，能够减少生理死腔（呼吸过程中，处于呼吸性细支气管以上气道内的气体，通常并不能与血液气体进行交换，这部分气体量成为生理死腔，正常人约为150mL），提高呼吸过程中气体的交换率，增加呼吸效应。肺部不但是气体交换的器官，是气体交换的场所，同时也是很重要的内分泌器官，血流分布均匀、生理死腔减少，不仅有助于促进呼吸的有效性，而且还能有效地提高细胞的新陈代谢能力，提高气体和营养物质的利用率。

 ## 第三节　太极拳运动的疾病防治功能

作为养生康复的太极拳运动，具有许多医学性的功能，它对脑神经的改善，对颈腰椎病的治疗作用，对五脏六腑的"按摩"，对下肢的稳固作用，对心血管的积极影响……这些功能作用引起了医学界的重视，并已经为大量的医学研究所证实。

一、太极拳运动可以减轻或消除腰椎间盘突出症

腰椎间盘突出症（简称"腰突症"）已成为现代人较为普遍的疾症。患了腰突症之后，轻者不能参加体育活动，重者不能正常工作、生活，甚至因疼痛夜晚不能休息。其成因是由于椎间盘受到不当的外力或者其他各种原因中心或外周部分发生变形，向周围突出，挤压到神经，从而引起腰痛或牵延到臀部、腿部疼痛。

太极拳是一项保健运动，它秉承"流水不腐、户枢不蠹"的原则，促进气血畅通。轻度腰突症患者，可以坚持练习太极拳，加强提顶松腰、上下拔长等要领，使得腰椎间隙增加，让腰椎间盘在轻缓的运动中逐步归位而恢复。习练时要特别注意以下3点：

（1）"悬"和"垂"。太极拳要求虚领顶劲和尾闾下垂，身体像是在房梁

上悬挂的瘦肉，上下对拉拔长。腰突症患者在练拳时要注意后顶的"悬"和尾闾的"垂"，这样，就可以利用自身的重量对整个脊柱进行"对拉拔长"，起到牵引作用，增加腰椎间的间隙，因而对整个脊柱都有保健作用。

（2）立身中正和身心放松。腰突症往往由于不当外力引起，腰部有不同程度的肌肉紧张和血管充血。因此，在练拳过程中保持整个身体的中正安舒，百会穴（即头顶正中）与会阴穴始终在一条垂线；同时，做到全身上下精神放松，能使整个脊柱乃至整个身心处于自然松静状态，对腰突症等慢性病大有好处。

（3）命门后"突"。在立身中正的基础上，练拳时要使命门（即第二腰椎部分）向后微微突出。这样，再做好敛臀和收胯，使整个腰脊松弛。但须注意如果不是训练有素，有可能加重腰突症状，建议少练压腿；正踢腿也要注意度的把握，如果感觉到疼痛，就减轻踢击高度。

二、太极拳运动可以有效缓解肩周炎

现今，肩周炎困扰着都市里需久坐办公室的白领人群，有什么办法可以缓解肩周炎的症状呢？太极拳运动可做到，并且练习方法十分简单。

首先，太极拳强调周身的协同运动，避免了局部的孤立运动不能解决的健康问题。此外，身体的恢复需要精神的放松，在中医看来就是"安神定志"、追求平稳的过程，这也是肩周炎恢复所需要的。最后，中医经络理论在现代医学得到的验证，而太极拳利用经络治病的效果也较为突出，值得我们平时多加以尝试。

太极拳促进气血运行，一方面有利于损伤处营养的补充和创口的修复，另一方面则通过推动身体的自愈，使气血加速运转，加快病理产物的分解和输送。由于关节是由肌肉、骨骼以及筋膜等物质共同组成，因此全面的锻炼可以弥补部分的不足，起到一定的替代作用。

三、太极拳运动有助缓解心绞痛

心绞痛是冠心病最常见的病症之一。心绞痛不仅会对患者带来生理上的痛苦，还有可能发展为心肌梗死。心绞痛的日常防护尤为重要，打太极拳就是缓解心绞痛的有效方式。

日常生活中，诱发心绞痛的原因很多，如高血压、高脂血症、糖尿病以及劳累、情绪激动、饱食、受寒、阴雨天气等。

打太极拳能够有效地改善心脏供血，从而减轻心绞痛，达到治未病的目的。这是因为，太极拳意念与动作相配合，动作讲究圆运动，可以提高人体神经系统的协调功能，达到调节心律、降低血压、缓解紧张情绪等效果。此外，太极拳通过缓慢、细长、均匀的腹式呼吸，使胸腹压变化增大，有助于静脉血回流心脏，增加心脏每次收缩的搏出量。运动中，下肢肌肉的交替放松与收缩也可促进下肢血管中的血液加速回流。

经常打太极拳能增加动脉血管弹性、增强心肌收缩力量，有助于改善心肌代谢，提高心肌的工作能力和心脏的代谢功能。同时，还能使心肌的毛细血管数量增加，冠状动脉狭窄和阻塞段两端的分枝血管扩张而建立侧枝循环，心脏的血液供应得到改善，从而减轻心绞痛。有规律的运动还能提高血液的纤维蛋白溶解活性，防止血栓形成，对预防冠心病大有帮助。

当然，心绞痛患者习练太极拳时应坚持"量力而行、持之以恒"的原则。运动前做好准备，运动量应以不心慌、不气促为度，锻炼的强度不能超过自己的承受能力，以稍感疲劳为佳。练习时，如出现心悸、胸闷等不适症状，应立即停止练习。

四、化疗损伤大脑，太极拳保驾护航

许多接受化疗的癌症患者会出现记忆力和其他认知功能下降。这种所谓的"化疗脑"是许多癌症患者在接受化疗时经常抱怨的一大不良反应。据国外媒体最新报道，美国密苏里大学一项新研究发现，接受化疗的患者练习太极拳有助于防止"化疗脑"。

新研究负责人斯蒂芬妮·雷德·阿尔恩特教授表示，新研究发现，化疗患者练习太极拳有助于改善病情，特别是防止记忆力等认知能力的下降。

新研究中，阿尔恩特教授及其研究小组对一组女性化疗患者进行了跟踪研究。参试妇女每周接受太极拳训练，每次 60 分钟，为期 10 周。研究人员在研究开始和结束时分别对患者的记忆力、语言能力、注意力、压力水平、情绪及疲劳程度进行了测试。研究结束后，经过对比发现，这些妇女的心理健康和认知能力得到显著改善。

美国北卡罗来纳大学医学院的研究人员，在亚特兰大举行的美国风湿病学会年会上，公布了一项研究成果：练太极拳不仅能缓解关节疼痛、减轻疲劳、强健筋骨、提高人体伸展和平衡能力等，还能改善心态，减轻精神压力。

研究报告主要撰稿人卡拉汉说，研究表明练太极拳对缓解各种类型的关节炎尤其有效，其中包括类风湿性关节炎和骨关节炎等。他说，这一研究成果适用于所有人，因为被调查对象来自不同地区，其生活环境也各不相同。

五、简单太极小招式让你体型匀美

随着经济的发展，饮食也随之多样化，人们的体型、身材也随之变化。近期通过临床验证发现，练习太极拳的好处是能减肥，太极拳运动对全身都具有燃烧脂肪的作用。

有氧运动可以说是消耗能量和体内多余脂肪的重要手段之一。最具有中国特色的有氧运动是太极拳。太极拳动作每小时可消耗大量热量，它被称为"不流汗的减肥"运动。

太极拳减肥原理是：松、静、柔、深。

"松"，指的是在练习中要求肌肉放松，心态放平稳，精神上不紧张，这样血管也会跟着放松，对增加血管的弹性有好处。

"静"，指的是要安静、沉稳、注意力集中，这样有助于调节大脑皮质和神经系统的功能，对防治神经衰弱有一定的效果。

"柔"，指的是动作要轻柔，眼睛随着手转动，动作要连贯不要急躁，让全身的器官都跟着配合，有助于协调身体各部位间的协调功能，促进新陈代谢，增强身体素质。

"深"，指的是呼吸要均匀深长，加强呼吸的深度，能够增加细胞的弹性，有利于肺活量的增加，对呼吸系统也有很好的调节作用。

习练太极拳初期，可能会有一些肌肉的酸痛，但在以后慢慢的练习中会有格外的感受。因为太极减肥动作比较有特殊性，不仅仅可以锻炼肌肉还能提高身体新陈代谢，加强血液和淋巴的循环，真正地实现减肥。

六、太极拳的腹式深呼吸运动可有效地防治多种慢性病

太极拳的腹式深呼吸运动取自"吐纳术"和"导引术",因此其呼吸法和近年来采用的"气功疗法"的呼吸法是同出一炉。但是,气功的深呼吸与太极拳的深呼吸在速度上有很大的区别。气功的深呼吸,一次呼吸(一呼一吸)可长到1分钟,太极拳的深呼吸须适应拳势的要求,不宜那样慢,相对于气功的深呼吸它是较快的。所以,太极拳的腹式深呼吸运动,更有助于调节神经,"按摩"内脏,畅通气血,促进新陈代谢,并且调节呼吸,进一步使动作与呼吸自然协调,做到"形神合一"。

太极拳一般采用逆腹式深呼吸运动,它是"以意调息"的深呼吸运动,是通过横膈膜(即膈肌)的不断升降和胸、背及腹部肌肉的弧形松沉和旋转运动,向脐内"丹田"和脐后"命门"之间的神经丛加强作用,使"命门火常吹,肾上腺素常旺",因而促进了内脏的自我"按摩",加强了血液循环,改善了体内物质代谢,有利于增进健康,对防治多种慢性病起到一定的作用。此外,由于此式呼吸使肛门括约肌一紧一松(紧的时间短,松的时间长),可治愈内痔,改善泌尿系统的功能。

小贴士

■太极拳逆腹式呼吸的养生功效■

太极拳的逆腹式呼吸具有很多养生功效,主要包括以下几个方面。

(一)太极拳逆腹式呼吸可增加吸氧量

胸式呼吸因为肋骨运动空间的局限,胸腔容积变化较小。据有关文献介绍,平时用胸式呼吸,约有1/3的肺叶未发挥作用,安静状态下横隔肌一般只下移1~2厘米。太极拳的逆腹式呼吸,实际上是逆腹式深呼吸,要求呼吸深、长、细、匀,其横隔肌下降一般为7~10厘米。肺叶气泡得到充分利用,吸氧量比安静状态下增加好几倍。

氧是维持肌体功能和产生运动能量的基本物质。练太极拳经常长时间进行"逆腹式呼吸",比平常人多吸收了大量氧,对身体健康当然大有裨益。

（二）太极拳逆腹式呼吸使腹腔内的器官得到有效的按摩

顺腹式呼吸的特点是呼吸过程中腹腔容积保持不变，故腹腔内的压强也保持不变，除了增大吸氧量外，对内脏器官起不到按摩作用。

逆腹式呼吸则相反，吸气时横隔肌下降，小腹内收，腹腔容积缩小，腔内压强增大，呼气时横隔肌提升，小腹隆起，腹腔容积增大，腔内压强缩小。腹腔里的内脏器官在压强忽大忽小的作用下，经受着十分难得的全方位的按摩。

大凡生物都有"用进废退"的进化规律，人的内脏器官自离开母体出世后，一直分秒不停地工作运转，很容易出现疲劳衰退，引起病变。逆腹式呼吸对内脏的全面按摩保养，对其功能的保持与调节大有好处。

（三）太极拳逆腹式呼吸可促进副交感神经亢奋和内气鼓荡

有关研究表明：在心静体松状态下进行深、长、细、匀的逆腹式呼吸，大约10分钟即可激起副交感神经亢奋。副交感神经亢奋不仅会带来心率减缓、血压降低、末梢血管舒张、内分泌得以调节等生理现象，还会出现腹部发热（有时甚至有发烧的感觉），有一股暖流顺着背脊（督脉）往上涌，上身开始出汗。

这按中医学和武术的说法是来了"气感"，促进了"内气"运动。这对人体各项功能的调节很有效果，应该是练太极拳可以改善多种慢性病病情的机制所在。

生命，是自然给人类去雕琢的宝石，而太极拳是雕琢生命的最有效方式之一。她是中华之奇葩，民族之瑰宝。广泛传播太极拳，让太极拳惠泽全人类是我们的责任。

习仲勋与孙式太极拳

习仲勋和太极拳之缘，缘于一次去副总理兼国家体委主任贺龙元帅那里。当时，习仲勋担任国务院秘书长，协助周恩来总理工作，极其繁忙。

贺龙见习仲勋脸带倦容，便关切地询问其身体情况。习仲勋说精神紧张、睡眠不好，贺龙于是就提到了太极拳。贺龙元帅本就是武术高手，上海太极名家顾留馨在京传授太极拳期间，多次与贺元帅切磋太极拳要领，故提到太极拳自然是侃侃而谈。习仲勋听说太极拳有良好的健身作用，于是动了心。他当即向贺龙请教："北京是否有顾留馨那样的太极拳名家？我也想学习太极拳。"

贺龙说，北京有一位大名鼎鼎的太极拳名家，名叫孙存周，是孙式太极拳的第二代掌门人，是孙式太极拳创始人孙禄堂先生的公子。习仲勋听后便说要去向这位孙先生学。贺龙不语，缓缓点头，然后又徐徐摇头。习仲勋感到奇怪，便问这是怎么一回事？贺龙说，你选择跟孙存周学太极拳是大大正确，但只恐怕你会碰壁。

贺龙为何说这话呢？因为他了解孙存周的为人。

孙存周，字焕文，1893年出生，6岁开始跟随父亲习练形意拳、八卦掌和太极拳。他天资聪颖，曾有武林名宿评价："无论哪家的绝技，只要让孙存周看见一次，他就能学到手，而且还有创造性的发展。"

17岁时，孙存周已经练得一身武功，与人交手，从无败绩。一次，在江苏国术馆为印证其"内家拳浑身都是拳"的武术理论，把他双手反缚于背后，从国术馆学员中挑选出武功最好的25人，让他们同时对他实施进攻，结果这25人竟然个个跌倒扑地。

1929年11月，杭州举办"浙江国术游艺大赛"，全国各地武林高手皆来参赛或者观摩。大赛筹委会推举了当时全国最负盛名的37位武术名家组成"监察委员会"，其中的李书文、耿霞光、姚馥春、朱国福、武汇川均为海内外著名的武术大师。监察委员会未设委员长，但孙存周的名字名列第一，足见当时他在武林中的位置。

新中国成立后，孙存周先生居住于北京市西城区西四胡同，过着拮据的生活。但他的名声如雷贯耳，南北武林界无人不服。1950年春，社会主义国家运动会在北京举行，中华全国体育总会筹委会武术组组长廖承志委托专人前往邀请孙存周参加筹备工作，孙存周一口拒绝。这使廖承志大感意外，于是亲自登门诚邀。孙存周对着廖承志抬手作揖，不吭一声。这次运动会最终未能请到孙存周。

这件事，在当时成为体育界的一桩奇闻，最后传到中华全国体育总会名誉会长朱德那里。朱德听说孙存周是具有这等本领的武术名家，便说："这类特殊人才我们一定要动员其出山，发挥他的重要作用。"于是，朱德亲具书函一封，郑重委派中华全国体育总会的一位处长前往孙存周宅第，没想到竟然同样遭到拒绝。

几年后，国家体委有关干部根据主任贺龙元帅的指示，也曾多次前往西城西四胡同拜访，意欲挖掘中华武术文化遗产，均遭到孙存周的断然拒绝："我的这点东西，是要带到棺材里去的！"

习仲勋听了贺龙这番介绍，越发寻思既然学太极拳，就要拜孙存周先生那样的名家，才能学到太极拳的真谛精髓。于是便决定先去看看孙存周。

习仲勋是一位具有丰富政治工作经验的高级干部。他觉得不能贸然到孙存周住宅去拜访，因为以孙存周先生的脾气，很有可能当面拒绝。于是，决定设法先跟孙存周见上一面。

习仲勋让警卫员打听了解到，孙存周每天早上都会去劳动人民文化宫练拳。于是，他在一个早晨，只带着一个警卫员，一身平民装束，早早来到拳场，果然看见一位老先生在打太极拳。他身穿平布褂子，戴着一副墨镜（当时孙存周先生单目失明已30多年）。在那里练拳的人都知道这是大名鼎鼎的孙式太极拳第二代掌门人，人们聚在四周围观。孙存周一趟拳打完，人群已经自动让出一条通道，他一边和蔼地向人们点头致意，一边往外走，转眼就离开了。

次日，当孙存周打完拳准备回家时，人群中的习仲勋迎面朝他点

太极养生的道与术

头作揖，说"孙先生，您好"。孙存周可能感到这人有点眼熟，便驻步盯着习仲勋打量，一旁的警卫员上前向孙存周介绍："孙先生，这是习仲勋同志。"孙存周脸上神情不改，仍是一脸平和"哦！您好！"习仲勋跟孙存周握手，然后说了想拜其为师学孙式太极拳的想法。孙存周听了微微一笑说："我这拳是练着玩儿的，哪能教人呢？首长要学太极拳，这北京城里名家多得是，随便就可以找一个的。"说着，向习仲勋拱拱手便走了。警卫员想上前去叫住他，被习仲勋止住。

习仲勋对于遭到拒绝已有准备，之后还是对孙式太极拳情有独钟。他找来一些资料抽空阅读，然后做出了一个出人意料的决定：只要自己在北京能够抽出时间，每天早晨就前往劳动人民文化宫跟孙存周学拳。

习仲勋身边的工作人员都表示不解："首长，人家不肯传授，您还学什么呢？"习仲勋说："孙先生不肯教我，那我就在他后面跟着比划，他怎么做动作，我也怎么做，这总比在家里对着资料上的图片比划要有效果吧！"

习仲勋果然开始每天早晨到劳动人民文化官，跟在孙存周后面比划太极拳，孙存周是怎么个态度呢？几十年来，他对于别人跟着自己比划学拳的情况经历得多了，不但有中国人，还有外国人，因此，并不觉得特别吃惊。以他的经验，这样学拳是坚持不了多长时间的，尤其是像习仲勋这样的高级干部，哪有那么多时间和心思啊，还不是三天打鱼两天晒网，坚持不了多少天就会结束的。

哪知，孙存周渐渐感到吃惊了，习仲勋只要在北京，竟然天天早晨过来学拳，来后先向他点头致意，谦和地称他为"孙老师"，然后也不多说，见他开始打拳就跟着比划。孙存周打完拳离开时，习仲勋总是不忘说一声："孙老师辛苦了，多谢！"

这种状况持续了半年。其间，习仲勋被任命为国务院副总理，并兼任秘书长一职，工作更加繁忙了，但他还是坚持跟着学太极拳。孙存周受到了触动，对习仲勋的态度开始有所改变。对于一些难度大的招式，他每次都故意反复重复，而且做得比平时慢得多，以让习仲勋看清楚是怎么回事，但他当面还是不跟习仲勋说太极拳。习仲勋以惊人的毅力，以自己的方式学拳，春夏秋冬，经历了整整4个季节。最后，孙存周终于深受感动，主动向习仲勋提议："如果首长您对太极拳有什么不明白的，我愿意全部告诉您。"习仲勋听后大喜，于是说那我就正式拜您为师了。

之后，习仲勋有空时还来向孙存周求教拳艺，更多的时候是孙存周去他那里登门教授。这种接触，已不仅仅是教学太极拳了，习仲勋还利用跟孙存周平等接触的机会，了解到社会底层的许多情况。习仲勋经过一年多的习练，对太极拳有了更多的切身感受，认为这是中国博大精深的一种文化，应该世世代代流传下去。于是，他劝说孙存周收徒。孙存周最初不愿意，后经习仲勋几番劝说，终于点了头。

孙存周和习仲勋交往两年多之后，国内进入了"三年困难时期"，物资供应极其紧张，尤其是食品，国家规定了严格的定量配给制。习仲勋是国家高级干部，根据规定有一些特殊照顾性的食品配额。这当儿，习仲勋考虑的不是自己和家庭，而是他的武术老师孙存周先生。在那段特殊的日子里，习仲勋每月都邀请孙存周来他家吃饭。尽管不过是油饼之类，但在那时已经算得上美味佳肴了。

孙存周跟习仲勋这位特殊的学生结下了深厚的友情。可是，正当他打算针对类似习仲勋这样的对象专门编创一套以健身为主的太极拳时，传来了一个使他大为震惊的消息：习仲勋卷入了"小说《刘志丹》反党案"，于1962年9月在中共八届十中全会上被撤去党内外一切职务，立案审查。孙存周不谙政治，但他有着丰富的人生阅历，闻此讯后，他当即公开发表看法：杀了我的头也不相信习副总理会反对共产党！有人把这话报告到派出所，但民警对此保持沉默。

孙存周为此事闷闷不乐，曾托人打听习仲勋的审查情况，为此受到过有关方面的"婉转提醒"。但他还是关心着习仲勋，曾去过习仲勋当时所在的被审查地中央党校，想见习仲勋一面，自然未能获准。这更增加了孙存周的忧虑和郁闷，尽管他身体健康，很少生病，但还是预感到自己将要离世。1963年5月，孙存周专程去上海，会

太极养生的 道与术

见了一些武术界的老友，明确说是来跟他们告别的。当时人们见他那副步履轻盈、精神矍铄的模样，以为他是开玩笑。哪知，由沪返京一个多月后的 7 月 12 日，孙存周突患心肌梗死，不治而逝。

习仲勋是在 1965 年秋天结束了审查被安排到洛阳矿山机械厂担任副厂长后，才惊悉孙存周已经离世的消息的。尽管仍处于受监视的状态，他还是去凭吊了孙存周先生。当时，只有习仲勋自己知道，在长达 3 年的审查中，他凭着孙存周所传授的太极拳和内家气功保持着健康，度过了康生等人对他政治迫害的严酷岁月。

习仲勋在洛阳矿山机械厂工作期间，继续打太极拳，坚持锻炼身体，取得了很好的效果。正是由于这种常年不断的锻炼，才使习仲勋在不久后的"文化大革命"运动中，以较好的体魄支撑着，度过了被造反派残酷迫害的岁月。

1978 年 2 月，习仲勋出席全国政协会议并当选为全国政协常委才正式宣告获得解放。在这段漫长的岁月里，他坚持打太极拳锻炼身体，为复出后担任党和国家重要职务、为我国的改革开放事业做出重大贡献奠定了健康基础。

摘编于新民网

中篇 太极养生之道

167

下篇

太极养生之术

第九章 松静:太极养生之魂

周身放松是各种太极养生功法的基本原则。松，即身体要松到"一羽不能加，蝇虫不能落，人不知我，我独知人，英雄所向无敌"的高深境界。可以说，松柔是太极养生的本性。

此外，太极养生又是以静为体，以动为用，"静中触动动犹静"。在行功过程中，讲究"致虚极，守静笃"，因为"大道以虚静为本""身静则生阳，心静则生慧，气静则生神，神静则生精""心静可通神明"。这里的"静"主要要求思想集中、精神专一，心无尘念，达到虚静无为的神明境界。

"松"和"静"是太极养生的两大特征，两者互为依存、相辅相成，你中有我、我中有你，相容成体。从松来说，大脑的入静能够推进周身的进一步放松，尤其是心无杂念之时，就是周身放松之际，即所谓的"心静体松"；从静来讲，身体放松可以促使大脑入静，周身放松后，大脑的紧张意识可以得到消除，从而易进入恬静从容的心理状态。总之，"松"和"静"互为因果，心静则体松，体松即心静，"恬淡虚无，真气从之，精神内守，病安从来？"

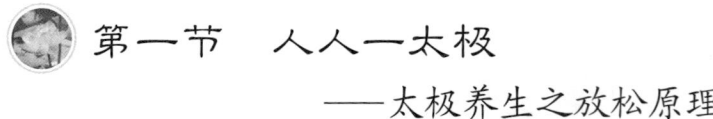

第一节　人人一太极
——太极养生之放松原理

自然放松是人之本性。刚出生的婴儿手臂虽然很小，但如果你把它托起来，便会感到那小小的手臂不仅柔若无骨，而且有一种沉重感。这是因为，刚出世的婴儿尚未染上紧张僵硬的习惯，一切处于自然放松的状态。松则柔，柔则和，和则沉。

但是，由于后天的种种原因，人逐渐失去了松柔，养成了紧张僵硬的习惯，一举手、一投足，莫不关节紧张，肌肉僵硬，全身拙力。此外，一遇事便精神紧张，造成心情压抑，严重者还会导致内脏器官紊乱，损害健康。太极养生作为恢复人之先天本性的一种方式，就是要经过修炼消除紧张，回归松柔。

从理论上说，太极是阴阳未分、天地未判之前的混而为一之气，是宇宙的本源。太极分阴阳后，经过二气交感，产生了太和之气，于是"和气生人"，天地以"和顺"为命，万物以"和顺"为性，生生不息。

南宋著名学者朱熹精研太极，提出风行于世的"人人有一太极，物物有一太极"的著名命题。此外，古代丹道学家把人体比作一太极，用于指导修道练功。《太极拳谱》中的"大小太极解"和"人体太极解"中，把人体内外各部位比作太极、两仪、四象、八卦，并说"人身为太极之体，不可不练太极之拳"。而习练太极养生功法，第一步就是全身放松，心神意念放松，周身各个关节放松，进入"无形无象，全体透空"的太极状态。

 ## 第二节　松开—松沉—柔顺
——太极养生放松三阶段

太极养生修炼讲究"松"。太极拳大师吴图南在其《松功论》中讲："松者，蓬松也；宽而不紧也；轻松也；放开也；轻松畅快也；不坚凝也。含有小孔以容其他物质之特性也。凡此种种，皆明示松之意义也。"被誉为松柔艺术大师的吴式太极拳传人杨禹廷老先生在论述放松时说"全身自然舒松，节节贯穿，头脑安静，神经不紧张……""身心松静，自然舒展；柔、圆、缓、胸腹松静，周身血液流动畅通，体肤感觉灵敏"。已故杨式太极拳大师汪永泉先生把松分为4个阶段：松，关节放松；散（sǎn），意气发散；通，意气贯通；空，全身透空。当代太极拳学者解守德在太极理论和实践的基础上，把放松分为松开、松散、松沉、松静、松化5个境界。这里，我们把放松分为关节松开、周身松沉和身心柔顺3个阶段。

一、关节松开是基础

周身放松的基础是人身体部位的各个关节要松开。杨式太极拳大师杨澄甫先生在《杨式太极拳练习谈》中说："习练运行时，周身关节，均需松开自然。"其弟子李雅轩回忆老师练拳时说"又稳又静，又松又沉，又软又弹，又灵活"。

松开是各个关节都松开，是整体的松，是在心、气、神、意放松的同时，全身肌肉放松，从头颈、脊背、肩胸、腰胯、手肘、膝脚各部位关节松透，恢复自然，而且始终如一。但是，松开不是身体下坠，而是要求各个关节对拉拔长。

实际上，放松是使全身内外、四肢百骸、筋韧皮肉尽可能地松开；松开就是身肢放长、抻筋拔骨、肌腱拉长、筋肉离骨、骨节开张，使经脉舒顺通畅、丝毫无滞。松开的关键是身体要以命门穴为界，上部以百会穴为中心，向上虚领顶劲，下部尾闾下垂、松到脚底涌泉穴。这就是古典拳论中讲的"提顶吊裆心中悬"。

具体要领就是"虚领顶劲、竖项吊裆、含胸拔背、松肩坠肘、尾闾下垂、松腰松胯、似坐非坐、双膝稍微内合似爬树、松脚踝、再松到脚下涌泉、脚趾放松"。但须注意，虚领顶劲、意念向上不能出现肌肉方面的僵直，全身放松，但要松而不懈，且要神气率领。同时注意"无过不及，毫无拘滞之力"。

练功经验

汪永泉先生谈放松

汪永泉是杨澄甫大师的高足，并得到过杨健侯和杨班侯的指教。他说："松的关键是'心气'放松。"还道出了松和静的关系。他的老师杨澄甫摆好了一个单鞭的姿势，请其父杨健侯指点。其父说："不够松，火气还没有完全去掉。"意思是说，心静得不够，还有点躁。汪永泉还讲了一个杨澄甫教他的事例。杨大师让他站"提手上势"的姿势，然后走开抽旱烟去了。过了十几分钟后，杨大师回来踹了汪一脚，汪被踹倒。杨大师说，不行，不够松，还得继续站，找如何松。汪继续站，感到支撑不住了，没有力气了，便想办法如何不吃力。

这样逐渐感到全身都放松了、舒服了。杨大师回来后又踹了他一脚，他没有倒。杨大师说："这回对松有体会了吧？"汪永泉说："有了点体会。"

汪永泉总结道：松，非常重要。松了，才能散、通、空。松和静紧密相连，必须心静，才能松。要先练静后练松。松，首先要"松沉直竖、中正安舒"，把身形调正扶直。松要求全身合适、自然、舒服，没有吃力、僵滞、紧张的地方。放松，但不能松垮、松懈，要虚领顶劲、气贯全身、节节贯穿。

二、循经走穴至松沉

松开是指关节、形体上的要求，松沉是指在关节松开的基础上，内气自然而然在身体中行走。放松之中有沉坠之意，但又不是重力压在下肢上，小腹也必须始终松软，而不是紧张地绷挺，这就是《拳论》中说的"腹内松净气腾然"。

实现松沉的诀窍是意气贯注经穴。经络犹如山谷中的通道，山川间的河流；经穴则犹如城镇和村寨，依靠通道和河流相互通达。经穴是内气流行最活跃、最敏感之处，位于骨节之处的经穴谓之节窍。如意想肩的节窍（肩井穴）关节松开，久之则肩关节自然放松；意想肘的节窍（曲池穴）松开，久之则肘关节自然放松；意想胯的节窍（环跳穴）松开，久之则胯关节自然放松等。依此类推，以意想窍，循窍而行，日日贯注，昼夜贯输，骨节自然开张，达到放松直至松沉的效果。因为"意为气头，气随意行"，所以在意想节窍放松的同时，内气由节窍入于骨髓之中，节节贯注，而又出于骨缝，充于肌肤，通于经络，达于四梢，则放松之中有沉着，久之便能达到松沉的效果。

此外，周身内外上下除虚领顶劲、舌抵上腭和会阴上提外，其余各部位均应有向下放松沉坠之意，如沉肩坠肘、胸空腹实、塌腰、敛臀、坐胯屈膝、气沉丹田、上虚下实等等。不论是站桩、定式，还是在盘架子时，各个关节均须松开、沉坠。特别是盘架子时，全身关节要松散，关节之间似连非连，手就只是手，肘就只是肘，像掉了环儿（脱了臼）似的。再如，两手领臂向上松虚掤领时，手臂各节应有向下沉坠的意思。如此功行日久，不仅拙力僵劲自去，柔顺之劲亦会油然而生。

总之，松沉不是外形能看得见的劲力往下走，而是以意导气、以气运身，气血全身周流顺畅，达到中正安舒之感。同时，松沉还表现在内劲往上、贯通四梢、往上提升之感，这就是悬顶之意的作用。

三、神舒体静现柔顺

所谓"柔顺"，即周身内外和顺柔韧的意思。和者，心内中和之气；顺者，流畅贯通无滞无背之意；柔者，相对刚而言，非软非硬，非轻非重，其质如水，故在五行中属水；韧者，软而有弹性。柔顺之劲即以心内中和之气，行如柔水，流畅贯通周身内外，盘绕回旋，缓缓流淌，无停无滞，无间无断，日积月累，年复一年，而成太极柔韧之劲。柔中而有沉着，则外形似柔而内有刚，功行日久，刚从柔中生出。

达到柔顺境界，需要做到清代太极拳大师李亦畬所提出的"神舒体静"，特别是心静，"心静可以通神明"，气血流注全身，毫无停滞，"沉而不滞，静如山岳，周流不息，动若江河"。这是一种太极松柔功夫最高层次的境界，用语言难以表达，因为这是一种空空荡荡、一切虚无的境界，是一种神明的境界。

《太极拳解》说："身虽动，心归静；气须敛，神宜舒；心为令，气为旗；神为主帅，身为驱使。刻刻留意方有所得……"心，是人的本性，万事从心发，心静修无为；神，乃心中之神，是明觉，是意念的发轫点；意，是念头，是思想，是内气（能量）催动姿势的统帅；气，乃是肾中之气，是旗帜，是生命活动的原动力；形（精）是心、神、意、气整体形态的表现，是生命活动的基础，人体生存的根源。

达到这种境界，要求心静体松，以意引气，意气相合，以气运身，形神合一。内气如水，意似引水之渠；意引气行，如渠引水而流。

第三节 "九松" "十要" "一轻灵"
——太极养生放松要诀

"松"在太极养生修炼中十分重要，那么如何做到"松"呢？先人总结归纳出形体放松的"九松"、"十要"、"一轻灵"的修炼法。

一、"九松"：脚、踝、膝、胯、腰、肩、肘、腕、掌

1. 脚。为九大关节之根基，由脚掌、脚心、脚跟、脚背以及脚趾组成。《太极拳论》中说"其跟在脚""力发于足"，可见脚的重要性。脚部放松要求：脚掌的肌肤松软，脚跟自然熨地，脚心悬空（即足心空），脚趾熨贴地面，"力合五趾与涌泉"；脚背松松隆起，好似赤脚踏在柔软的地毯上，感到柔和舒坦；与之相连的踝关节也是放松柔顺。常此修炼，在行拳中就能如地植根，与大地融为一体，不踩力，不抓力，十指舒松，行拳如行云流水，脚踏入地如春风拂柳，进步如履薄冰。杨澄甫曾形容道："脚如同踩在漂浮于水面的葫芦上。"

2. 踝。它与脚连接，也叫脚腕子。松脚不松踝会影响全身的放松，不能松贯到顶，就不能够节节贯穿松贯到指。所以，在松脚的同时，踝不着力会有热胀感，使得从脚向上，节节贯穿，周身松通。

3. 膝。膝是大腿与小腿间承上启下阴阳变动之枢纽，位置十分重要。对膝的要求是：松膝内扣。松膝内扣是相辅相成的。膝部微微下蹲，大腿和股部肌肉绷紧，然后双膝轻轻内扣，向前屈膝不能超过脚尖，整个腰、臀、股、腿、膝再放松下沉，同时膝部髌骨有微微上提的意念。否则一味下沉，则有滞重之嫌。扣膝、股骨头外翻乃至与泛臀结合，下肢的内劲则从外向内呈螺旋形下降至足。此外，扣膝又是圆裆的辅助动作，提髌则是保持下肢轻灵的重要因素。这样可以保持下盘稳固，而且又轻飘灵活。

在练功过程中，膝的负载很重，方法不正确会使膝部受伤。吴式太极拳对膝的要求是弓步和坐步膝屈不过足大趾的大敦穴，臀部尾尖坐在后脚跟上。动步换势时，要注意沉胯提膝。即一腿支撑重心，一腿前迈之时，要松腰落胯，尤其是支撑重心之腿，先腰胯松沉，另一腿才能轻松迈出。同时，迈出之腿必须放松膝节，并徐徐提膝，再伸腿前迈。其诀窍：腰胯向下松沉，膝盖轻轻上提，

即沉胯促提膝，尤其是在意念上要明确似乎是腰胯把膝反托起来的，这才是真正的松膝提膝。

4. 胯。胯关节位于躯干与下肢连接处，即大腿骨的股骨上端股骨突出的部分，有"胯根""胯尖"等俗称。

由于胯与腰腿的关系最为密切，胯的松开成了腰腿运转的关键。如果胯不能松开灵活运转，则腰腿及整个身体很难相随相转，身体上下两部分的连接处形成僵点。所以，"主宰于腰"实际上是主宰于腰胯。往下松胯比较困难，很难找到放松点。松胯要与提膝、松踝、松脚贯穿一起同时放松，使得"胯尖"以意往外两侧突出，然后意往下松，"裆开一线"才有效果，这个动作看不到外形，是在意念支配下进行的。

5. 腰。腰处于人体的中心位置，上承躯体及上肢，下接臀部及下肢，可谓一腰而定全身。所以，《太极拳论》中经常提到"松腰落胯""主宰于腰"，王宗岳的论述中有"活似车轮""命意源头在腰隙""刻刻留意在腰间"。"隙"在辞海中的解释为"空"，腰隙乃空腰也，空腰视为无腰，太极拳对腰部的修炼，也落实在"若无"两字上，即松腰须松到柔若无腰的程度。

松腰，首先要放松腰部肌肉。让腰部肌肉微微散塌，好比坐在沙发上休息时那种塌腰的感觉，脐轮吸气时会感到左右两肾有温温的舒服感。其次是沉腰。在腰部松塌的基础上，要意气向下松沉，与松腰、敛臀、坠尾、开胯、松膝、实腿等一系列动作相对应，以便运转灵活。第三，要正腰。即腰脊放松而又正直，不弯不斜，不俯不仰，不凹不凸，始终处于松正状态，以发挥"腰如车轮"的作用。第四，要活腰。转腰和旋胯密切相连，旋胯促进转腰，所以腰部要自然松正，胯节要松活旋转，两者合一才能自如灵活。第五，无腰。就是顺应自然，从有意进入无意，起初是由意念指令腰部松、沉、正、活，后来意念逐渐淡化，直至"腰没有了"。

6. 肩。肩是手臂的根节，是内气内劲从脚下经腰胯通向手臂的关口，也是"劲催三节"之"肩窝吐劲"的要隘。肩部放松灵活，才能使关隘畅通，才能气贯梢节。

"松肩"最难，也难以言表，想说也说不明白。最真实的体验是：保持手臂平举，最后耗得肌肉无力，筋就抻开了，筋一开肩就松开。"肩"要松沉，就须"虚腋"；不"虚腋"，双臂就会贴着躯干，僵硬劲难去掉，使得内气受阻。肩的放松，须与肘相随；肘的曲坠，可以加大肩松的程度，使之达到松沉境地。

尤其须注意的是，要与"顶劲"配合，与"顶劲"配合起来，才能体现出轻灵劲势，否则，会导致"上盘神不顶，一身难轻灵"的毛病。这里，应特别留意"顶劲"时，"肩"不能相随俱上；相反，肩要松沉，肘要曲坠，劲向底下，这样，有顶有沉，有上有下，对拔对拉，就出现一种伸展虚灵之劲势。

松肩的意念是：肩部像是一个"铁环"，臂上端像是一个"铁钩"，把臂上端的"铁钩"挂在肩部的"铁环'上，臂一甩动肩就松了。还可以想，手就像挂钟的"钟摆"在不停地摆动，这样，就能找到"手如灌铅"的感觉了。"松肩"忌压肩，要顺着两侧 45°斜下松落，将肩井穴张开，降于涌泉穴中。如何才能松开关节？首先松开关节之间的腱，接着是骨。

经验杂谈

松肩练习的 5 种方法

第一，松肩练法是用意念放松"肩井穴"，忘记肩关节，想象肩胛骨与锁骨分开而下沉。

第二，松肩练法是用意念指挥锁骨，通过锁骨的两边对拉松开肩胛骨，自然地出现沉肩的效果。

第三，松肩练法是意念从肩井穴一直放松到肘关节上的麻经穴。

上述三种方法在练习桩功时一起练效果较好。练弓步桩时，觉得身势不够松沉，就留意用意念松肩。起初没有什么感觉，意想一阵后，肩井穴处开始发凉，凉凉的很舒服，这种感觉后来扩展到整个肩部，配合着气沉丹田把身势松沉下去，只觉得肩部好像空了；当身体靠脚底的蹬力起来时，容易身上使劲，这时意想肩胛骨和锁骨分开下沉或者用意念去指挥着锁骨向两边对拉松开肩胛骨，或是意念从肩井穴一直放松到肘关节上的麻经穴，均可帮助丹田气下沉、肩以下保持松沉，而仅依靠脚底的蹬力起来。此后，只要练桩功之时松沉不下去，或者坚持不下来，就意想松肩坠肘，通常都会有不同程度的效果。

177

第四，松肩练法是做起势的双臂抬起动作，这时大脑只想着把肩松开抬大臂，手掌、小臂、肘都不用管，不可用力，缓慢地抬起手臂，如动作到位，手臂就会有沉重的感觉；双手下落时，手掌松开劳宫穴，掌心似降落伞兜风一样地缓缓下落，忘记臂、肘、肩。

　　第五，松肩方法是面对墙体，手臂朝前伸展，指尖朝前两掌心相对，与肩同宽，指尖距离墙体大约1寸，然后，开始，尽量地让两掌指尖往墙体伸展意念要去触碰墙体，直到感觉到把肩也就是大臂的根部从膀子里面有脱白感一样地抻拉出来，坚持十几秒，自然呼吸，然后再意念转移，离开指尖，意念感觉到大臂的根部渐渐地松下来回复到膀子里面。

　　7. 肘。肘位于手臂中节，贯通两端，为修气练功之要津。肘滞上肢僵，所以肘关节应放松下坠。所谓坠肘，不但肘尖应向下垂，而且意念要坠向地面。外三合中有"肘与膝合"，肘不垂肩要紧，膝不松脚要僵，脚僵即无根。坠肘与通气过劲直接相关，尤其是"腰催肩、肩催肘、肘催手"的"催三节"过程中，随着肩窝吐劲、向肘催劲时，肘尖须微微向下沉坠，使内劲催发而出。

　　8. 腕。腕骨应松开，方可灵活，虚松不着力，着力全身受制，松腕要配合松肩、垂肘、展指完成，手指节节松开腕自然舒松。同时，腕节既要松活旋转，又要松而有劲。

　　9. 掌。这里掌指的是掌指掌心、掌背和手指。掌背的肌肤筋络要放松和顺，掌心要松净圆空，不可僵硬凸掌，以便气注劳宫穴，通达指尖。手要舒掌展指，节节松开，形成手指松、掌心虚空、掌背圆弧、虎口亦圆撑的良好掌形。

二、"十要"：下收臀或溜臀、裹裆、收腹、吸腹股沟、展胸、圆背、内吸肩胸窝、弛颈

　　身上的九大关节松开后，身体的各个部位亦应配合，尽量放松，但孤立地

去松哪个部位都是很难做到的。十要，是要求下收臀或溜臀、裹裆、收腹、吸腹股沟、展胸、圆背、内吸肩胸窝、弛颈。行拳过程的气是在意念引导下沿任督二脉和十二经脉运行，所以，下面从臀开始阐述。

1. "臀"部在太极拳中主身形中正，在王宗岳的《拳论》中有"尾闾中正神贯顶"的教旨。尾闾是脊椎的根部，又叫"尾骶骨"，位于长强穴。尾闾歪斜影响身形中正，太极拳要求身形中正，臀部下收，也叫"敛臀、溜臀"，其实就是臀部不要翘。臀部下收，会阴部位自然上提，呼吸自然深沉，有利于裹裆、松腰、圆背、拔脊和虚领顶劲的完成，身体就会轻灵圆活。行拳中当松到胯时，意想尾闾找前庭，胯自然松开，臀就溜下去了。

2. "裆"在会阴的两侧，是任督二脉的交会处，以圆裆、裆开一线为佳，会阴与百会穴上下呼应相对，拳家有"天门常开、地门常闭"之说，技击中有"脚踏中门裆里钻"之说。

对裆的要求是：吊裆、调裆、圆裆，使阴囊不要接触到大腿内侧皮肤。具体做法："束腰下气把裆撑"，就是说练桩功或动功时，要把裆撑圆。这包括3个动作要领：一是吊裆，即是上提会阴部，使肛门括约肌轻轻收缩，使肛门微微上提，如忍大便；前阴部肌肉微微收缩，如忍小便，呈似尿非尿状。二是调裆，即把裆调圆，使大腿内侧、股部，以及会阴收缩，形成四周圆活而开阔的裆部。三是扣膝，即将双膝微微内扣，使双膝内扣和圆裆形成对立统一。这样做的作用是：会阴部是任脉、督脉、冲脉的起始点，裆调好，可使会阴不受压迫，从而保持任督气机的流通。吊裆不仅防止前后二阴漏气，积蓄阴精，若能结合呼吸锻炼，又是炼精化气的关键，能否打通周天，冲开阴跷乃是决定因素。

3. "收腹"与溜臀、裹裆紧密相连，臀、裆松活腰空，背圆灵活不滞，虚实转换开合自然，这是收腹之功效。练习"收腹"，就是丹田找命门，以便实现深长的腹式呼吸。但是，呼吸时须保持腹部放松的自然状态，同时由外及内，腹腔内也要放松，达到松净的状态。腹部随着腹式呼吸而有所起伏是一种自然现象，但如果刻意地"外突内吸"，会使腹部陷入僵紧而不能"松净"，应顺其自然起伏，腹内才能松净、充实，修炼出弹性和韧性，达到"腹内松净气腾然"的状态。

4. "腹股沟"（左右）是小腹两侧部位向下走向的沟。它对太极拳中的身形、重心的变转十分重要。吴式太极拳的特点之一是单腿重心为"立柱式身形"，功法规范不容虚实不清，"弓步"要求"三尖相对"，即弓膝不得超过大趾甲根部，脚尖、膝尖、鼻尖成三尖相对之势。而"坐步"的尾闾坐于后脚后跟部位，使得百会、会阴、涌泉在一条线上，动作的难度较大，只有吸松腹股沟方可准确地完成这一动作，实现竖腰立顶、中正安舒。

5. "胸"（含三要：展胸、收吸左右胸窝），有含胸、空胸、展胸、收吸左右胸窝等之说。但是，如果有意识地含胸，容易造成"凹胸驼背"的弊病，所以把含胸理解为胸部含有放松虚空之意更为准确。胸部有心肺两大内脏，且有膻中要穴，可谓牵一心而动全身，所以不要刻意去"含胸"，而应该自然放松，让胸部处于宽舒安静的良好状态，以便气血流畅。胸部的放松要具备4个条件：一是胸肌松柔；二是左右胸肌节节松沉；三是两肩松活；四是锁骨与胸肌上端的似三角形的小窝自然放松。

6. "背"与胸密切相关，有"能含胸，就能拔背"之说。拔背要领是：大椎穴向上领，直通百会，使脊骨伸直。然而，应注意这不是要求刻意把背用力拔起来，而是自然地让背部肌肉放松舒展，随着领椎、松肩、含胸以及吸气，背部就会产生向外胀满的感觉，微呈后弓形的圆背。

背部又是督脉行气之途，内气内劲由会阴抄尾闾而起，缘脊背而上，通于两臂，形于手指，所以《拳论》中说"牵动往来气贴脊""力由脊发"。

7. "颈"是十要的上端，刻意地"竖腰立顶"会使颈僵而不松，意太过气上浮，影响空胸圆背，按要领两眼平视，微收下颌，体会"虚领顶劲"的深刻含义，自己理解为：百会领，脊椎顶，周身放松，有头顶天、脚入地之感。

三、一轻灵

"虚领顶劲"要求头部放松，百会穴虚虚上顶，像被一根绳子垂直悬空拎着，以保持头部的松正竖直。"虚领顶劲"还有一层意思，就是百会穴与会阴穴须始终维持上下一条直线，这就是人体的中心线。

神、意、气、劲的整合对初学者来讲很难掌握，"顶"以虚领为佳，在练习的过程中以精神意念虚领，不要再去"提""领""悬"。就"虚领顶劲"来讲，也不是单一孤立就能够完成动作要领，在完成每一动势的过程中，必须做到"满身轻灵顶头悬"，才会神贯顶，自有一种全新的感觉和"味道"。

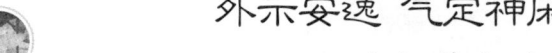

第四节　内固精神 独立守神
外示安逸 气定神闲

——太极养生对"三盘"的松柔要求

太极养生的松柔是从内到外、从神到形、内外如一的松柔，是从宏观到微观，是上、中、下三盘，由局部到整体的松柔。这充分体现在以杨式太极拳为代表的套路练习中。

一、上盘

上盘的松柔是从头至手，包括 6 个部位：头、颈、肩、肘、腕、指，可概括为 8 句话："下颌微收顶头悬，双目平视竖项安。气沉丹田双肩松，两肘下坠自然弯。松腕坐腕或旋腕，意在抽丝松柔缓。开掌之中微内收，十指留隙舒挺展。"

"下颌微收顶头悬，双目平视竖项安"，指行拳中下颌要略有内收，不可仰头、低头、歪脖、左右摇晃，而是要竖项为正，百会穴与尾闾穴相垂在一条线上；双目平视与地平线相合，不是低头看地。行拳时眼随手动，手到眼到，要视而有神，不要目空无神。

"气沉丹田双肩松，两肘下坠自然弯"，是讲双肩的松沉。沉为下松，不是上耸或端肩，是从肩井至肩胛有向下松垂之感。双肩只有下松才有利于气沉丹田，气沉丹田又促使双肩松得更透。肘之松柔则为自然坠肘，向下松开，有下坠之感。

"松腕坐腕或旋腕，意在抽丝松柔缓"，是对腕的要求，特别是传统杨式太极拳，行拳中的松腕、坐腕和旋腕动作特点明显，都要体现出松、柔、缓的抽丝之感，而不是急沉、突翻、愣转。

"开掌之中微内收，十指留隙舒挺展"，是强调十指自然舒展，要松中有挺、挺中又要握合。这种合是指掌的一种微收，又是微收中求展，是十指缝隙的自然舒开。

但上盘中任何关节部位的松柔，不是孤立分解的，而是一个从内到外、相互联系、融为一体、完整的神经传导和肌肉运动的系统，是一动无有不动的整体之动和整体的松柔。

二、中盘

中盘，指肩关节以下胯关节以上的 4 个部位：脊背、胸、腰、腹部。中盘的松柔首先是在肩关节松沉之下含胸拔背的松柔，这种含胸蕴含着松开、松沉、松柔，它是胸腔空间和肺活量的一种扩展，是放长两臂运拳的范围和活动空间。含（胸）为变，它是机势的一种蓄纳，只有含（胸）方可求到虚其心而实其腹，进而达到太极拳虚怀若谷的境界。

拔背是在松柔意念导引下脊椎关节的对拉拔长。它上行提神贯顶，并通两臂而达于手指；下行松腰经腿而至足之末梢。从胸椎至腰椎之松开、松柔，是一种对拉对拔之劲。这种拔背是改变正常腰椎生理 S 曲线而略呈后弧之形，它不是驼背，是使胸、腰关节的节节贯穿，使松柔中有挺有立。

中盘腰与腹的松柔，是建立在立身中正的基础上。腰与腹之间是虚其腰而实其腹，虚腰又以"松"字为核心，这其中松沉，是气入丹田；松开，是舒展，不作茧自缚、不紧固其身；松柔，是化僵求柔韧、求活。这里的"松"不是松懈、松散、软而无力，而是腰之中盘在松的意念下对拉拔长，是松的节节贯穿，是虚腰的放松，同时又是松腰中的求挺，是虚中有立。

腹部松柔，修炼的是"自然松静"。《十三势歌诀》对腹内之松柔指出："腹内松净气腾然。"腹内松净，或曰松静，指的是虚其腹为条件，腹内越松净，越虚，"气腾然"的强度才能越大越实，并为丹田之气鼓荡，使元真之气敛入骨髓，内固"三元"（元精、元气、元神），神舒体安创造了条件。《拳论》中讲"虚胸实腹"，这个实腹指全身动力之源——丹田之气的实，是在小腹丹田部位。实其腹，是由于小腹丹田之气最能不断鼓荡腾然（气化），使人之元气充实于小腹。

三、下盘

下盘的松柔，是从小腹、尾骨、胯、膝、腿至足，其重点是胯部的松开。对初习拳者来讲应注意，上有提顶之意，下有尾闾垂直下坠之感，臀内收。松胯开裆即裆部松开成圆形，没有夹角之感，两腿内侧大筋不紧不僵，才能支持腰部中盘的左右旋转、前进后退。所以松胯圆裆可使两腿轻灵提落，有利身、步、手三法之变换。

脚下的松，须注意脚趾的自然松开，脚掌的涌泉穴有微许上提之意（掌心虚地），可使身体在地面得以均匀分布。脚为人之根，而拳劲则起于根，脚的松开是以踝、足、趾为一体的松开。这里的松是松中有挺，挺而不僵。这个松更多是指在随势起转当中的虚实转换。凡虚实转换之中必有一虚一实，凡虚之下肢，踝是必松沉向下化之而动，而实之足踝则必然是足底生根。

上、中、下三盘的松柔不是各自孤立、互不相连，而是必须在意念指引下由内而外、由心而形、上下贯通、有机相联、互为整体的松柔。这种松柔，是化紧求松、化僵求柔，并在松柔中不失拳的圆润含蓄，不失连绵不断，不失运转轻灵；是劲不离拳，气不离劲，更是松柔不离虚实；是整而化之，动而整之。归根结底，这种松柔是化去后天之拙力，求其拳动得自然、放松和周身通畅，以显太极拳之"内固精神，独立守神；外示安逸，气定神闲"之精髓。

松柔要以心静为安，以心正为仁，仁而为慈，方可得心之定力。要把握阴阳，呼吸精气，动作自然，使上中下三盘松柔、松透，动作无所不到。要以小练大，从细求精，方可合于太极拳"松柔"之道。

名家拳解

李亦畬——《虚实开合图》

李亦畬（1832～1892），是继太极哲人武禹襄之后，为太极拳理

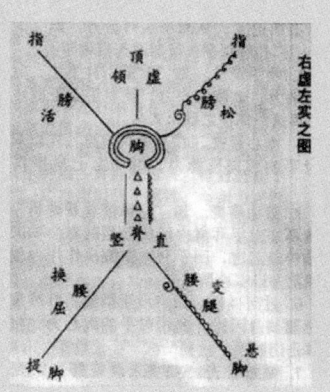
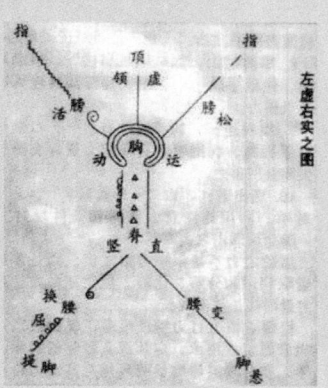

论与实践的发展做出杰出贡献的一代宗师。其著有《五字诀》《撒放密诀》《走架打手行功要言》《太极拳小序》及《跋》等。

为了形象地说明"一身之劲练成一家，分清虚实"和"开合有致，虚实清楚"，李亦畲先生晚年亲手绘制两幅《虚实开合图》，并写了说明，在武派太极传人中广为流传，深为人们珍视。

图中虚线之处表示"虚"，实线之处表示"实"。根据图形可看成是单鞭或懒扎衣的拳架。

1. 顶（头部）注明"虚领"，即虚领顶劲。头可提携全身，头顶百会穴与裆部会阴穴应上下一线贯穿，为"立如平准、活似车轮"和"立身中正安舒、八面支撑"之根本，故图在脊部又示明"直竖"。走架打手下颚微收，头颈骨自然竖起。头正脊竖，神态自然，脊骨拉长，伸缩自如，周身关节节节贯穿、圆活灵通。

2. 肩（膀）部标明"松活"，即"松肩"。肩关节要舒展放松，不可用力控制。走架打手既不可耸肩，也不可扣肩向里过紧收，二者都会使肩关节僵滞。肩松则臂活，劲才能达梢节。"松"是要求，"活"是效果，能松才能活。

3. 胸部注明"运动"。武派太极拳对胸部的要求是"含胸"，但因与人打手走粘多赖胸部的柔化和腰际的抽换，故图在胸部标明"运动"之同时，又在脊部注明"直竖"。腰部注明"变换"。腰脊松沉直竖，才能两足有力，下盘稳固，意贯两膊，虚灵轻妙。

4. 腿部注明"屈"，是指膝关节而言。左单鞭或左懒扎衣的起式身体重心在右腿，支撑全身，是实，然而又不可"全然站煞"，站得过死、过实。要"实中有虚"，精神贯注，自胯至膝至足关节肌肉都要松沉，体重落于足心涌泉穴。足心要虚，有吸引地心之意，故图注明"脚悬"。左腿虽虚，也要"一波三折"膝部微曲，有上提之意，足尖（脚前掌）点地，是虚，但虚也非"全然无力"，足尖着地处要有腾挪之势，上与胸部相系相辅，故图中注明"提脚"。

图中脊部绘有 4 个三角形（△），应该是指自上而下位于脊部的夹脊穴、命门穴、散骨和尾闾（含长强穴），这四处在走架打手时都处于十分重要的位置。《十三势行功歌》云"尾闾正中神贯顶"，尾间处松沉直竖，真气凝聚，下可达两足，上可贯两膊。又尾闾如同船舵，此处转动，两肩两胯即灵活有力。命门穴前对神阙，上对夹脊，下对尾闾，为真气所居之地。因这四处都很重要，故李亦畬先生在图中特予标出，以便引起人们的注意。

武禹襄先生在《十三势说略》中谈道："虚实须分清楚；一处有一处虚实；处处总此一虚实。"太极拳每一动作前后左右上下均有虚实重点之可循，随着内劲的潜换、形体的开合，虚实也在不断地变化，或先虚而后实，或先实而后虚，意之所致，彼相斯应。

李亦畬在图中不仅说明了虚实，也强调了开合，说"虚实即是开合"。因走架打手时的虚实多指内劲，只能觉察而不易看到，开合则指外形、动作明显可见。然而，形体与内劲须内外合一、互为作用。

第五节　至虚中生神　至静中生气
——太极养生入静三阶段

体松和心静是太极养生的两大特征，松和静相互促进、相融互补。形体上的放松可以促进心脑的入静，心脑的入静又能引导周身处处放松。和松一样，太极养生的静也不是一蹴而就的，而是分为很多层次。解守德在《太极拳内功心法》一书中，把静分为安静、平静、宁静、虚静、定静、真静、灵静和清静8种形式；钱惕明的《太极内功心法全书》则把松静分为一般松静、初懂松静、晋级松静、心意松静、寂静无意和虚静无为6个层次。本章节根据"凝神调息，只要心平气和""至虚中生神，至静中生气"和"清静，为天下正"，把"静"分为平静、虚静和清静3个阶层。

一、平心静气涤尘念

太极养生入静说起来容易做起来难，特别是刚开始练功时，要排除内外界干扰，"收心猿，拴意马"，制住心动。如一般初练站桩，意念难以集中，即使强迫自己收敛心神，但只能维持很短时间，特别是时间一长腿部酸累，很容易一弃了之。这时，一定要有韧性，每天坚持 2 次，每次从 10 分钟到 1 小时，慢慢地心就安静下来，其中的乐趣也逐渐涌现出来。正如明代大儒王阳明告诉学生："初下手用功，如何腔子里便得光明？譬如奔流浊水，才贮在缸里，初然虽定，也只是昏浊的。须待澄定既久，自然渣滓尽去，复得清来。"

经过几个月的练习，意念集中了，动的感觉逐渐减少，静的体会越来越多，内气开始舒畅和顺。有一种好似冬天在和煦的太阳下懒洋洋之感，脑子里什么也不想，深深地陶醉在心灵静谧状态中，这也许就是道家所谓的心平气和阶段了。

关于这一阶段，武当道教祖师张三丰曾说："凝神调息，只要心平气和。心平则神凝，气和则息调。"

因为心平气和，心中的杂念尘埃逐渐消除，对周围事物感应的范围随之扩大。比如，能清晰地感受到清风、树叶飘落，能听到远处鸟儿的啼鸣和飞翔……这时候，须做到大脑并未跟随这些外在的事物走，就可以体会所谓"一志凝神，洗心涤虑"的境界。

再往下，就进入虚静的阶段了。

二、恬淡虚无真气随

进入虚静阶段初期，有时你感觉不到自己部分肢体的存在，两只胳膊好像没有了，进入一种恍兮惚兮、似有似无的状态。但是，这种状态只是暂时的，不能长久，因为念头一转，这些感觉马上消失。这个阶段好像我们平时所说的愣神或者发呆的状态。

再过一段时间，脑子里会产生很多图像，比如一处风景、一朵花、一个动作念头，你都能把握住，定在那里不动，你的意念不转移也不走。这叫前念已去，后念未生，定在那里，中间的那个图像你拿住了，但并不代表前面那个图像是空的。

这时候，应开始控制图像，逐渐控制身体里开始产生的变化，不动也不想，但是脑子里很清楚，觉得里面有东西动了，这时就是"住无所住"。注意，这个时候还要体会身上是不是松开，只有身上松开了，才能体会这种静，这就是所谓的真静。

真静了，身体内部的气血流动，内劲运行，很多现象便产生了，这时还没

太极养生的道与术

有产生大动，产生这个静的时候，还没有"致虚极"，此时松的条件愈好，感觉到身体愈来愈柔软，才能开始体会到自己是不动的。但是身体里面有东西动，外面没有东西动，这时身体里面的动就愈来愈明显。

明显到什么样的程度呢？比如说身上会疼痛，背上会疼痛，里面细小的东西会疼痛，这个阶段内气还不够畅通，但开始换劲，内劲因静而得以和顺产生，开始生机勃勃，健身养气的状态开始起作用了。这就是《黄帝内经》中讲的"恬淡虚无，真气从之，精神内守，病安从来"。

三、清静，为天下正

太极养生静的最高阶段还是清静，这就是老子所说的"清静，为天下正"。到这个阶段，须动静二相皆不着，浑浑穆穆，连静的境界也完全不去求，这时候就是真正见到"自性"了。

客观来说，太极养生之所以有显著功效，究其原因就在于贯穿始终的心神虚静。练功时须思想集中、精神蕴蓄、心静神宁，全身贯注于"阴阳自然开合，天机自然运行"之中，逐渐达到练功入静、动中有静，最后物我两忘、一片神明的状态，使大脑得到充分的休息，消除疲劳，而又益智补脑，使中枢神经系统得到更好的调节，血液循环、新陈代谢能力得到提高，从而较好地调整脏腑功能，调节生理，达到最佳状态，增强体质，有病祛病，无病强身，延年益寿。

第十章 呼吸：太极养生之引

呼吸是身体最重要的功能之一，它能够摄取空气中的氧和其他精微物质，维护肌体的运转。没有了呼吸就失去了生命。我国古人十分重视呼吸在养生中的作用，道家发明了"导引吐纳"，儒家强调"养浩然之气"，释家讲究"练气功行"。太极养生中的运气、养气、练气、聚气、增气、凝气等均是通过呼吸来完成的，所以，像中药的药引一样，呼吸是太极养生的引子。

第一节 真气从之 病安从来
——"气"的分类

"气"的概念来自中医学。《黄帝内经》提出了气血理论，并论述了八十余种气。人体的气，从整体而言，由先天之气、水谷之气和自然之清气，经过肺、脾、胃、肾等脏腑的综合作用而生成，具有推动、温煦、防御、固摄、气化、营养等作用。根据其主要组成部分、分布部位和功能特点的不同，可分为元气、宗气、营气、卫气等不同类型。生活中，少言语以养内气，寡色欲以养精气，薄滋味以养血气，咽津液以养脏气，戒嗔怒以养肝气，节饮食以养胃气，匀胎气以养肺气，少思虑以养心气，不漏精以养肾气，慎行藏以养神气。

一、元气

元气，《难经》中又称之为原气，是人体最基本、最重要的气，是人体生命活动的原动力。

元气根源于肾，由肾中所藏的先天之精气所化生。元气生成之后，又依赖后天水谷精气的不断培育和充养，才能维持其正常的生理作用。因此，元气的生成可概括为"源于先天，而长于后天"。元气充盛与否，不仅与来源于父母的先天之精气有关，而且还与脾胃运化的后天之精气是否充盛有关。由于禀受于父母的先天之精气在人出生之后即已有定数，所以后天水谷之精气的充养，就显得格外重要，如此才能保证元气的不断化生和旺盛。即使是先天禀赋不足之人，若后天饮食调养合理，仍可有所弥补，使元气逐渐充足。

元气以三焦为通路，循行全身，内而五脏六腑，外而肌肤腠理，无处不到，作用于机体各部分，发挥其生理功能。

二、宗气

宗气，又名大气，是人体后天的根本之气。张锡纯《医学衷中参西录》说："大气积于胸中，为后天全身之桢干，《内经》所谓宗气也。"由于宗气积聚于胸中，故称胸中为"气海"，又名"膻中"。

宗气是由水谷精气和自然界的清气聚合而成。食物经过脾胃的腐熟、运化，化生为水谷精气，水谷精气赖脾之升清而转输于肺，与肺吸入的自然界清气相互结合而化生为宗气。因此，肺的呼吸功能和脾胃的运化功能正常与否，直接影响着宗气的盈虚盛衰。

宗气积聚于胸中，贯注于心肺之脉。其向上者出于肺，循喉咙而走息道，经肺的作用而散布于胸中上气海；其向下者借助于肺的肃降作用而蓄于丹田（下气海），并注入足阳明之气街而下行于足。《灵枢·邪客》说："故宗气积于胸中，出于喉咙，以贯心脉而行呼吸焉。"说明宗气的主要功能为行呼吸和行气血。

三、营气

营气，又名"荣气"，是循行于脉中而富有营养作用的气。营，有营养、营运之意。由于营气行于脉中，与血液并行，是化生血液的重要物质基础，二者可分而不可离，故常"营血"并称。

营气由脾胃运化的水谷精微中最富有营养的部分所化生。《灵枢·营卫生会》说："营出于中焦。"《素问·痹论》说："荣者，水谷之精气也。"明确指出营气的化生部位是在中焦脾胃，水谷精气是营气生成的物质基础。

营气循行于经脉中，与血液并行，通过十二经脉和任、督二脉运行全身各个部分，内而脏腑，外而皮肉筋脉，周而复始，营周不休，发挥其滋润和营养全身的作用。

四、卫气

卫气是指运行于脉外，具有保卫机体作用的气。卫，即保卫、护卫之义。卫气与营气相对而言，属性为阳，故又称为"卫阳"。

卫气来源于脾胃运化的水谷精微中慓悍滑利的部分。卫气和营气尽管都来源于脾胃运化的水谷精微，但两者性质有一定的区别，营气比较轻柔，而卫气比较刚悍。正如《素问·痹论》所说："卫者，水谷之悍气也。其气慓疾滑利。"

卫气具有慓悍滑利之特性，不受脉道的约束，行于脉外，外而皮肤肌腠，内而胸腹脏腑，布散全身。卫气在全身的循行有3种方式：一是在脉外与营气同步运行，营卫和调；二是白昼布散于阳分、肌表，夜间入于内脏、阴分；三是根据机体生理需要而散布全身。

卫气主要有防御、温养和调节作用。《灵枢·本藏》说，所谓"卫气者，所以温分肉，充皮肤，肥腠理，司开阖者也"，即是对卫气功能的高度概括。

第二节　能呼吸　然后能灵活
——太极养生呼吸三阶段

呼吸根据其用途，可分为很多种类。太极养生是一种形、意、气、神的结合，太极养生呼吸对增强丹田内气十分重要。

太极养生呼吸的方式很多，据统计不下100种，但其主要的方式为下列5种。

（1）自然呼吸法。不加任何意念，相同于人的日常呼吸，自然、柔和、均匀。其缺点是呼吸不够深长。

（2）深呼吸法。就是把自然呼吸的频率变慢，变均匀、细长，使其吸收更多的氧气、能量和其他物质。

（3）腹式呼吸。腹式呼吸分为顺腹式呼吸和逆腹式呼吸两种：顺腹式呼吸是吸气时，腹部外凸（鼓起），呼气时，腹部内凹（收缩）；逆腹式呼吸与之相反。腹式呼吸对内脏有按摩作用，有助于调整消化功能和肝胆功能。

（4）胎息法。这是道家丹道修炼中采取的一种特殊的呼吸方法，就像胎儿在母体内呼吸一样，不是用口鼻，而是用身体或丹田呼吸。这种呼吸是修炼到一种程度才使用的呼吸方法。胎息要以意导气，"吸气绵绵呼气微微，虚极静笃，神凝气结，心愈定而息愈微"。这就是达到修炼内功心法的高层功夫。

（5）意气呼吸法。是指有意识地将气提灌或输布到一条经络、一个部位或一个穴位，又将气引到另一条经络、另一个部位或穴位。

《十三势行功心解》中云"能呼吸，然后能灵活"，那么，练功时如何掌握与运用呼吸呢？笔者认为，应循序渐进，分阶段修炼。

一、自然呼吸阶段

"自然呼吸"即人的本能呼吸方式。初学或习练太极功法两三年者均应采取此种呼吸方法。练习功法时，要按自己平时的习惯，毫不着急、毫不努气地自然呼吸，不必受动作约束。动作时，当吸则吸，当呼则呼，一切通畅自然。这一阶段的意、气、形的技术特点是"重形不重意""练形不练气"。如过早地关注呼吸配合动作，易出现憋气，对健康不利，对学练动作功法不利。

二、意识介入呼吸阶段

在自然呼吸的基础上，意识适当介入呼吸与动作配合。本阶段，功法应比较熟练，动作完整协调，连贯圆活，和谐流畅不"断劲"，形成"先外后内""以外导内"之架势，逐渐进入"以意导体""以体导气""开合利气"阶段。这时，意识能够主导整体动作的部分要素，大脑皮质可以兼顾呼吸运动，在意识的引导下，对一些简单和开合明显的动作以呼吸配合。

意识介入呼吸主要是指通过意念的介入逐渐形成"逆腹式呼吸"方式。

如前所述，"逆腹式呼吸"方式，是指吸气时腹部自然内收，呼气时小腹自然外鼓。逆腹式呼吸，生理学上称为变容呼吸。吸气时腹肌收缩，腹壁回缩或稍内凹，横隔肌随之收缩下降，腹腔容积变小；呼气时腹肌放松，腹壁隆起，横隔肌上升还原，腹腔容积变大。

逆腹式呼吸的部位在人体的中部，从胸腹鸠尾、肚脐至下阴部；背部从十二椎以下至尾骨；侧部从肋下至膀。此为逆腹式呼吸的大范围，而集中体现部位在下腹部丹田处。

逆腹式呼吸是由人的意念所控制的呼吸，称它为呼吸是一种比喻，其实它是一种腹部运动，久练之后，就像呼吸一样。逆腹式呼吸协调中部的胸腹肌、骨肌以及骨骼、脏腑的功能，产生内气和内气压，为太极养生功法提供一种内在劲路和原始动力。从拳理上认识，丹田呼和吸的端点，就是刚点；呼和吸的过程是柔劲，转换点是刚劲；也就是说，柔劲的顶端是刚劲，柔劲的开端同样是刚劲。在丹田呼和吸转换时，拳架中就是柔刚的转换点或者是刚柔的转化点。有些学者谈到丹田呼吸时，说它就是开合，呼为开，吸为合，这样在呼吸的转换点就应该认为：开的端点就是合的始点，合的端点就是开的始点，开合的转换点其实也需用刚点来切换，否则开合的转换就会出现断劲和丢劲现象。

此外，还有一种达到"逆腹式呼吸"的传统方法："气沉丹田"，即内气升降的方法。就是由前往后（俗称由先天往后天），即丹田气往下达于海底，抄尾闾而起，缘脊上行，经玉枕、天灵等穴，下过前额、人中、喉结、心窝、脐轮等处，而仍归于丹田原处。具体行功时，要配以开吸合呼。吸气时，意念使丹田气下沉到会阴，然后沿督脉上升命门直至百会；呼气时意想有"气"沿任脉沉入丹田。气沉丹田不是死沉，而是一个活的行气过程，即随着呼气意想内气向丹田松沉的过程。久之习练，必然得气，自然明白。

气沉丹田是以丹田为核心，以气为源，以动为由，将内气下沉。气沉丹田越实越足，腹腔内的内气压力相对越大，产生体内压力差、压力大的部位肯定向压力小的部位做气流运动，于是产生了内气的运行。

太极养生的道与术

拓展阅读

逆腹式呼吸基本练习法

两腿分开同肩宽，曲膝松胯，全身放松，双手重叠轻按腹部，用腹肌的力量慢慢吸气，尽量向内。意识上肚脐处与腰脊的命门穴为对拔劲，当吸到一定程度时，停止呼吸放松腹部，然后开始慢慢呼气，尽量向外，腹部凸起，肚脐与命门为对顶劲。这一呼一吸的时间大约 10 秒钟，每次做 36 次呼吸，每天 2 次，连续练习 2 个月。其目的是拉松腹部，增强腹肌，调动穴位，使腹腔部位的肌肉、脏腑、骨骼、阴部有机地配合运动。

有了一定的基础后，再进行第二阶层训练，即结合套路中的动作练习，先选几个容易与呼吸配合的动作，如搂膝拗步、单鞭、白鹤亮翅等，使动作中的开与合与丹田的呼与吸相配合，使逆式呼吸逐渐过渡到丹田呼吸。然后，举一反三细心揣摩每个动作的开合、折叠、螺旋同呼吸相配合，把每个动作都做到位，最后自然成套。丹田呼吸的快与慢、深与浅，须随着拳架的需要进行调整。动作中柔，呼吸就可慢些，动作中刚呼吸可快些，动作连续呼吸可深一些，相反呼吸则可浅一些。呼吸领先，动作随后，一招一式中由丹田呼吸先行，外形随后，四肢及身躯的拳法就会按丹田呼吸的要求配合行拳，套路中的逆式呼吸即进入丹田呼吸。

呼吸和拳架总体是密切配合的，但是不要过于死板。拳架中，有的动作幅度较大，如陈式太极拳中还有一些跳跃、闪转、旋体的动作，要求"上开下合""左开右合""上合下开""前开后合""腿开手合"等，此时，丹田呼吸必须结合各个动作的特点，延长或缩短呼吸的时间，也可在短期内暂停丹田呼吸，此称含气。随着拳架的继续运行，又回复到丹田呼吸的正常状态。

三、拳式呼吸阶段

拳式呼吸也叫丹田呼吸，它是逆呼吸的继续与发展。因逆呼吸能较好地气沉丹田，使内气运行而牵动腹肌，所以说拳式呼吸实际是腹肌运动呼吸，其感觉是呼气、吸气时腹肌都收缩，松弛只在呼吸之间的瞬间。练拳时不管是大开大合，还是急进急退，呼吸完全与动作合拍，这时呼也气沉丹田、吸也气沉丹田，内气运行更充实。这时动作与呼吸的关系是主与从的关系，呼吸紧跟动作、配合动作，是腹肌运动的结果。腹肌运动加强了丹田气，为"力由脊发"提供能源，这就是"腰为第一主宰，丹田为第一宾辅"，这就是虚其心、实其腹的表现。

本阶段，动作已成正确的"动力定型"，动作规范，已由"以外导内"达"以内引外""以意御气""以气运身""重意不重形"。这时，意识已是主导整体动作各要素的主帅，在意识支配导引下，形成呼吸配合动作，动作导引呼吸的有机结合，真正做到"意到气到、气到劲随""内外相合"与神、意、气、劲、形相统一的、有序的完全拳势呼吸。

呼吸方法：以鼻吸气，以鼻呼气或口鼻同时呼气；呼吸要领为深、长、均、细、缓；呼与吸交换时，有个似停非停、似感弧形的短暂过渡。此时，呼或吸要柔缓、轻细、圆滑，自然换接。但一定要注意，太极拳不是按呼吸规律进行的，呼吸与套路结构不可能处处相配合。练拳时，绝不能因动作而限制呼吸。应铭记"气以直养而无害"。这样，经过长期反复，久而久之就会形成强大的丹田内气。

拓展阅读

间歇呼吸法

间歇呼吸法原是道教筑基阶段的一种修炼方法，适用于刚开始修炼者杂念丛生时，对于增强丹田内气十分有效。

此法呼吸使用的是逆腹式呼吸，频率要求细、匀、慢、深、长，呼吸的模式是吸停呼的节律。呼吸节律的长短，要求循序渐进，不可急于求成。

练习的第一周按照吸气4秒，闭气3秒，呼气3秒的节律进行；第二周按吸气5秒，闭气4秒，呼气3秒的节律练习；第三周按吸气6秒，闭气6秒，呼气4秒的节律练习。

以后逐渐增加吸气和闭气的时间，达到入多出少，以延长闭气时间为主。每星期只可调整1～2秒左右，切勿操之过急，以免产生憋气和耳鸣、眩晕、出汗、大便溏稀等现象。经过循序渐进的调炼，最后达到每分钟只呼吸一次即算功成。

此法对外气的引入或内气的储存调动都有较好的效果，但由于这一方法是后天有为之法，练习时一定要根据自身的客观实际，掌握好进度和火候。每次练习应控制在半小时至45分钟，不宜操练时间过长。须灵活掌握和调整时间及进度，不急不躁，不松不弛，循序渐进。

第三节　内练一口气　外练筋骨皮
——太极养生呼吸规律

太极养生功法呼吸的基本规律是"开呼合吸"和"降呼升吸，沉呼提吸"。就是说在开、实、落、发等劲势时为呼，合、虚、起、蓄等劲势时为吸。下面以拳架动作为例，详细说明之。

一、"起"与"落"的呼吸

"起"与"落"的呼吸，是指手臂动作和呼吸的配合。当手臂由体侧向上举起时，应当均匀地吸气，当手臂举至肩平向下按时，应当均匀地呼气。它们均应由鼻子呼吸，或者鼻吸口呼。所有太极桩功和所有太极拳套路都有起势动作，均应遵循这一原则。

二、"开"与"合"的呼吸

如前所述，太极拳运劲中的"开"是丹田向四梢发散，从四梢回归丹田称为"合"。就外部形态而言，开则是指由内而外做的伸、攻、进、俯、落、吐、展、发等动作，而由外及内的屈、防、退、仰、起、吞、闪、蓄等动作称为"合"。

从呼吸上讲，"开"就是内气从丹田向肢体梢节呼出的过程，那么"合"则是内气向丹田吸入的过程。一开一合，即为一吸一呼，呼为开，吸为合。这就是所谓的"开呼合吸"。

三、"升"与"降"的呼吸

这里主要指的是身体重心的上升和下降与呼吸的配合。当身体重心上升时，应均匀地吸气；当身体重心下降时，应均匀地呼气。如杨式太极拳中的"白鹤亮翅"，当身体随着手臂向上伸展时，应缓慢均匀地吸气；而当身体和手臂下落时，应缓慢均匀地呼气。

四、"屈"与"伸"的呼吸

"屈"与"伸"的呼吸也指的是手臂动作和呼吸的配合。当手臂屈肘回收时，应均匀地吸气；当手臂由屈到伸时，应均匀地呼气。如杨式太极拳中的"搂膝拗步"，当手臂随腰缠丝屈肘转动时，应均匀地吸气；当右手臂随脚向前推，左手搂膝向后时，应均匀地呼气。

五、"虚"与"实"的呼吸

"虚"与"实"的呼吸主要指的是脚的动作与呼吸的配合。当脚"虚"时，就应吸气；当脚"实"时，就应呼气。如陈式一路的"前招"，当左脚"虚"时，就应吸气，当左脚由"虚"变为"实"时，就应呼气。

六、"蓄"与"发"的呼吸

"蓄"与"发"的呼吸主要指全身和手脚动作与呼吸的配合。如陈式太极拳中的"掩手肱拳"，当全身和手脚蓄劲时，应均匀缓慢地深吸气；当右拳内旋迅速向右斜前方发出时，应迅速地呼气。蓄劲如拉弓，吸气相对地长，发力如射箭，呼气相应地短，这也是呼吸与动作的配合。

七、“顺缠”与“逆缠”的呼吸

“顺缠”与“逆缠”的呼吸主要指手臂动作和呼吸的配合。当小拇指领劲，带动前臂向顺时针方向旋转（顺缠）时，产生的是一种向心力，应均匀地吸气。当大拇指领劲，向逆时针方向旋转（逆缠）时，产生的是一种离心力，应均匀地呼气。如陈式太极拳中的金刚捣碓，当手臂里旋，右臂提起，应均匀地吸气；当大拇指向手背方向旋转，右手变拳落在左手心上，应当呼气；当右拳再次提起（内旋），应吸气；当右拳外旋随着右脚落地震脚砸拳时，应呼气。

养生即是养气。太极养生更加注重“内练一口气”，而达到身心健康的目的。“认真练方法，无意得真功”，只要按照太极养生的动作规范要求，正确配合呼吸，认真练习，最终就能够达到“腹内松净气腾然”。

 ## 第四节　拿住丹田练内功　哼哈二气妙无穷
——太极养生丹田内气训练法

太极养生中“气”分为“先天之气”和“后天之气”。先天之气也称元气、肾气、丹田之气等，后天之气为人自然呼吸之气。太极养生注重和研究的是先天之气，俗称“丹田内气”。

一、丹田内气修炼的生理分析

丹田原是道教修炼内丹中的精气神时所用术语，有上、中、下三丹田。上丹田为督脉印堂之处，又称“泥丸宫”；中丹田为胸中膻中穴处，为宗气之所聚；下丹田为任脉关元穴，脐下3寸之处，为藏精之所。上丹田为性根，下丹田为命蒂。性命交修，便可以打通大小周天，达到炼神还虚的境界。古人称精气神为三宝，视丹田为储藏精气神的地方，因此对丹田极为重视，犹如“性命之根本”。

太极养生中所说的丹田为下丹田，丹田内气就是丹田之气精化后产生的先天之气。丹田处在人体的下腹部，从人体正面划分由中脘下至曲骨，从人体背部划分由第10脊椎下至腰间的腹腔内，从人体两侧可扩至双腰，在这一周边的范围内是内气产生的具体部位。

依据内气产生的方法和过程，腹腔内会产生相对的内气低压区和内气高压区。

（一）内气低压区

内气低压区在腹部中脘下至气海穴上部，人体两侧的腰部，背部的第10脊椎下至第17脊椎下较大的胸腹部区，是内气在人体中初步生成的、含蓄的范围，也是提供人体内气产生的有效功用部位。该范围内气的压力相对较低，而它对内气的产生和聚集过程是非常重要的，是腹部活动的主要区域。腹腔内的脏腑主要由胃区、大肠区、背区、肝区、部分小肠区组成。腹腔部的骨骼由肋骨、腰脊骨、骨盆组成，其特点是伸缩、凹凸、旋转、弯曲非常灵活，承重量大。在脏腑和骨骼之间，由膈肌、胸腹肌、腰肌、肠肌、肝肌、韧筋、脂肪层相连接。通过呼吸、肌肉收缩、骨骼活动，产生初始内气。内气压较低的人体区域，这里称内气低压区。

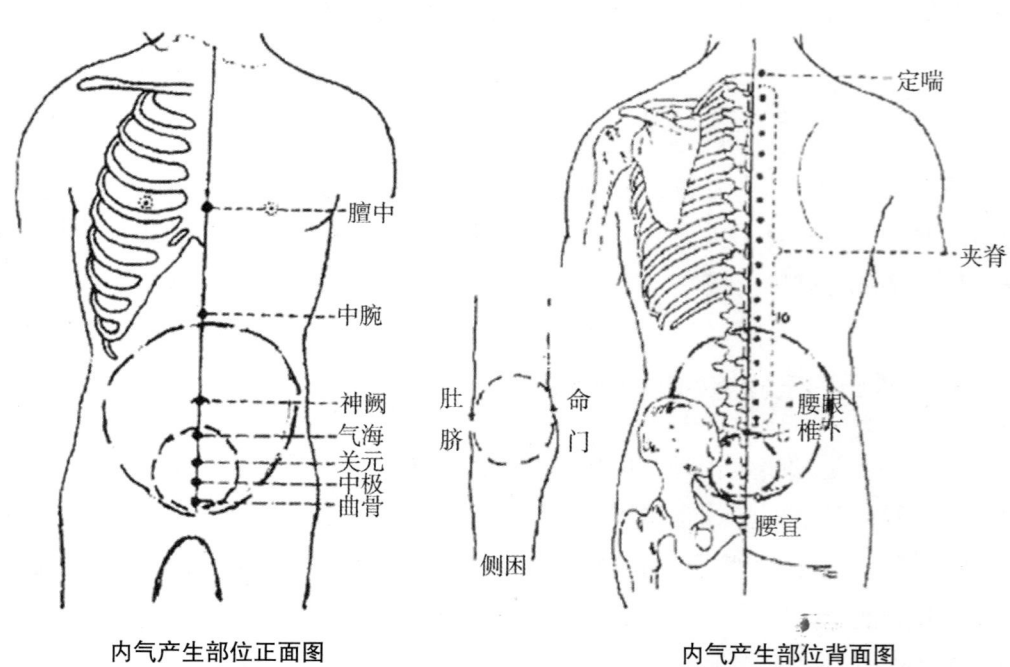

内气产生部位正面图　　　　　　　　内气产生部位背面图

（二）内气高压区

内气高压区在下腹部，俗称下丹田。其范围在气海至曲骨（会阴部），背部第17脊椎下至腰宜上1寸的盆腔内。女性内气高压区范围在脐下2寸至会阴处，背部的第17脊椎下至腰宜盆腔内。该部位的总体容量相对小一些，腹部前面有耻骨、后面有骨盆，其受压的保护条件相对牢固，能够承受内气的高压作用。该部位的脏腑有大肠直肠区、小肠区（男性精系区、女性子宫区）、生殖器区，是人体炼精和聚精区。在脏腑和骨骼之间，由腹肌、腰肌、骨肌、肠肌、韧筋、脂肪层相连接。通过呼吸、肌肉收缩、骨骼活动、炼化内气、聚集内气而产生内气高压区。经反复多次的运化，在气沉丹田和气聚丹田的过程中，形成了丹田内气。因丹田内气集中在下腹部，与胯部的关系很密切，胯部就成了丹田内气的枢纽部。经过胯部将丹田内气输至腿部，又经胯部将腿部气血送至丹田。因此，腿部气血的输送也是丹田内气产生的又一途径。当内气低压区产生的内气逐渐聚集在内气高压区，而从腿部送至的气血也升至内气高压区，由上下、左右、四周的气血运行，使下腹部丹田区成了内气高压区。内气的运行有了压力差为动力，使丹田内气在意念调控下可上可下、前后左右运行和鼓荡，是人体元气运行的原始动力，即先天的气源。

内气产生的低压区和高压区，两者只是相对而言的。它们的相同处是都位于人体的腹部，两者是互通、互联，息息相关，两者之间无明显的界线，只有相对位置的区别。内气低压区在内气高压区的外围，内气高压区在中心部位。由于每个人在人体结构上的差异，男性和女性在生理特征上的区别：男性的骨盆小，上腹部长，内气低压区和高压区较易分别；而女性骨盆大，下腹部长，内气低压区和高压区就难分别一些。因此，人与人、女人与女人、男人与男人、老人与老人，在人体细微上是存在区别的。各人在了解和掌握内气产生的部位时，须细心区分，静心领悟，注重套路动作中呼吸、虚实、折返、开合的劲别方向，领悟内气产生的人体胸腹部，尤其是下腹部位中气感的细微变化。

二、丹田内气修炼方法

张三丰的《太极拳经歌诀》中有这么两句话："拿住丹田练内功，哼哈二气妙无穷。"这道出了修炼丹田内气的方法。

丹田是"积精累气"之所，丹田，向来为养生者所重视。道家养生学家认为，丹田是练功的"根"，为"安炉立鼎"、炼金丹的地方。《黄庭经》的"黄庭"二字即指此处，认为此处是"积精累气"之所。《胎息经》所言胎息和丹田呼吸也指此部位。现代人体力学认为此是人体重心所在，气藏丹田，既可稳固重心，又可培养真气，调节内分泌，也是人体主宰力量源泉。太极门人称丹田为太极拳运动的轴心——太极点或太极核，内气由此通过带脉向外散射全身经脉，先到达腰的四周，再向上扩至心间，通达大脑中枢与上、中两丹田，向下到达会阴，并通至两腿与脚根，至涌泉穴。

修炼丹田内气的方法很多，在太极养生中通用的方法有两种：站桩和行拳。下面简要介绍此两种方法：

（一）站桩法

1. 站桩姿势　双脚横开，与肩同宽，屈膝松胯，立身中正，虚领顶劲；口眼微闭，舌尖轻抵上腭，头顶正中与会阴在一条直线上。双手缓缓上提到胸前，双手外拉而抱圆，高不过肩，低不过脐；双掌劳宫穴遥遥相对，手指松沉，宛如怀抱一个大气球。

2. 站桩要领　身松脑静，心无杂念，意守丹田；呼吸自然、均匀，细长柔和。

3. 站桩步骤

（1）意守丹田 3～5 分钟。

（2）伴随呼气意念下沉。将丹田之气向下沉入会阴；用逆腹式呼吸法吸气，将会阴之气经长强（闭后阴）沿督脉上经命门、中枢、大椎、后枕至头顶百会穴；呼气，引百会气向前经印堂、人中、天突、膻中、中脘，向下降至丹田。

呼气时尽量拉长时间，一部分经肺部通过两个鼻孔呼出，此为浊气；另一部分向腹部呼出，松腰松胯，身体微微下沉，肋骨收缩，腹部凸出。

（3）当胸部气进入腹部内气产生的部位时，先到达的是上腹部中的胃部。这时，收缩上腹胃部、两侧肋骨、脊柱肌肉，将内气向丹田区输送。内气经过此阶段的压缩已提高了内气压，属于丹田内气低压区。

（4）内气由低压区向下腹部丹田运行，压力随之升高，这时，用腹肌、脊肌的收缩将内气控制在丹田中，造成小腹部涨鼓，腹部外形凸出。

如此反复练习，每次半小时至 1 小时。收功时两手重叠，右手搭在左手背上，左手劳宫穴按压肚脐上，按顺时针方向从内向外绕 18 圈，然后又按逆时针方向从外向内绕 18 圈，再行双手搓热后擦脸数下，最后缓行数步，放松全身肌肉，练功完毕。

（二）拳架法

太极行拳走架的过程也是丹田内气修炼的过程，只是因为动作各异，所以内气产生的路线和运行的方法和站桩不同。下面简述拳架法之要领。

1. 除了站桩之要领外，还须做到：身体重心清楚、虚实分明；下盘稳固、上盘松灵；动作缓慢、均匀，刚柔分明。

2. 拿住丹田练内功，意念要始终集中在气海以下的丹田部位。

3. 利用上腹部和肋部的肌肉进行收缩，将胃部中脘穴一线的内气较快地压到丹田部位，使丹田内气聚集，内气压力升高。根据动作的需要一次性压缩或多次性压缩，使丹田内气产生饱满感，犹如给自行车轮胎打气，产生的内气还需经丹田运转输送到身体各部。

4. 利用会阴穴和阴部的收缩，将足三阴经的气血沿骨胯上升至小腹部，也同样聚集在丹田部。在动作中，随着人体重心的移动，足三阴经中的双腿展布也随形体而布局。要调动足三阴经的运行，除会阴及阴部的收缩外，应增加小腹部的内吸，使丹田部位有空隙让三阴经气血流注至丹田部位。

小贴士

▉ 行拳中呼吸运用的主要事项 ▉

（1）逆腹式呼吸的运用。随着反复的丹田呼吸、内气的炼化使气血更加饱满，并将内气通过逆腹式呼吸输送到全身各个部位和器官。丹田内气的内压大小也决定了动作中手、腿、身的活动范围和伸展长度。内压大，可适当扩大范围和松柔度；反之要控制范围和松柔度。

（2）顺逆缠丝的配合。一般遵循"逆开顺合""开呼合吸"的规律，将行拳中的顺逆缠丝动作和内气运用路线相配合。初练时，可以采用"梢节领劲"的方式，刺激穴位，调动经络，用外在动作带动内部运行，以到达良好的修炼效果。

（3）丹田内转的显现。丹田内转是太极拳的精华，通过它实现炼精化气、还精给神、积蓄精气。在行拳过程中，丹田内转有 3 种明显感觉：一是当丹田充满内气后，利用腹肌和骨骼的伸缩启动，它能做螺旋式运动。转动的范围、方向、大小、前后、上下均可随着动作的要求配合运动。二是丹田内转的方式很多，如左右、前后、上下、横向、竖向等方式。结合由内及外、由外及内、内外结合的螺旋缠丝运动，它可以直接表现在腰、手、腿上。三是丹田内转结合动作中的开合、虚实、折叠、旋转、转换、发劲，快速转换左右胯和迅速输送内气，将太极拳的内功显露一角。

三、修炼丹田内气的注意事项

1. 内气是逐渐形成的，需要持之以恒，反复练习，不能急于求成。内气的产生和形成的大小和每个人的体质及悟性有相对应的关系，所以进展也不同。

2. 古人讲究练功时间最好选在阴阳交替的子时（夜间 23 时至次日凌晨 1 时）和阳气萌生的寅时（凌晨 3 至凌晨 5 时）。但是，由于各种原因，绝大多数人无法在这个时间修炼，故不必拘泥，什么时候有时间则什么时间修炼均可。

3. 练功地点最好选在空气清新、环境幽静的场所。练功时不可过饥过饱，须放松腰带，不要为追求气感而加深呼吸；必须每天坚持练功，切忌一曝十寒；练功百日内，禁忌性生活。

4. 大部分人在练功后 10 天左右，吸气时腹部会有轻微发热感，同时出现咕噜咕噜肠鸣音；1 个月后腹部发热面积加大；2 个月后小腹内发热有似温水流动，全身温暖舒适，口中唾液增多；3 个月后气力大增，小腹热感更甚（与病态燥热不同），有时还会出现腹部轻微跳动感，部分练功者腹部还会出现气团感，这是练丹田内功初有成效的重要标志，有的可以引气团沿任督脉行走，即通小周天。

5. 内气产生的量可随着意念和操作发生变化，并进行调节。就是说，当意念需要加大内气时，相应的人体部位就会工作。例如，要想增强内气量，先将胸部的内气往下压，胸部收缩，腹部凸起。此外，收缩两侧肋肌，将由上而下产生的内气分散在两肋中的内气，向前向下收缩，将内气更加集中在前腹部丹田周围的腹腔中，同时收缩两肋及大腿根部的肌肉，收缩会阴穴，将由上而下的内气和盆骨中的内气统一聚集在丹田周围，用腹部肌肉和腰胯肌肉进一步收缩，将丹田周围的内气压迫至丹田（即缩小内气的聚集范围），使内气进一步聚集，丹田内气压增大，内气量就变大。

6. 当内气运行和拳架动作不协调或发生矛盾，产生憋气胸闷感时，不要强行为之，而是要顺应呼吸规律，运行一个自然小呼吸，调节内气。

拓展阅读

道家呼吸吐纳功法

道教修性炼命之术，特别重视呼吸吐纳，且形成了一套科学完整的功法，目的就是练就丹田内气。下面简要述之。

1. 功理篇

道教修炼，重视气对人体的作用。认为"气聚则生，气散则亡"，天地万物无不需气以生。葛洪《抱朴子》说："服药虽为长生之本，若能兼行气者，其益甚速，若不能得药，但行气而尽其理者，亦得数百岁。"吐纳术就是一种行气之法，至简至易，常年坚持，则可终生受益。

道教认为，人在受生之初，胞胎之内，以脐带随生母呼吸受气，胎儿之气通生母之气，生母之气通太空之气，太空之气通太和之气。那时并无口鼻呼吸，任督二脉息息相通，无有隔阂，谓之胎息。及至十月胎圆，裂胞而出，剪断脐带，其窍闭矣。其呼吸即上断于口鼻，下断于尾闾，变成常人呼吸。常人呼吸随咽喉而下，至中脘而回，即庄子所云"众人之息以喉"是也。其气粗而浮，甚至呼长吸短。从此，太和之气不能下行于腹，而腹内所蓄之先天祖气，谓之先天元气，"动而愈出"，反失于太空。久而久之，先天元气丧失过多，肾部脉虚，根源不固，百病皆生。随着年龄增长，呼吸长短亦发生变化：初生婴儿，则吸长呼短；渐至青年，而呼吸平均；中老年人，则呼长吸短；及至临终，只呼不出，而生命亡矣。

盖人身禀天地之数有限，要知保气即保生也。故不求长生之术，亦应求延年之法。道教修炼就是要返本还原，回到婴儿先天状态。吐纳使呼吸归根，保住先天元气，气足则百病可治，固住性命之本，始可言其上层修炼。丹经谓"欲点长明灯，须用添油法"，是也。

2. 功法篇

须择空气清新之地，或山林、公园、田野皆可，室内可以打开窗户，时间选择在子、午、卯、酉四正时，且此时工作一般较少，也便于自我安排。

（1）身法

练功时最好不要穿过紧的衣服，腰带可以松一松，以利气血流通。姿式不限，行立坐卧均可。行，可缓步徐行，神态自若，安然行气；立，自然站立，脚同肩宽，双膝微曲，双手自然下垂放在体侧，或双手相叠，放在脐下；坐，最好盘坐，双手相叠放于脐下，或掐诀最好，亦可坐于凳上，手抚两膝；卧，可平躺，手心向上置于体侧，先转动头部，使脊椎正直，或双手相叠置于脐下，或者侧身卧最佳，一手置于头侧或枕肱，另一手放于脐下。以上4种姿式，求其自然安适，以易入静。

练功时双目微闭，含光内视，眼观鼻，鼻观心，心观丹田。观丹田者，观丹田之气是也。所以微闭者，太睁容易滋生杂念，全闭容易昏迷入睡，皆于养气不利。微闭时上眼皮自然下垂，以看到眼前之物，而又不能辨清为度。

两耳须屏却外界一切干扰，如入万籁俱寂之境，凝韵听息。庄子云："无听之以耳，而听之以心，无听之以心，而听之以气。"后人称为"庄子听息法"。要求两耳返听于内，听其呼吸出入。呼吸本求无声，所以听息者，是求其绝利一源，专一养气。

练功时要求舌抵上腭，即舌反卷以舌尖底面上抵。因人之上腭有两个窝，叫做天池穴，上通泥丸，最易漏神漏气。故练功时必须堵住，如婴儿哺乳之状。

（2）息法

首先开口，缓缓吐出体内浊气，再自鼻中吸气，用意咽入下丹田（约脐下2指许），以补呼出之气。呼必呼尽，吸必吸满，这样口呼鼻吸3次。

然后抿口合齿，舌顶上腭，收视返听，鼻吸鼻呼，一呼一吸，皆令出入丹田。务必做到以心领气，以气随心，吸气时随意念下注丹田，呼气时以意念领出窍外，谓之心息相依。

开始人的呼吸之气，并不能直达丹田。人之心脏原有一管，上系于肺，下通丹田，乃是虚空一管，无中生有，原来在胞胎时是相通的，出生之后变为肺呼吸，这根管就逐渐堵塞了。有人练气功为什么会发生胸闷胸痛呢？就是由于行气不当，把橐籥管冲坏。所以行气之时，不可强迫压气，也不可强制憋气，勿执着，勿勉强，只要不痛就往下一点，发闷就往上一点，时间长了，慢慢冲开。

吐纳还有一个重要口诀，叫做吸长呼短。吸气进入丹田，略存一存，然后才能收腹呼气。作用在于吸入空中太和之气，注润丹田积蓄下来，坤腹先天元气不得外流，才能达到吐纳的真正目的。

人身如一小天地，心为天，肾为地，随着行气，心性渐渐伏下，与肾气交合，《老子》曰："天地相合，以降甘露。"口内自然生出甘凉津液，此津液乃炼气所生，比起平日唾液，大有补益之效。待至满口，送至咽喉，引颈吞之，汩汩有声，亦可帮助人静。津液为人养生之宝，盖津可化气，润泽周身，谓之"炼津化气"，肺主气属金，金能生水，水为肾主精，亦为补精捷法也。随着修炼功夫的长进，津液愈加甘美，若非修真之士，谁能知之。吕祖喻为"长生酒"，"白饮长生酒，逍遥谁得知。"

行气既久，成为自然，即使不用意领，气息自回丹田之内，仿佛有力吸引，橐籥已通矣。这时只将微意守于丹田，仍是丹田呼吸，吐惟细细，纳惟绵绵，若存若亡，似有似无，方为真息。此时逐渐将有为之法，归于无为，先存后忘，知而不守。丹经云："真意往来不间断，知而不守是功夫。"积久纯熟，有心化为无心，有意化为无意，则可使心神得到极大休歇，达至无念无欲之境，心神清定可致无梦。《庄子》曰："古之真人，其寝不寐，其觉无忧。"其中效验不可思议。

最后神气合为一体，不知不觉打成一片，心入气中，气包心外，混沌交合，氤氲不散，津液愈生愈旺，香甜满口，丹田温暖，周身融融，呼吸开合，周身毛窍皆与之相应。静到极处，但觉气如根根银丝，透入毛孔，空洞畅快，妙不可言。鼻无出入之气，脐有嘘吸之能，好似婴儿在胞胎之中，谓之胎息。《老子》曰："专气致柔，能如婴儿乎。"真正存神达化之功即在此也，到此地步，仙道不远矣。

但是达到如此境界，随各人赋性有早有晚，要在慎终如始，勿懒勿怠。

3. 吐纳须知

（1）外出路途所阻，而生饥渴，可就地静心吐纳服气，则无饥渴之感，所谓"气满不思食"。种种功效，日久自知，不必详述。

（2）练吐纳最好结合太极拳之类的动功，道经曰"有动乎中，必有其静"，动静相兼，互相增益。

（3）此法贵在坚持，行立坐卧之间，随时可用丹田呼吸，不必拘泥时日。常人多在大病之后方去寻求养生功法，一旦病有好转却又置之不理，学者切忌此种弊端。

（4）平日注意保养元和，话宜少说，言多伤气。更应注重修德，德正则心安，心安则气顺，试看哪位气功高深之人无德行。

（5）荤胆香辣之物不利养气，应少食或不食。饮食宜清淡，以养真气，食可则止，不宜过饥过饱，过饥伤气，过饱伤神。

（6）不可当风吐纳，练到好处，全身发热，毛孔开张，更不可见风。若盘腿打坐久了，下肢酸麻，不可骤然下地。要先把两腿伸开，手抚两膝，养静片刻。待觉身轻，方可下地。

第十一章 桩功:太极养生之基

桩功是中国传统武术内练功力的基础,很多武术门派都有桩功修炼之法。习练者在站桩中,通过思维意识的运用,而进入相对的静止状态,从中实现人体的阴阳平衡、开通经络、调和气血、补养元气,达到培本固元的目的。通过桩功中的锻炼,体内的真气运动自如;通过心法的应用,进入静定的状态,达到天地人"三者合一"的境界。

 ## 第一节　久练不如一站
——桩功的分类

一般而言,桩功修炼包含站桩、行桩、化桩3种形式,由于层次不同,具体要求也有所区别,需根据修炼的自我层次而定。

一、站桩

站桩是在静止状态下实现中和阴阳、疏通经络、调和气血,培养人体内在潜能,蓄力于体内的过程。同时,站桩可以提高人体抗击打能力及发放能力,还可以锻炼神经末梢,增加反应灵敏度。

站桩修炼采取了意念假借、内视观想及精神放大等3种精神诱导方法。意念假借是在假想身体与外物相互作用时(例如意想两手抱球于胸前),体会身体所发生的相应变化。然后,在意念假借基础上,利用内视观想的方法来体察自身表皮、肌肉、筋、骨、髓的变化。精神放大,即是意想自己头顶蓝天,脚踏大地,身体充塞于天地之间。在实际站桩过程中,意念是十分丰富的,每个环节都互有区别,各尽其用。如,先天无极门的桩功,为充分发挥人体潜能,将劲力有效地调动起来,在上述意念诱导训练的同时,更注重丹田开合及周身气血鼓荡。因为丹田乃气机发起之源，只有充分启动丹田，才能实现身如气囊力贯周身。通过站桩，可达到内外三合（即神与意合、意与气合、气与力合；肩与胯合、肘与膝合、手与足合），并可促成六面平衡之力，周身相争相抗，不偏不倚。

二、行桩

行桩是在运动中通过单式习练，将站桩中生出的六面平衡混元力发挥出来，并在此基础上产生整体八面螺旋力，使肢体在运动中八面生力，任何方向上皆可打可化、运转自如。这一步主要是把站桩中所练出来的内涵与运动实战有效地连接到一起，练出整体功力。

三、化桩

化桩是在站桩、行桩的基础上，行走坐卧始终处于桩态，全身任何一点皆具八面螺旋力。这个阶段对架式的要求就不那么注重了，因为修炼者的一举一动都是在太极拳阴阳转换的哲理中进行的，大可无外，小可无内，无形无象，只有神意犹存，初步接近后天返先天的境界。

 第二节　调神　调息　调形
　　　　　　　　——太极桩功三要素

站桩和行拳一样，要求心静、意专、身柔。这就需要调神、调息、调形，简称"三调"。"三调"在一切修真功法实践中均十分重要，它是实现"天地人三合"的基本要素。人体内环境中的法于阴阳、和于术数，在此基础上进行高质量的"三调"。"三调"的目的是通过调整、调节后天的生理机制，使修炼者的人体内环境整体性地趋向、接近太极状态。

一、调神

调神，又称为调心，即调整修炼者的意识，使其自身的思想、情绪、意识逐渐停止活动，安静、清静下来。调心在"三调"中最为重要，只有让心进入"致虚极、守静笃"的虚静状态，才能调动体内的潜能，全身肌肉、神经、血管等各部器官的组织细胞才得到充分的放松，体内的生理、心理功能得到调节，从而获得最佳协调和统一。太极养生以调心养神锻炼为主要目的，其依据是"心主神明"的中医理论。"得神者昌，失神者亡"，只有通过"积神生气，积气生精"的锻炼方法，才能使人体精、气、神充盈、平衡，达到身心健康的目的。

调神的方法，关键在于收心、止念、定心。所谓收心就是把纷繁复杂的各种念头收回来，将思想意识集中于体内的某一个部位，如丹田或天门、命门、涌泉；所谓止念，就是指在练功中不断地排除杂念，做到心不外想，目不外视，耳不外听，三心归一，归到功法所要求的特殊窍穴部位处；所谓定心，就是要使自己的意识协调一致，平衡体内的阴阳之气，并把练功的内视点确定在人体的某个位置，如丹田，或天门、泥丸、涌泉，或玉枕、命门、尾闾等。

二、调息

调息就是调整呼吸。一方面，通过调整呼吸，在意念的支配下主动吸收新鲜的氧和自然界中各种有益于身体的精微物质（如空气中的负离子），同时排除体内的浊气、废气；另一方面是调动人体之内气，培补人体先天之元气，并通过意识使之逐步聚集、储存于身体的某一部位，或使其循经络路线运行，以疏通经络、调和气血，达到体内真气充实而平衡，实现扶正祛邪健身之目的。同时，调息还有助于人的大脑入静，达到恬淡虚无的境界。调息的要求是细、匀、慢、深、长，并与调形、调心融为一体，又须协调自然。

此外，调息必须明白人体之脉络，脉络为人体内真气运行的轨道，人体脉络主要有十二正经、奇经八脉，最主要的是督脉和任脉。督脉在身后为阳，统帅全身阳经；任脉在身前为阴，统帅全身阴经。按呼吸循环来看是由百会、玄关、冲脉、任脉、带脉、会阴穴往上返尾闾关、肾关、夹脊关、督脉、玉枕关、百会穴。

武当山十六字紫金锭

武当山十六字紫金锭是武当太乙门静功的前置练功程序，其目的有二：一是诱导入静和运行小周天；二是练习呼吸和存气，为下一步胎息功打基础。武当道士把其视为珍宝，字字如紫金一般珍贵，故被称为"紫金锭"。

1. 一吸便提

摆好身形，进入练功状态后，先呼吸 2 次以作准备，接着以鼻吸气，引入下丹田，当下丹田气刚一满腹，即刻提会阴。会阴穴位于前后阴之间，也可理解为收缩肛门括约肌，如忍大小便之状态，这时会阴自然上提。

2. 一提便息

会阴上提之后，立刻停止呼吸，即憋息 30 至 100 息，一呼一吸为一息，能数至 200 息者，胎息即出。

3. 一息便呼

当憋息无法坚持时，逆向吐出所憋之气，即所呼之气由丹田下至尾闾，也可以直接经命门沿督脉上行至头顶部。

4. 一呼便咽

紧接上式，微抬头，接引由上下行之气，吞咽入下丹田。抬头接引时，口不要开，遇有胃气、丹田之气向上冲出时，闭口下咽。一口咽不下，分为两三口下咽，直至咽入下丹田；遇有口水，即为津液，应当随着下咽之气一同咽下去。无论上冲之气，还是口中津液，一概不能吐出。接着再重复一吸便提，进入第二个周天练习。

整个呼吸过程要求深、长、细、匀、缓慢均衡。所谓呼吸须克服"风相"，即指呼吸不要粗进粗出，所引之气为阴冷之气，不仅不利于脏腑吸收，还会导

致风寒疾病发生；所谓克服"火相"，即指呼吸不要短进短出，所引之气为燥热之气，不仅不能生津，反而会口干舌燥，心烦意乱。

三、调形

调形，是指调整身体的形态、姿势，使其达到功法要求的一系列方法。也就是说，调形即在练功时要把姿势摆好，使身体各个部分都符合生理因素所要求的自然状态，或者根据练功目的的要求所做的肢体特殊动作；其目的是使修炼者的身体上下、内外都处于舒松的自然状态，为调心、调息打下基础。

中医学认为："形不正则气不顺，气不顺则意不宁，意不宁则气散乱""气是构成人体生命活动的基本物质""气盈则生，气绝则死""人之有生全赖于气"……只有全身舒松自然，才有利于体内的气血循环、畅通，才有利于人体内阴阳二气的调节平衡。

调形的原则是根据自己选定的功法要求去练习，在姿势正确的前提下，自己觉得怎么做最舒服、最自然、最自在就怎么做。调形包括头颈、内脏、腰和四肢及十指的调整。

太极桩功形体的总要求和太极拳架要求基本一致：轻合双唇，舌轻抵上腭，齿勿咬合，垂帘微留一线之光；沉肩垂肘，双肩宜松弛，微张双腋，以利气机运行通过腋下，双肘下垂如坠，这样上肢易充分放松；颈部肌肉松弛，下颌微收，以利鼻尖对脐；含胸拔背，胸部微微内含，腰背须松而直。

"三调"之间既有区别，又密切联系。其中，调形是基础，形调则息可调，息调则心可调，心调则息静形正，调心、调息离不开调形。调息也很重要，不调息就不能更好地吸收氧气和人体所需其他物质和能量，调形和调心都难于进行。但是，形体的适度、呼吸的调整均受意识支配，意识对调形和调息起着指导作用，所以，调心在"三调"中起着主导作用。

第三节　提挈天地　把握阴阳　呼吸精气
独立守神　肌肉若一
——几种太极养生桩功简介

《黄帝内经》云："提挈天地，把握阴阳，呼吸精气，独立守神，肌肉若一。"这就是练桩功的总要求。站桩是静中求动，内练精气神，所以桩功的关键在内功心法，一味地站立很难培养内劲，所以很多桩功都有自己独到的且不向外传的内功心法。太极养生桩功很多，练法各异，静桩有无极桩、混元桩、开合桩，动桩有阴阳桩、五行桩、三才桩等等，下面简要介绍这3种太极养生静桩功。

一、无形无象无极桩

无极桩也称自然桩，是太极拳内功重要的桩法之一，被历代拳家认为是太极拳的根基。《太极拳论》中说："太极者，无极而生。"练习此桩时身体处于高度放松状态，意形合一，阴阳相调，无形无象，是一种平衡和谐的内在运动。排除杂念，意念专一，使内气充盈，任内气自然周流全身，并达到身体内外的统一。培养元气，稳固身体重心，端正身体姿势，"立身须中正安舒，支撑八面""尾闾正中神贯顶，满身清利顶头悬"。

无极桩的基本要求：双脚平行分开站立，足尖向前，与双肩距离等宽（脚掌外缘与肩外缘垂直线平齐）；双膝关节自然松屈，微坠臀部；腰背松而直，胸稍内含，松颈微收下颌；松肩坠肘，双臂自然下垂，双手置于体侧或叠按于肚脐，掌心向内；双目垂帘，舌轻抵上腭，唇微闭，神光内视脐窝，摒弃一切杂念，内无所思，外无所视，空空洞洞，如入"无极"状态。

无极桩的重要身法："三点一线"（从头顶百会穴至会阴穴，再到连接双脚掌涌泉穴直线的中点形成一条直

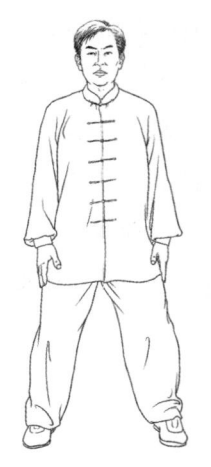

无极桩姿图

线），被称为无极桩的精粹。

无极桩调息心法也在于"静"字，即心神宁静，神守于脐，使神入气中，气包神外，呼吸绵绵，以食太和阴阳之气。

无极桩是一个入门功法，也是一个较好的养生功法。无极桩的功用，是为太极拳筑基，为修行养生之法。它使人们清除一切杂念，而进入自由自在的混沌状态，让身心与整个宇宙融为一体，进入人空、法空、虚空境界。

从无极状态过渡到太极状态的功法就是混元桩。

拓展阅读

静桩心法运用

所谓心法，是相对于外在姿势而言，就是指如何运用意识。运用心法要点：若有若无，自然而然，不能使劲去想。

1. 水浴法

意念观想自己站在齐胸深的温泉水里，温暖的泉水浸泡全身肌体，体会水里的温暖、漂浮、轻松、舒适感。

2. 宝树法

观想自己站在风景如画的世外桃源中，自己的身体就是一棵大树，树枝是自己的骨骼，体会肌肉如同棉花一样挂在骨骼上的感觉，微风轻拂，心旷神怡。大成拳宗师王芗斋有口诀云：浑身肌肉挂云霄，毛发根根暖风摇。

3. 气化法

观想自己全身被一团柔和的大气团包住，浑身毛孔舒张，渐渐与大气融为一体，体会融化在大气里的轻松、舒适感。开始可以把这个大气团设想为直径 2 ~ 3 米，以后逐渐放大，大到充塞整个宇宙，自己与大气合一，就是与宇宙合一。

说明：上述心法在一段时间内任选一种练习即可，不可在一次练功过程中不断变换，关键在于找到舒适轻松的感觉，当找到感觉后就"忘掉"心法，沉浸在舒适的感觉中。这些初级心法的目的是运用意识诱导进一步放松身心，使气血旺盛、经络通畅、窍穴开放，人体与宇宙进行更好的能量交换。

二、大道至简混元桩

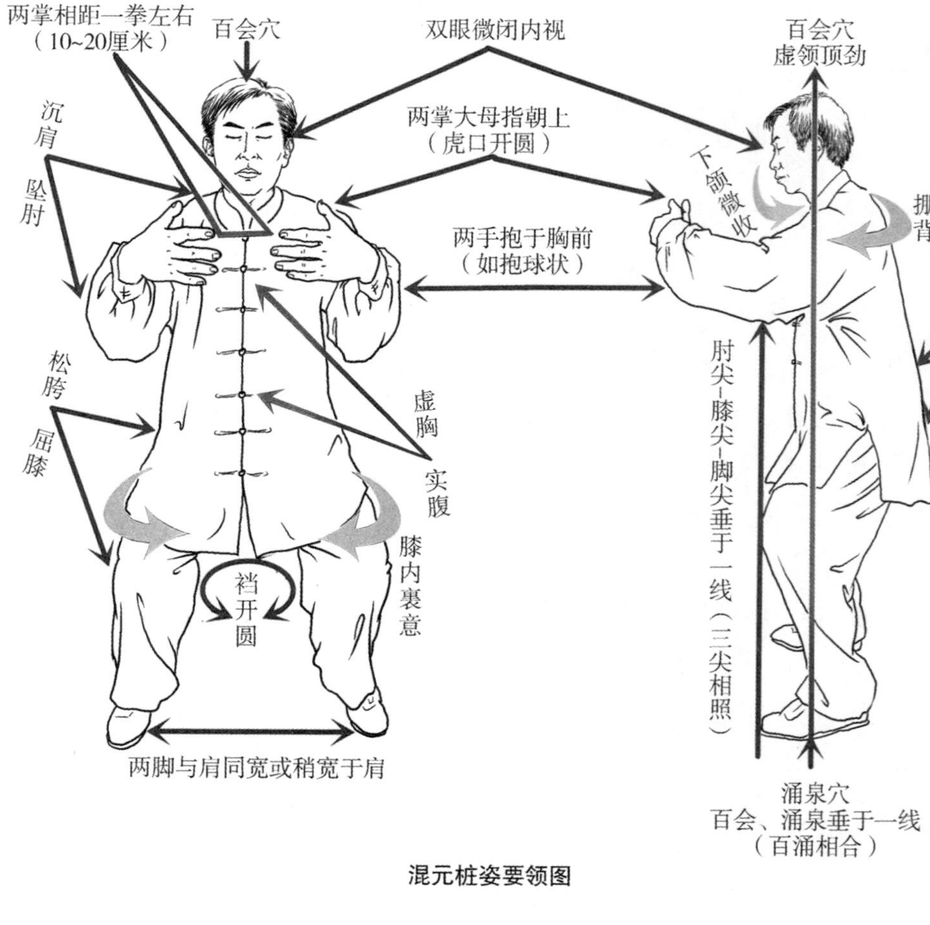

两掌相距一拳左右（10~20厘米）

百会穴

双眼微闭内视

沉肩坠肘

两掌大母指朝上（虎口开圆）

百会穴虚领顶劲

两手抱于胸前（如抱球状）

下颌微收

捆背

松胯屈膝

塌腰泛臀

虚胸实腹

膝内裹意

裆开圆

肘尖~膝尖~脚尖垂于一线（三尖相照）

两脚与肩同宽或稍宽于肩

涌泉穴
百会、涌泉垂于一线（百涌相合）

混元桩姿要领图

太极养生的道与术

无极之后便是太极。太极虽为阴阳之母，但是尚未分出，仍处于混元一气的状态，所以称之为混元桩。

站混元桩需遵守四容五要的原则。四容，即头直、目正、神庄、气（声）静；五要，即恭、慎、意、切、和。恭者神不散，慎如深渊临，假借无穷意，精满混元身，虚无求实切，忽失中和均。

（一）起式

身体正立，两脚分开与肩同宽且平行，不允许有内外八字形；全脚踏地，两肩与脚掌心一线，以便脚掌的涌泉穴与肩部的肩井穴上下对应，使涌泉穴的"泉眼"与肩井穴的"井眼"上下流通交感，使人体气血上下畅通。双手自然下垂，双眼目视前方。

起式的目的，一是凝神，做好练功的思想准备；二是体会气血运行，从而进入站桩状态。

（二）站桩

腰胯微微向下松沉，带动双膝微曲，臀部微微下沉，宛如坐在一高凳子上。同时提顶吊裆，颈项松正，尾闾下坠，臀部内敛。

双手缓缓上提到胸前，双手外拉而抱圆，高不过肩，低不过脐；双掌劳宫穴遥遥相对，手指松沉，宛如怀抱一个大气球。

站桩姿势要点如下：

脊柱正直，这是气机发动的关键，必须做到。头正，颏微内收。这是躯干的要点。

两手指尖相距一拳之远，指尖相对，掌心向内，十指自然分开，手掌与胸距约 30 厘米。双手放在肚脐以上肩部以下的部位，具体可视个人的情况而定。手略高于肘，肩部要松，这是内力导于梢节的通道。外包内撑，站到一定程度，自可体会深切。还应做到肘横腕挺。这是上肢的要点。

（三）收式

两手合抱于丹田，男左手在下，女右手在下，静默 2 分钟，默默地想全身气机如百川归海一样流入丹田，丹田如同无底深渊，收藏无尽气机。然后提肛收腹，两手往下一按，气机收入丹田，即完成了收功。

（四）混元桩功法原理及作用

1. 拉伸脊椎，练就龙骨

从生理解剖图来看，人的脊椎呈"S"形弯曲，这是人类长期直立行走而形成的生理弯曲，若想回归祖先的力量、灵敏和速度，就要将之拉伸。站混元桩时，两髋内收，臀部下坐，下颌微收，同时头顶似一线悬空，就可将脊柱拉伸。此时摸一下腰部脊椎，就会发现生理弯曲不见了。再摸一下颈椎，会有一根大筋挑起，此时的脊椎已成一条直线，我们称之为"龙骨"。

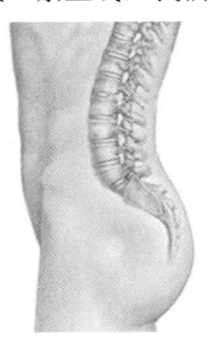

练就"龙骨"，可以增强脊椎的柔韧性，使得上身与下身不会因腰椎的生理缺陷而产生断层，从而使全身之力连为一体，局部发力即可引发全身之力，武学中称之为"浑身无处不弹簧"。用劲时连绵不绝，武学中称之为"混元力"。

2. 浑然一体，练就"六面混元力"

站混元桩，并非是一站到底地站死桩，而应练就一身"六面混元力"。当两臂呈椭圆抱球状时，肘部要有外扩之意，使得双臂之间如同有一气球向外撑的充实感，称之为左右横撑力；背有后靠之意，手臂有前伸之意，形成前后抵力，称之为前后抵靠力，额微收，头略顶，两髋回收，臀部下坐，形成上下拉伸之势拉直脊椎，称之为上下拉伸力。身体处于这六面之力的作用下，血气运行的速度即会加快，自感浑身上下充实一体，收功后应神清气爽，愉悦之情油然而生。

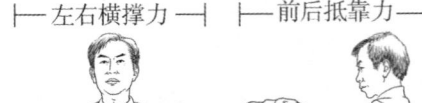

须注意的是，六面混元之力并非肌肉收缩之力使然，它是全身筋骨拉伸与血气运行结合自然产生之力，练习时全身应保持放松，不可有肌肉紧张感，用意不用力是诀窍。

3. 培元气，通经络，练就意气合一

元气充沛，则后天之气得以资助，从而脏腑协调，身心健康。在练习混元桩时，肾中之精即先天之精受到后天之精的荣养，元精益固，元气自充，从而起到培补元气的作用。这个过程又称为"炼精化气"。

经络是人体内经脉和络脉的统称，它遍布人体全身，是人体气血运行的通道。混元桩的练习可以调和人体经络的气血，起到通经活络的作用。当功夫练到一定程度之后，可以通过"心息相依，以意领气"的锻炼，随心所欲地"意到气到"某个部位或脏腑，从而练就"意气合一"。

4. 拉筋伸骨，增加全身活动范围

在技击中，若要动作到位、劲道顺畅，须有良好的身体柔韧性做基础，这样在运动时才不会感到肌肉和韧带的阻碍。混元桩独特的姿势，使全身的肌筋都因骨骼的伸展而被拉伸，无形中锻炼了全身的柔韧性，增加了肌肉、韧带和关节的活动范围。

5. 上虚下实，稳固下盘

混元桩要求练习者上虚下实，即上元（肚脐以上）轻虚，下元充实。练功时姿势的重心要放在脐下，此时身体才能稳如泰山、舒适自然。气息要求气沉丹田，从而使下元真气得到充实。待日久功深，下盘会随元气充足而逐渐稳固，最终产生落地生根的功效。

（五）练混元桩的 3 个阶段

混元桩的练习分为初级阶段、中级阶级和高级阶段。初级阶段时要意守丹田，呼吸自然，心静体松。站桩练习从每次 20 分钟，渐渐增长，加至每次练习 40 分钟至 1 小时，每天早晚两次。

3 个月至半年后，会感到丹田之气充足，上下内气流通。意到下肢，渐觉小腿与脚掌、脚趾有气沉肿胀之感，十趾抓地有入地三尺之意；意到双手，便觉十指发痒，发麻，双掌发热、发胀，有变大变厚之感。

若是感到四肢百骸基本放松，周身初步产生整体气力，即可转练中级阶段。其方法为以意引气从头顶降下丹田，意守丹田一会儿，运丹田气到脚心涌泉穴，然后用意领气至足跟升起，沿膀胱经走督脉到大椎，气分三路；一路过百会定祖窍，另两路自大椎到左右两肩、两肘、两腕，直贯两掌劳宫穴。稍停一会儿，再将气收回膻中，沉入丹田，如此反复运气。每天早晚两次，每次练习30分钟左右。

混元桩的高级阶段则达上乘境界，此时天人相应、人天合一，能与大自然相交感和沟通，能以自己的意念调动宇宙中的一切能量为己所用。此即老子"无为而无所不为"之意。

经验分享

混元桩功体会谈

混元桩功除基本要求外，还有一些小讲究：手要求掌心内凹，10个手指张开以后，里面的关节往里面夹，外面的关节往外面顶，虎口是圆撑的，腕关节不能僵死，双肩撑开。10个手指之间要如同夹一根香烟，不能让它掉下来。双手如同抱着一个

氢气球，用力轻了这个气球就飞出去了，用力紧了这个气球就爆了。用心体会这种松而不懈、紧而不僵的感觉。头部、下颚稍微往回收一下，和脖子之间好像夹住一个乒乓球；同时，感觉头上面有根绳子吊着。腿稍微往前弯曲一点，身体重心的2/3须落在后脚掌上，有一种后坐的感觉。

姿势固定好之后，可前后晃一下，如同在游泳池里，体会水和人激荡的感觉，幅度不要太大。眼睛似闭非闭。短短的3～5分钟之后，手就会发热发胀，里面有蚂蚁爬的那种感觉，这就是"蚁行感"，说明体内气血的流动加快了。身体在轻微摇摆晃动的时候，如果不能很好地控制，可将意念集中在尾椎骨上，慢慢地用这个尾椎骨画一个小圆圈，带动身体轻微晃动，此时，十指的蚁行感随着身体的

晃动而尤为明显。

　　虽然初站桩的时候要求比较多，但只要你站好了，要求就变得很宽松了。如果累了，可以举高一点或者举低一点，都没关系，只要高不过眉、低不过脐就行。

三、培本固元开合桩

　　开合桩是在混元桩的基础上，增加了开合式，此桩对培本固元十分有效。开合桩分为基础练习和深化练习。

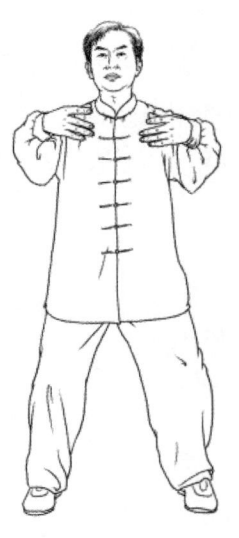

开合桩姿图

　　（一）基础练习

　　1. 起式和混元桩相同。

　　2. 静站1～2分钟，观想两手间抱一个无形的、有质感弹性的光球（一般可观为金黄色似太阳状），体会两手的感觉。

　　3. 随着自然吸气，两手向两边轻柔缓慢地拉开（始终保持掌心相对），观想把光球拉长，两手距离为60～70厘米（原则是动作自然舒展，不别扭）。然后自然呼气，两手再向中间轻柔缓慢地合拢到距离10厘米为止（原则是不要挨到一起），观想把光球压缩。如此为一次，反复练习，时间 5 分钟。

4、结束时恢复桩姿，然后转腕使掌心对腹部，观想光球缩小到鸡蛋大小，从肚脐进入到腹部中心丹田处，随着这个观想，两手抱盖在肚脐部，静养 1～3 分钟。

基础练习是用抱球的意念与开合拉气动作，打开手心的劳宫穴，让习练者尽快"得气"（体验到气感）。

（二）深化训练

1. 外形动作不必再拘泥于尺寸要求，可以按照自己的感觉做，寻找最舒适的动作幅度。

2. 意念不再观想手中的球体，按以下要求做：吸气拉开时，意想全身毛孔都打开，四周宇宙之灵气从全身毛孔吸入体内；呼气合拢时，意想体内的浊气、病气从全身毛孔射出体外。

3. 当以上操作熟练后，进一步设想自身整个就是一个大气团，随着手的开合而一涨一缩，大的时候可以放到无限大，缩小时恢复原状。

开合桩的深化练习是逐步打开全身毛孔窍穴，使人体能与外界宇宙交换能量信息（真气），达到天人合一。

辅助功法

收功后的按摩法

（1）干浴面。双手五指并拢，以先下后上的顺序，擦面部，如同洗脸；摩擦 36 次，擦到脸部微热。（美容，改善面部皮肤气色）

（2）鸣天鼓。双手手心捂住两耳，不漏气；十指按在后脑上，用示指压住中指，中指敲击后脑听到咚咚的声音，行 36 次。（增强听力）

（3）运神目。双手手心按住双眼，由内向外、再由外向内揉双眼，各 18 次。

（4）叩罗千。即叩齿，先腮齿，后门齿，共 36 次。（固齿）

（5）扶中岳。拇指按住示指方式握拳，以拇指外沿擦鼻子迎香穴，从上到下 36 次。（通鼻窍）

（6）济天一。即揉腰，双手按住两腰眼，擦到发热为止，36 次。

（补肾）

（7）揉丹田。揉肚脐部位，先左手压右手顺时针方向揉18次，后右手压左手逆时针方向揉18次，女性手势相反。（健肠胃）

（8）抖全身。自然站立，以膝盖带动身体上下轻轻抖动，共36次。（疏通全身气血）

拍打健身法

拍打健身法一般在站桩结束后练习，或者平时工作学习之余抽10分钟练习。能疏通经脉、活血行气。

手型——空心掌，即掌心稍微凹入，五指自然松直。

力度——要分清部位，一般轻拍，四肢和肌肉丰满处稍用力。

（1）拍打头部。用左手拍打头部左侧，用右手拍打头部右侧，从头前拍打至后脑、颈部大椎。拍3遍。可防治头晕、头痛、脑供血不足等。

（2）拍打上肢。用右手掌由左肩部开始，从上而下拍打左上肢的前后两个面，然后用左手掌采用同样方法拍打右上肢。循环拍打3遍。可预防或缓解上肢肌肉发育不良、肢端发绀、上肢麻木、半身瘫痪。

（3）拍打下肢。用手掌拍打大腿和小腿，由脐部开始往下——大腿前侧——小腿前侧——足背——足跟——小腿后侧——大腿后侧——后腰、肾部——沿着腰带位置回到脐部。循环拍打3遍。可防治腿部发育不良、偏瘫、下肢麻木、下肢无力。

（4）拍打两肋。左手举起，右手拍打左肋，从腋下拍到腰部，再到脐部结束。右侧同样。各3遍。拍打肋部有助于肝胆、脾胃的健康。

（5）拍打胸腹。左手对左胸，右手对右胸，由上到下拍打到腹部腰带高度，再拍打脐部及小腹脐下。反复3次。通过胸部的拍打，有助于减轻呼吸道及心血管疾病的症状，同时可防止中老年人肌肉萎缩，增加肺活量，增强免疫力。腰腹部拍打可用来防治腰痛、腰酸、腹胀、便秘和消化不良等疾病。

收式：手捂脐部片刻。

第十二章 拳架：太极养生之体

 ## 第一节 舍去双手满身都是手
—— 太极手的修炼

太极拳虽曰"拳"，但是无论是陈式拳还是杨式拳，"手"，或者说"掌"的动作，远多于"拳"，所以，太极拳前辈自然要研究手的修炼和运用。诸如"展指舒腕""能从人，手上便有分寸""运之于掌，通之于指""虚离，故曰上手""得其寰中，上手也""布于两臂，施于手指"，等等。

手包括腕、掌、指 3 个部分，它们是一个有机整体。太极拳各门派对手型的要求各不相同。

 ## 小贴士

■各派太极拳对手型的要求■

杨式太极拳： 五指自然伸直、微分，手指向掌心侧微屈不伸直，指肚微向手背撑张，虎口撑圆，掌心内凹，形如荷叶状。

陈式太极拳： 拇指指根向小指指根相合，拇指尖后仰，并与示指分开，其余四指微微分开自然伸直，指尖向后弯曲，五指相错成螺旋形。

吴式太极拳： 拇指与示指分开，其余四指微分开指尖向前，拇指与示指分开虎口撑圆，其余四指微分开的距离较杨式小，指尖向前，四指与拇指似两个部分。

武式太极拳： 五指自然平均分开，手指向掌心侧微屈不完全伸直，大指与小指相对领气，掌心内凹，有的练法要求拇指内扣。其伸展程度较杨式大，通常要求手指尖朝上。

孙式太极拳： 五指自然分开，掌心内凹程度比武式小。

陈、杨、吴、孙、武诸式太极拳，手型要求虽各有不同，但"掌指舒展"却是相同。而要做出杨式的"指肚微向手背撑张"、陈式的"指尖向后弯曲"、吴式的"拇指与示指分开"、武式的"大指与小指相对领气"、孙式的"突出掌心"，掌指均须适度用力。

从中医经络理论来说，人的十指既是手三阴经脉的终端，又是手三阳经脉的起点。而手三阴经和手三阳经又与足三阴经和足三阳经之间存在着"同经相通"的关系，十二正经又是主干的主干。手指舒展劲不失，必然带动相应经脉的阴阳转换，十分有效地促进气血运行，劲力"运之于掌，通之于指"，对身体健康大有裨益。

太极拳分为养生功夫和竞技功夫两种，相应地拳架练法也不相同。一般养生拳架对手的要求是：腕要坐，掌要含，指要舒。坐腕的关键是神门穴（腕横纹小指端）有下沉之意，腕自然呈向下坐之势。含掌是指掌心内含，好似持一气球，若一张手，则气球掉下。舒指是指五指自然舒开，4 个指头之间留有一定空隙。大指与小指用意念在掌外会合。同时要做好松肩、空腋、垂肘、悬肘、坐腕，则六经和畅，气机流通，上肢动作即有轻飘之势，气感可直达手指。

武禹襄《十三势行功心解》中说："其根在脚，发于腿，主宰于腰，形于手指。"《太极拳十六关要论》中道："活泼于腰，灵通于背，神贯于顶，流行于气，运之于掌，通之于指。"那么如何才能"形于手指"或者说"通之于指"呢？

很多"拳论"要求，修炼者要处于无极状态。所谓无极状态，就是尽可能全身放松，各个大小关节松开且节节贯穿，松肩，垂肘，舒松手腕，空松腰、胯、虚领双膝，绝对不要着力，松弛脚踝，双脚平松落地不要踩力，手松而且要净，最理想的手是"妙手空空"。

吴式太极拳前辈杨禹廷老先生为了使教与学更符合太极拳轻灵圆活的规律，创立了"八方线"理论。拳人盘拳练功的位置是"八方线"的中心位置，如同圆规的两只脚，一只脚不动作为轴心，另一只脚围绕轴心画一圆环，轴收点便是站立的位置，四面八方形成一个 360° 的圆。拳人在中心位置盘拳，以拳势作为"材料"，一招一式，是以招势的"材料""搭建"一个架子，人在中间"盘架子"的过程，是上下左右循弧线行拳修炼的过程，也是将拳走圆的过程。行拳时手尽量不着力，以净手示指轻轻扶着"八方线"行拳，似行云流水绵绵不断，实手示指有一种感觉，也就是意念，这个意念成为一个"点"，行拳轻轻扶着意念点，循拳套路路线运行，势断而轻扶不断。尽管套路虚实变化多端，但实手轻扶的意念点不变，变化的只有阴阳虚实，不变的是轻扶"八方线"。轻扶的关键一要轻、二要扶，扶住不断更不能丢。轻扶习惯了、熟了，自然意动神随，身上各部位就会松下来，经过日复一日、年复一年的盘架子，周身各大小关节出现螺旋劲，达到轻灵圆活。

应该说，这种练功方法是一种长期漫长的"化僵求柔""积柔成钢"的过程，如果用于养生，效果十分明显，但是要修炼太极功夫则需要付出长期艰苦的努力。因为，养生和练功是两条路线，完全是两码事。养生要求"不妄作劳"，运动过度则伤，而练功须努力挖掘人的最大潜能，挑战人的身体极限。

古代太极拳大师大多是身具很深的外家功夫，之后再修炼太极拳。如杨露禅生性好武，在拜陈长兴为师之前，习练洪拳十余年，且颇有功底。李雅轩年青时先练得一身少林功夫，名震地方，后投在杨澄甫名下，学内家功夫。冯志强曾幼习少林，苦练通臂，搬石亮底，劈砖开石，后拜陈发科为师习练陈式太极拳。有位杨式太极老拳师回忆当年习拳经历时说：那时候练拳练得很苦。传统杨式太极拳有一种练法叫定式。如揽雀尾分 6 个动作，按每个动作去练定式，定 6 个呼吸，然后再换势。揽雀尾要用 36 个呼吸，少则 2 分钟，多则 4 ～ 5 分钟才能定完。以此类推，全套拳 268 个动作定下来令人筋疲力尽，汗流浃背。他们这种练法和养生练法是截然不同的。

延伸阅读

张志俊 "梢节领劲 两头卷曲"

当代太极拳家张志俊先生在多年的练功实践过程中，创立了"梢节领劲，两头卷曲"的理论。

这个理论要求上肢以手领劲，所谓以手领劲就是在往来折叠、进退转换中做到"一动先走手，走手必乍肘。前乍加掤劲，后乍腋下空"。他由此重新定义了陈式太极拳的顺逆缠丝：上肢（起于梢节），小指领劲，其他手指递个跟上，掌心空、虎口圆、大指合，为顺缠；大指领劲，其他手指逐个跟上。掌心空、虎口圆、小指合、为逆缠。

这就颠覆了传统的"以腰为轴，以腰催肩，以肩催肘，以肘催手"的理论。

张志俊被誉为"人体平衡魔术师""搏击艺术大师"，他的理论被视为修炼太极功夫的理论。在推手搏击中，如果按"腰催肩，肩催肘，肘催手"的运动关系，将手放在从属于肩、肘的位置，这首先在时间上就慢了几拍；其次转换速度也慢，引化被动；再次无法即化即打，攻击不容易打上。

陈长兴曾经说："梢节领、中节随、根节催。"手是上肢的梢节，应以手领劲为先。武禹襄说"每一动，惟手先着力"，即先要以梢节的手运动、领劲，才可协调周身应对，只有手先领劲了，才可达到节节贯穿的要求。张志俊的"手领劲、肘定位、肩放松、腰分配"理论正是这种说法的深化。

"用意不用力"既是太极养生又是修炼太极功夫的重要原则。但是，不用力是不用拙力，这就需要在松柔的状态下，经过长期刻苦训练化去手上、身上的僵力、拙力，达到"上下相随、内外相合、周身一家"状态。这时"有手若无手"，行拳时，手随意动、意到手到；出手时，力发丹田、节节贯穿。

经验分享

太极手修炼 4 过程

太极手修炼的 4 个过程如下。

第一种手是重力手（或拙力手），也就是本力手。手上的拙力没有退掉，出手"顶、偏、丢、抗"，完全与太极拳拳理相悖。陈鑫论 36 种病手中很容易找到这样的手。

第二种手是轻力手。经过一段习拳明理后，手上退掉一些本力，手上功夫有所长进，但出手仍然有力。练习技击"推手"，常常用力架着对方的手和身体，与对方的手搅在一起，解脱不出来。

第三种手是轻手，或者称为净手。达到这种水平，是在修炼过程中，经过反复实践，反复探究，到了懂劲阶段。这时伸出的手，已经不是生活中的手，而是太极手。其检验标准是：两手轻轻地将净手合上，你会感到像合上一张薄纸，脚下晃悠；用轻力去握，像握住一团棉花，心里闹腾难受，脚下失重有离地欲起之感；用重力去握，根本使不出力，人早已站立不稳，有跌出之惧。

第四种是空手。《拳论》云"懂劲而阶及神明"，空手即神明手。它是太极拳修炼的最高境界。有空手水平的太极拳大师，遇上对手似老叟戏顽童，拿放发人，运用自如。传说被誉为"京城太极拳松柔艺术大师"的吴式太极拳杨禹廷老人"妙手空空"，扶上他的手，即被"粘住"，脚空身飘，胸部憋闷，六神无主，只想脱逃，但又跑不了，其太极手功夫已达到炉火纯青的地步。

总之，太极手不是单独存在的，它是多年修炼太极功夫在身体上的反映，是从脚到顶、从表及里、从内到外，心神意念、手眼身步的综合功夫。

 ## 第二节　　"其根在脚"
——太极脚的修炼

"其根在脚，发于腿，主宰于腰，形于手指。"此言语出自张三丰的《太极拳论》，它包含了两个方面的内容。

首先，"其根在脚"是讲练拳的根基在脚，脚连着地，所以，练拳要打好根基。俗话说："根基不牢，地动山摇""人老腿先老"。太极拳之所以能够使人养生延年，一个重要的原因是对腿脚的练习，腿脚健康有力，下盘稳固，就能减缓衰老，同时呼吸深长，增加肺活量和气血循环。

其次，太极养生注重内气内劲的修炼，"其根在脚"道出了气与劲的修炼过程及其走向。"脚"是足三阳经的终点和足三阴经的起点，内气大周天的运行线路是：从涌泉穴开始，沿着冲脉下肢端上行至会阴，再经中脉上达头顶，冲出头顶后，循三阴经、三阳经、奇经八脉，徐徐下降至足跟。从发劲的角度来说，劲力的根在脚上，即脚蹬地面，地面产生反作用力于脚，传导至腿、腰、再经过腰的主宰分配后体现在手上。

须注意：虽然说气与劲的根在脚，但是腰是主宰，即腰是整合、分配身体各部位各关节力的机关、枢纽。太极拳的劲力或内气，通过"腰"这个枢纽，向上分配六成，向下分配四成。向下分配的劲力或内气回到脚上后，利用地球引力蹬地反弹，产生力源；向上分配的劲力或内气达到手指，形成了力点。力源与力点节节贯穿，一气呵成，形成太极拳特有的弹抖劲、爆发劲。

太极脚的修炼和太极拳的总体要求一样要"松"，即脚的每个关节，乃至脚上的每条经络都要放松柔和，这样才能上通四肢百骸，内联心脏肺腑，下达重心底盘。如吴式太极拳大师杨禹庭所说："脚平松落地，不踩地，脚与大地融为一体，周身不要挂力。"吴图南大师也说："5个脚趾要一一松开。"

有的太极拳流派要求"五趾抓地"，就是5个脚趾弯曲、趾头着地之形状就像是抓地面上的东西。并认为，只有五趾抓地，脚下才能分出阴阳，也才能有阴阳之"变"。五趾抓地足心空，此为阴。脚后根是实的，此为阳。这时候，足心和脚后根像极了太极图中的两个"鱼眼"。只有五趾抓地，脚的力量才能"实"在脚后根，也才有后脑勺坐满脚后根的可能。这其实是修炼太极功夫的方法。

太极养生练法应双足平铺，达到"力合五趾与涌泉"，这样才能周身放松，气才能真正下通于足与地气相接，周身之气才能贯通。

修炼脚下功夫关键是一个"松"字。所谓太极脚，就是脚掌、脚背、脚心、脚跟、脚趾乃至脚经络等无处不放松柔和，故能上通四肢百骸，内联心意脏腑，下达重心底盘，稳定如根，又富于变化。简言之，太极脚就是上下、前后、内外完全放松了的柔和之脚。无论站立、动步、活步，还是转身，始终是放松了的柔和之脚。

修炼脚下功夫，对促进生命活动的健壮有特别重要的意义。其根在脚，即长青之路始于足下。

如何在行拳走架过程中使脚放松

太极拳架中脚的动作主要有双脚站立、单脚支撑、动步变换等3种情况。

双脚站立，包括开步站立、弓步、虚步、马步等在内，都要两脚放松踏地，脚背、脚底、脚跟的肌肉经络都是松松的，不挂一点拙力，宛如赤脚踏在松软的地毯上，感到十分柔和舒坦。脚趾也是松和舒展地粘贴（或说熨贴）地面；与之相关的踝关节，也是松松灵活。

单脚支撑，是指独立状态以及转身提膝迈步之际的一腿支撑的态势。此时单腿支撑之脚，与双脚站立一样地平稳踏地，且要注意中心落点的位置及膝尖不超过脚尖，一旦越界，就会牵连脚底紧张用力。

动步变换身法时的松脚，较为复杂一点。下面以右弓步转变为左弓步动作为例做一简要介绍。

（1）先是重心后移转身撇脚，这种撇脚动作不是脚自身的动作，而是由重心变化及腰胯微向右旋转带动的，若是刻意将脚外撇，则容易造成脚部紧张。

（2）当右脚单腿支撑、左脚收回至右脚里侧（不落地）时，右脚放松踏地的要求与上述单脚支撑情况相同。而悬垂的左脚，不但要完全放松，而且膝、胯、腰等都要放松，尤其是踝关节必须松活才能自然下垂。若是脚尖刻意向下垂，那是一种紧张的表现。

（3）接着左脚向前迈步时，意念是由腰胯的松沉把脚向前送出，同时松膝，迈步轻灵如猫行。如拳论中所言：腰催胯，胯催膝，膝催足。

（4）接着左脚跟先着地，随着松沉进身，重心前移而全脚徐徐踏实，若是单用脚去踏实，势必紧张。

随着重心的变化，这个动作中同样包含虚实之变。当右弓步站定时，右脚为实，左脚为虚。两脚所占身体重量的比例，一般情况是前七后三。虽然右脚为实，但只是七成实，另三成是虚，此为实中有虚；左脚虽为虚，但只占七成虚，另三成为实，此谓虚中有实。

在弓步变虚步、虚步变弓步的变化过程中，需要用意、气、神来疏导脚下的虚实变化。尤其在单脚支撑、另一脚悬垂欲迈之时，虽然身体重量百分之百由支撑之脚承载，但在意念上脚下并非完全占煞，仍应含虚虚上提之意。正如吴式太极拳大师郝月如先生所说："虚，非完全无力，着地实点要有腾挪之势。腾挪者，即虚脚与胸有相吸相系之意，否则便是偏沉。实，非全然占煞，精神贯于实股，支持全身，要有上提之意。如虚实不分，便成双重。"

 第三节　上下九节动 节节腰中发
——太极腰裆胯的修炼

腰裆胯居于人体中间部位，是上下体转关连接枢纽，也是调整人体重心，发人制胜的关键部位。所以《拳论》才有"上下九节动，节节腰中发""腰胯

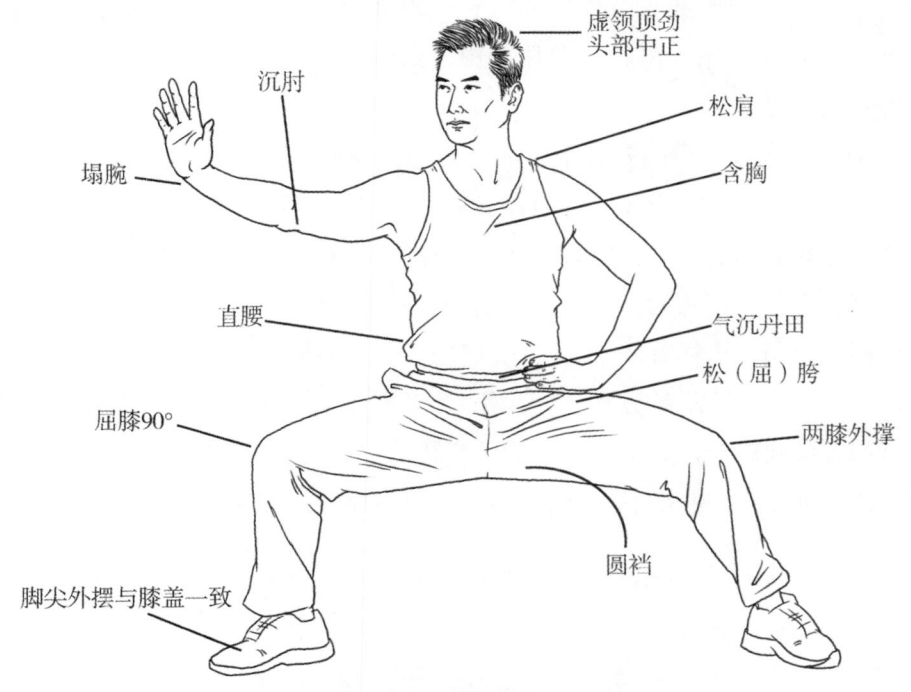

虚领顶劲
头部中正
沉肘
松肩
含胸
塌腕
直腰
气沉丹田
松（屈）胯
屈膝90°
两膝外撑
圆裆
脚尖外摆与膝盖一致

陈式太极拳老架一路懒扎衣动作要领

如轴气如轮""命意源头在腰隙""主宰于腰"等说法。

在太极拳运动中，腰部的左右旋转和腿部的虚实转换，是靠胯关节的松活来完成的。关节旋转时，只有结合两胯放松、裆劲撑圆，才能使腰胯左右转换轻灵圆活，形成旋腕转膀、旋踝转膝、旋腰转背的立体螺旋缠丝动作，整套动作才能圆转自如，顺势自然。所以，圆裆开胯是腰劲训练的关键。下面主要讲述"圆裆"和"开胯"。

一、裆内自有弹簧力，灵机一转鸟难飞

"圆裆"，就是要把裆圆起来。其方法是把两臀部往两边撑，同时两大腿内侧也往外撑，这时两胯根须往后吸，即往后坐。开胯必圆裆，双膝也自然相合，但不要往前跪膝，也不要故意往里合膝。

"圆裆"还有一种说法是"裹裆"，就是两臀、两大腿内侧往外撑，就像是包袱的底部，而两膝就像是包袱的上部，把东西放到包袱里后，即把包袱裹上，裹包袱要往里用劲而不是往外用劲，所以两膝是自然内合的。

在行拳走架中，腰脊一定要直立，做到立身中正、不偏不倚，其标志是百会、会阴两个穴位连成一线垂直于地面。脊柱不竖直，就不能实现吊裆，裆自然不能撑开。这时要"尾闾内收，兜住丹田，命门后突，提顶吊裆"，自然能达到圆裆的目的。

"圆裆、合膝"指的是外形，而"裹裆"说的是劲力。

在"圆"的同时，还要注意裆部的"虚、松、活"。虚圆同在、松活并存才能达到理想的境界——两胯根与两膝盖撑开撑圆，又要有虚虚相合之意，裆虚圆则下盘有力，支撑八面；两胯放松则裆可松活，虚实转换也就轻灵快捷。动势时要松裆、开裆，这样有助于腰部的圆转松活；静势时，应提裆、合裆，长强穴上提，臀部收敛上托，有助于内气团聚。不论是前后弓步，还是左右弓步的定式，膝关节都要微向内合，用意而形不动，两膝前后、左右互相呼应，配合撑裆，这叫做"合中寓开"，使得下体沉着有力。裆产弹簧力，也是以膝护裆之法。

▉裆走下弧▉

"裆走下弧"指的是在行拳过程中，变换虚实、倒换重心时，裆要压住，要沿着微向下的弧线形运动路线移动。也就是说，在变换虚实时，裆的中心点移动的轨迹是一个度数微小的下弧形。

这是因为腰胯松活是裆部松活的关键，要求胯关节和臀部肌肉放松，不能死顶住骨盆，否则裆就难以松活。此外，虚实变换要灵活，不能像钟摆一样仅仅左右摆动，而是在左右变换时走平行"∞"字（倒8字）内外旋转，在前后变换时走的是下弧线和后弧线。

也有人用"裆贴砥行"一词。"砥"者，磨刀石也。磨刀石用的时间长了，自然出现两头高中间低的曲面形。贴着磨刀石的面走，自然就是弧线运动了，这与"裆走下弧"有异曲同工之妙。

人体重心转换时，胯、膝、足三部位要配合得当。吴式太极拳在这方面有两个原则："膝不过足尖""大腿与小腿的夹角大于90°"。马步要求：膝尖与脚尖方向一致，两大腿内侧均向外晾，这叫"敞膝""吊裆"。大腿与小腿的夹角大于90°，脚腕、膝窝和大腿根部松成3个弧形，达到气沉丹田，上体骨节能全部松开。脚腕、膝窝和大腿根3处都是大于90°的弧形，俗称"三弧桩"。弓步前腿为实，小腹肚皮松开贴着大腿根，全身重量落在前腿上，后腿为虚，须伸直，膝部不可打弯，后脚虚着地能抬而不抬，要求鼻尖与实腿（前腿）的膝尖、脚大趾尖上下垂直，称之为"三尖相照"。

但是，为了避免膝盖过于负重，这里建议在弓步时，前小腿垂直于地面即可，后腿也不要刻意伸直，保持似直非直、似弯非弯即可。

练习时要避免出现"尖裆""荡裆""塌裆"和"死裆"。"尖裆"即人字裆，造成动作虚实不分，两膝不开；"荡裆"是马步时大腿低于膝，弓步时前大腿低于膝，裆必然在膝之下，突出来，在两腿变换虚实时，裆就像挂钟的摆，左右摆荡，不利于重心的稳定；"塌裆"是臀部低于膝盖，膝关节有了死弯，

231

犯了转关不灵的毛病;"死裆"是不结合腰劲,不松胯,使上下之劲不能相随。

"裆内自有弹簧力,灵机一转鸟难飞。"弹簧力就是裆劲的显示。如习练陈式太极拳"懒扎衣"和"单鞭"定势时,就可以体会到裆部虚虚上提的感觉:当沉肩坠肘、松胯圆裆、呼气放松时,就会出现一股上升的气感。艺高者还会感觉尾闾处有一热流上升,这就是裆劲形成的感知。在做掩手肱拳时,裆劲的弹簧力与腰胯劲的旋转力合二为一,加上脚腿劲的支撑,通过臂,集中于拳,产生爆发力。这种瞬间的爆发力,远远大于单纯的臂力,可在技击中发挥出一种难以想象的威力。同时,在做"指裆捶"时,两拳在胸腹前蓄劲,此时两胯大开,圆裆,气贴脊背,随之扣裆拧腰,腰、腿、胯三劲合一,迅速下打,直指对方裆部,实现"胯打"的目的。

二、教拳不传胯,传胯师傅差

太极拳界盛传一句话——"教拳不传胯,传胯师傅差"。其意思是,古代太极拳师把胯的练法与用法视为珍贵的守功东西,传授腰胯要领时,不愿多作分解,顾虑徒弟把胯练好了会在功夫上超越自己。

传说杨式太极拳创始人杨露禅,授艺吴全佑,是为吴式太极之始。后来杨露禅告老回乡,吴全佑尾随不舍。杨便下轿对他说:"我对天发誓,全部功夫都已教你,没有一招留起,总之你记着,'圈内打人,圈外推人'便是。"

所谓圈内,即盘骨发力范围;所谓圈外,即盘骨发力范围以外。太极拳不仅讲柔化,也可以进攻,而力量的终极来源,就是盆骨,古人的说法是腰胯。盆骨是人体最大块的骨头,而太极拳正是用盆骨来打人,这是厉害之一;盆骨的发力,外表上不易看清楚,所以对方被打得折肢断臂,仍不知何事,这是厉害之二。

■ 什么是开胯 ■

现代医学中没有胯这个词，词典上对胯的解释是：腰的两侧和大腿之间的部分，"开胯"这个词干脆就没有。那么，开胯到底开什么？

生理学上所谓的胯，是指股骨上节，大腿的折叠下陷处。换句话说，我们通常把腰和腿之间的部分叫做

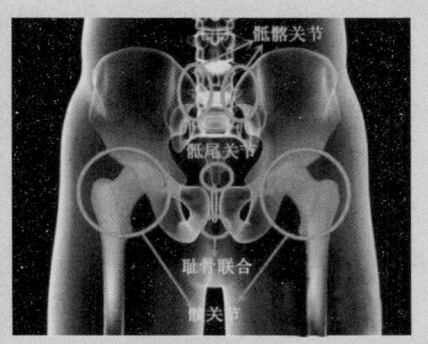

胯。胯关节由骶髂关节、髋关节、髋骨与脊柱的韧带联合、耻骨联合、骨盆等部分组成。

现在人们普遍认为，开胯开的是髋关节，就是大腿股骨和髋骨连接的地方。但是，仅仅打开髋关节是不够的，因为打开髋关节，只能使重心灵活转换，而打开骶髂关节和耻骨联合，两块胯骨才能自由运动，丹田的活动空间才会扩大；打开骶尾关节，才能收放自如，真正做到泛臀和敛臀，否则，泛臀只能叫撅屁股。

习练太极拳，初级阶段是以手领身，就是以手指挥、带动整个太极拳运动。高级阶段是以身领手，就是身法主宰全身的运动，每招每式，一切运动之主宰皆由胯关节指挥。

武当赵堡太极第10代宗师郑悟清先生曾经有一个比喻，以说明胯的重要地位。郑悟清说：木偶戏是中国的传统艺术，当木偶在舞台上表演各种动作时，都是用台下演员的手来指挥，演员的手拉得越好，木偶表演得越精彩。太极拳的胯动作也是同样的道理，一切动作的变化莫测全依赖胯的动作。以胯根为主宰，牵连发动全身运动。通俗地说，通过用意不用力方式使胯骨部位的收束、开张以及旋动整合起来，带动周身骨骼联动出击，化节节分开，发节节合拢，依靠

胯部运动来发力传劲。譬如出右手，而不是右手要出击，乃是由胯裆把手击出。再如要收回右手，也是胯裆把它收回来。收与放全凭胯间。

太极拳传人张志俊先生在《太极技击功夫对身体各部位的要求》一文中谈到腰胯时说："太极拳理曰'不得机不得势时，腰腿求之'。我认为这里少了一个字，应该是'腰腿间求之'。腰腿间是胯，其位置格外重要。脚把地面的反作用力通过膝盖送到了胯上，松胯便可在刹那间将力量送到腰部。不能松胯将会瞬间断劲，功亏一篑。会松胯可卸掉对方来力之一部分乃至一大部分，降低了自身的重心，使下盘稳固，为裆走下弧创造了条件；可加大腰部转动的幅度，便周身协调；松胯是形成浑圆之力的必要条件；松胯有利于调整身法、步法、得机得势，使下肢运行变得轻灵。"

松是太极拳的灵魂，整个放松功夫最难练的部位应是中、下盘，就是胯、膝、踝。尤其是胯，因为胯是一般人习惯承载力量的地方，很难放松。如果用胯吸收身体上半身的重量，再加上姿势上的毛病，会造成腰酸背痛，脊椎受伤。有的人胯放松了，但胯放掉的力量会转到膝盖上，容易损伤膝盖，进而阻碍练功的深入。如果进一步把膝盖力量放掉，转移至踝（又称踝关节，由胫、腓两骨下端与距骨构成），就进入落地生根阶段。

练松胯的重点之一是体悟摇臀荡胯。所谓摇臀是以臀部一侧胯关节为圆心，以骨盆为半径的旋转运动；荡胯则指弧线提胯和弧线落胯运动。放松骶髂关节对加速松腰起到重要作用，行拳时从大腿根部放松，注意操练髋关节的柔韧性和灵活性，这样可达到开活两胯的作用。

如果练拳时真的松开胯，尾闾就如一个钟锤，向左偏时左胯落，同时右胯荡起；既而有右胯落时尾闾已经靠过来了，由胯带动全身直至手指、脚下涌泉穴。放松腹股沟和会阴穴、松腰敛臀（亦俗称塌腰）对松胯圆裆亦起到较大作用。另外，注意胯关节和臀部肌肉应放松，不能死顶骨盆，夹僵胯部。

松胯须达到两个目的：一是轻灵，通过胯关节的肌肉韧带合理收缩舒张，胯关节的各骨关节能灵活转动，不产生辅助肌肉韧带做负功的现象；二是松腰沉稳，通过松胯更好地松腰，以身带领肢体内外运动，恰到好处地使意、气、劲合一，能使身体协调完整，松而不懈，沉而不僵。

对修炼太极功夫者而言，以胯裆为主宰的行拳练功，使之以身领手，引动腹内的太极轮转，支配逆腹式呼吸。一系列的上下相随、内外相合、连绵不断，皆由此而成。阴阳、虚实以及丹田呼吸全赖胯裆之运转，在外是拳架、揉手（俗称推手）练习；在内则是丹田的运转。最后练就心意合一，由丹田统帅整个身体的运动。劲力的基础在脚下，其动能来源是腰胯。胯根是轴心，带动各关节进行运动。裆劲转圈由外达内，由内达外，浑然一体。裆圆胯撑（中级阶段）和松胯活裆（高级阶段）这两句话，似乎不难明白，但练到位却不易。

 第四节　行气如九曲珠 运劲如百炼钢
——太极拳架的修炼

"行气如九曲珠，无微不至；运劲如百炼钢，何坚不摧。"这是《太极拳十三势行功心解》中的两句话，它生动地描述了太极拳行功走架时的要求和气势。

太极养生主要目的是修炼丹田内气，即中医所谓的"真气"，"真气从之，病从安来？"在太极拳运动中，内气是在呼吸的引导下，随着动作循行经络运行。所以，要想达到最佳的养生效果，必须通晓行拳走架时经络和内气的运行。下面就这一方面做一点有益的探索。

一、经络运行规律

经络是联系人体脏腑和体表以及全身各部的纽带，是人体气血运行的通道。人体最重要的经络是十二经脉和任督二脉。它们的命名和运行有一定的规律。

1. 十二经脉的分布有讲究

从十二经脉的排列上看，它可分为两组，一组是按手足分，另一组是按阴阳分。按手足分，手臂上有6条经脉，足、腿上有6条经脉。按阴阳分，手臂内侧、腿内侧各有3条阴经，手臂外侧、腿外侧也各有3条阳经。

少阴、厥阴、太阴、太阳、少阳、阳明是代表阴气的重与轻，阳气的足与弱。少阴阴气最重，所以它就排在手臂和腿内侧的最里面。厥阴的阴气比少阴轻，但又比太阴重，所以它就排在中间。太阴的阴气最轻，故排在最外面。太阳是阳气最足的，它就像中午的阳光，所以它排在手臂、腿外侧的最外面。少阳比太阳的阳气要弱一些，就像早晨八九点钟的太阳，所以排在外侧的中间。阳明又比少阳的阳气要弱，就像黎明初现的阳光，故排在外侧最里面。

2. 十二经脉的运行方向

手三阴经循行的起点是从胸部始，经臑（上臂内侧肌肉）臂走向手指端；手三阳经从手指端循臂而上行于头面部；足三阳经，从头面部下行，经躯干和下肢而止于足趾间；足三阴经，从足趾间上行而止于胸腹部。"手之三阴，从胸走手；手之三阳，从手走头；足之三阳，从头走足；足之三阴，从足走腹"，这是对十二经脉走向规律的高度概括。

3. 十二经脉的交接规律

阴经与阳经交接，即阴经与阳经在四肢部衔接。如手太阴肺经在示指指端与手阳明大肠经相交接；手少阴心经在小指与手太阳小肠经相交接；手厥阴心包经由掌中至无名指指端与手少阳三焦经相交接；足阳明胃经从跗（即足背部）上至大趾与足太阴脾经相交接；足太阳膀胱经从足小趾斜走足心与足少阴肾经相交接；足少阳胆经从跗上分出，至大趾与足厥阴肝经相交接。

阳经与阳经交接，即同名的手足三阳经在头面相交接。如手足阳明经均通于鼻，手足太阳经皆通于目内眦，手足少阳经皆通于目外眦。

阴经与阴经交接，即阴经在胸腹相交接。如足太阴经与手少阴经交接于心中，足少阴经与手厥阴经交接于胸部，足厥阴经与手太阴经交接于肺部等。

4. 十二经脉走向与交接的联系

十二经脉走向与交接规律之间亦有密切联系，两者结合则是：手三阴经，从胸走手，交手三阳经；手三阳经，从手走头，交足三阳经；足三阳经，从头走足，交足三阴经；足三阴经，从足走腹（胸），交手三阴经，构成一个"阴阳相贯，如环无端"的循行径路，这就是十二经脉的走向和交接规律。

5. 十二经脉互为表里

十二经脉通过经别和别络相互沟通，组成6对"表里相合"关系：

足太阳膀胱经与足少阴肾经，一表一里。

足少阳胆经与足厥阴肝经，一表一里。

足阳明胃经与足太阴脾经，一表一里。

手太阳小肠经与手少阴心经，一表一里。

手少阳三焦经与手厥阴心包经，一表一里。

手阳明大肠经与手太阴肺经，一表一里。

互为表里的两经，分别循行于四肢内外侧的相对位置，并在四肢末端交接；又分别络属于相为表里的脏腑，从而构成了脏腑阴阳表里相合关系。十二经脉的表里关系，不仅由于相互表里的两经的衔接而加强了联系，而且由于相互络属于同一脏腑，使互为表里的一脏一腑在生理功能上互相配合。

6. 十二经脉的流注次序

十二经脉的流注次序，是指人身气血流动不息，向各处灌注。经络是人体气血运行的通道，而十二经脉则为气血运行的主要通道。气血在十二经脉内流动不息，循环灌注，分布于全身内外上下，构成了十二经脉的气血流注，又称十二经脉的流注。

十二经脉流注次序为：从手太阴肺经开始，依次传至手阳明大肠经、足阳明胃经、足太阴脾经、手少阴心经、手太阳小肠经、足太阳膀胱经、足少阴肾经、手厥阴心包经、手少阳三焦经、足少阳胆经、足厥阴肝经，再回到手太阴肺经。这样即构成了一个"阴阳相贯，如环无端"的十二经脉整体循行系统。

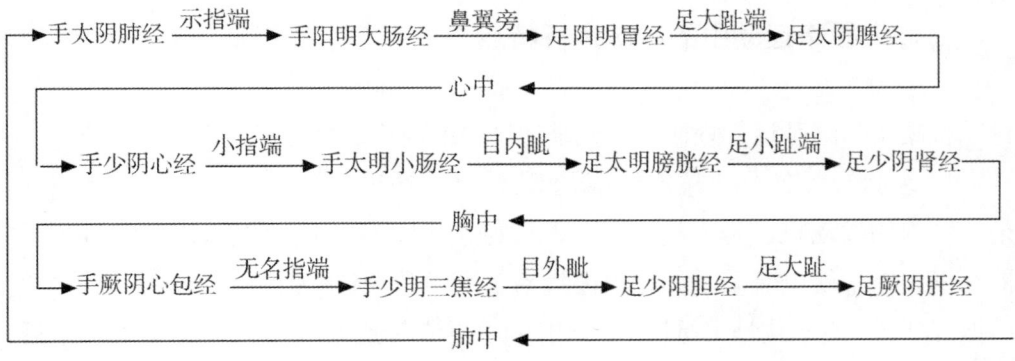

7. 十二经脉的流注和时间相对应

根据中医理论，人体内的十二经脉分别对应于一天的 12 个时辰，每个时辰是 2 小时，所以，每条经脉的主持时间是 2 小时。在这 2 小时中，某条经脉对于某个脏腑器官，是这条经脉经气流注最旺盛的时刻。所以，了解一天 12 个时辰中对应的经脉与脏腑的关系，有针对性地做脏腑的保养，养生效果可达到最佳。

十二经脉流注与时间对应表

经 络	时 辰	走 向	经 络	时 辰	走 向
肺经	寅时 3～5	胸→手	大肠经	卯时 5～7	手→头
胃经	辰时 7～9	头→足	脾经	巳时 9～11	足→膜
心经	午时 11～13	胸→手	小肠经	未时 13～15	手→头
膀胱经	申时 15～17	头→足	肾经	酉时 17～19	足→膜
心包经	戌时 19～21	胸→手	三焦经	亥时 21～23	手→头
胆经	子时 23～1	头→足	肝经	丑时 1～3	足→膜

二、太极拳运动中的经脉运行特点

根据十二经脉运行规律，太极拳运动中的经络运行也表现出如下特点。

1. 经脉气血在丹田内气的引导、催动下，通过动作来实现加速运行。丹田是人体内的发动机，是内气之源，十二经脉就像人体中的水管，气血在内气的催动下，在水管里流淌。如，当内气沿手太阴肺经流动时，就像这条水管的阀门被打开，一股水从丹田缓慢地流向胸部，再流落到肩、上臂；当上臂充满水后，肘受水的重量往下沉，继而肘关节被打开，水继续流去前臂；待前臂也充满了水后，腕关节也被打开，水流向手掌；虎口打开后，水最终流到指尖。

2. 当丹田内气随着动作向四肢百骸输送时，周身的经脉均相应地被催动开始加速运动，但其力量和速度不同，有的经脉运行得快、明显，有的则慢或不明显。如杨式太极拳和陈式太极拳中"野马分鬃"动作，虽然动作要求有差别，但是经脉运行是一致的。它对经脉的影响主要表现在丹田内气向上肢输送时，催动手太阴肺经沿上臂内侧，穿肘内沿下臂内侧，过寸口到大指头的末端少商穴；丹田内气向下肢输送时，催动足依少阳胆经，起始于外眼角，沿额角、耳后、颈旁、肩上、缺盆、腋下、胸侧、季肋、膝关节、大腿外侧、膝外侧、腓骨头前、腓骨下段、外踝之前，沿足背第4趾外侧足窍阴穴，内行进入缺盆，向胸中，散络于肝，属于胆。

3. 三阴经脉和三阳经脉是互为表里的，这意味着一条经脉运行时，其互为表里的经脉也在加快运行。如行拳过程中，因内气的启动，手太阳小肠经的气血加速运行，和它相表里的手少阴心经受到刺激，其气血也处于快速流动状态中。再如，膀胱经和肾经是完全相连的一条经，只是在小脚趾的外侧至阴穴处将其分开了。这一阳一阴的两条经脉其实是一条相连的经络，所以刺激膀胱经，肾经会有反应；刺激肾经，膀胱经也会有反应。

4. 经脉气血运行可以实现阴阳转换。太极拳运动的突出特点是阴阳平衡、阴阳转换。三阴经脉、三阳经脉气血的转换点在四肢部分集中于手指和脚趾上，在体内则散络于脏腑也出于脏腑。如手太阳小肠经的起点是小指外侧端的少泽穴，手少阴心经的终点是小指内侧末端的少冲穴，这两条经脉在这里相交。在太极拳运动时，通过螺旋缠丝的方法可以实行少冲穴和少泽穴的阴阳转换，使气血持续运行。再如，足太阳膀胱经的内行属于膀胱，足少阴肾经的内行属于肾，两者同属于泌尿系统，利用内气可将其阴阳转换。同样类推，所有的相表里的经脉都可以阴阳转换。

5. 太极拳行功走架时的经脉气血运行具有一定的规律。一般来说，它和太极拳动作中的开合、虚实、动静相对应。如动作开时，手三阴经和足三阳经中的气血被催动加速运行；动作合时，手三阳经和足三阴经中的气血被催动加速运行。

三、二十四式太极拳经脉气血和内气运行路线

二十四式简易太极拳也叫简易太极拳，是国家体委（现为国家体育总局）于1956年组织太极拳专家汲取杨式太极拳之精华编排而成的，是目前我国最为流行的太极拳套路。但是，在传播过程中，也呈现出较为明显的太极操倾向，这偏离了太极拳的本性。本文打破门户之分，在传统杨式太极拳理论的基础上，结合运用其他太极拳派显著特点对其内气和经脉运行进行阐释。当然，在行拳走架过程中，人体的所有经脉都会受到影响，这里阐释的是受内气影响的主要经脉的运行。

（一）动作总体要求

除了前面阐释的有关太极拳的运行特点外，在行拳走架过程中还须遵循下列要求。

1. 练习任何一个动作，都要将身体分阴阳，分虚实，有开合。特别要注意"外三合"和"内三合"。

2. 手上任何动作开始前，应先放松两肋，后放松肩、肘、腕。

3. "松沉"，并不是整个身子低下去，只是命门以下地方松沉下去，命门以上地方还是向上升。沉不是直往下跌，应像一张纸在空气中平放后往下飘荡。左边沉，右边升；右边沉，左边升。

4. 在拳式练习中，式与式之间的过渡动作至关重要。动作之间连接的规律是欲上先下、欲左先右、欲前先后，就是向相反的方向运动。它不但起着承上启下的作用，还关系到太极拳阴阳转换、虚实开合的变化。

5. 练拳时，应经常保持"三空"，即手心空、胸空、脚心空。

6. 拳式练习时，身体应有起伏（或升降）。起伏是由于两胯松开，身体受地心吸力影响慢慢向下沉。当下沉到底时，身体会自动反弹向上升。

7. 所有拳式动作都要有对拉。如：手向上动，则身向下沉。手向前伸，则身向后拉。手走左，则身走右；手走右，则身走左。好像一个球向四面八方膨胀，内撑外包。

8. 拳式动作完成后，身法上须做到虚领顶劲，含胸拔背，松胯扩膝，手上劳宫穴透开，意气到达手指。

9. 任何招式动作都是由身体的"中线"开始，在"中线"结束。

10. 两手如一手。背部好像有一条似有似无的线连着左右两手。当一手下沉，另一手即受牵引上升。一手向内收，另一手即受牵引向外展。

11. 手向前推出时，肩胛骨的位置要放松；手回收时，肩井穴（锁骨）对下的位置应放松。

12. 想象身体如寺庙里的一口钟。两腿内侧为钟的内壁，尾闾为钟锤。钟锤永远只能在钟内壁的范围摆动。那就是说，尾闾在任何时候都不应与任何一腿重叠，否则便是双重。

13. 做弓步时，后脚不可用力向后向下蹬，而是要开胯、扩膝，放松胯根、膝盖和脚踝的关节。这样，后脚才不会僵硬，重量落至脚板、脚趾而反弹。反弹力从头传至脚跟再传至腿、腰……这时脚跟会有上升的感觉，身体才能升沉转动灵活。

14. 若身向左转，则右脚先动，继而左脚动；相反，若身向右转，则左脚先动，继而右脚动。但无论向左或向右转，都必须虚领顶劲，用意将一边身缩小，以脊椎为轴转动，带动整个身体转动。

15. 无论练拳还是推手，如要转动脊椎，必须在原位上转，不能在转的同时，向前后左右任何一方移动。

16. 每个动作结束时，要求充分放松，开时气贯末梢，合时气归丹田。动作做到九分，气要贯到十分。上动未停，下动又起。

（二）经脉内气运行路线

说明：①图中虚线代表经脉内气运行线路；②本文只分析和标示动作影响身体主要经脉的运行线路。

1. 起势

动作一：两脚并立，成立正姿势。双手下垂于身体两侧，手心向内。头自然正，嘴微合，舌尖抵住上腭，两眼平视。

要求：虚领顶劲，沉肩坠肘，含胸拔背，心无杂念，呼吸自然。之后，将重心偏右，成虚实两胯。

劲别：以掤劲为主。

经脉：以督脉和任脉运行为主，俗称"小周天"。会阴收缩，气过长强穴，顺脊柱至颈部到头顶的百会穴，沿门中过鼻梁至人中穴，然后，通过口腔中龈交穴，沿胸部和腹部中间下丹田至会阴穴。也可沿足三阴经和三阳经与督脉相连，形成大周天经脉运行（图12-1）。

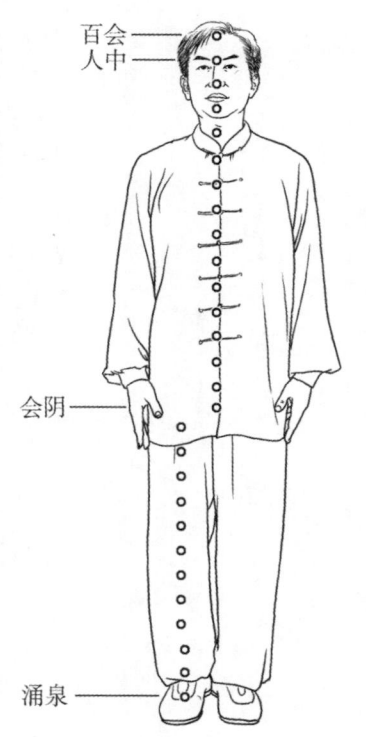

百会——
人中——
会阴——
涌泉——

图12-1　任督二脉示意图

动作二：屈膝松胯，身体放松下沉，提左腿向左横开步，双脚平行，与肩同宽或稍宽于肩。全脚踏地，立身中正，涌泉穴要空。两目平视，含胸塌腰，松肩沉肘。

要求：重心移右腿，再横开步，脚尖先落地，再脚掌踏实。心中呈无杂念的太极象。

丹田呼吸：先吸气再呼气。

劲别：以掤劲为主。

经脉：运行路线为足厥阴肝经。由足大趾的大敦穴开始，沿小腿内侧蠡沟至大腿内侧进入会阴，再到腹部、肋部。内行属于肝，散络于胆，共有 14 个穴位（图 12-2）。

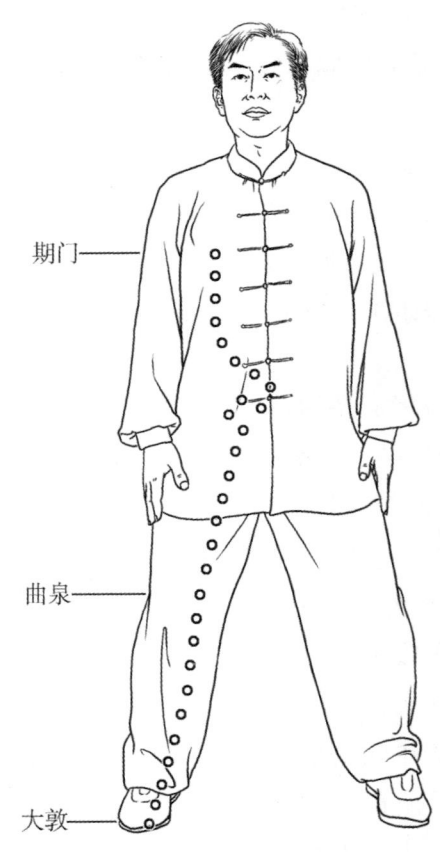

期门

曲泉

大敦

图12-2　足厥阴肝经示意图

动作三：双手缓缓上升与肩平，手心向下，松肩沉肘；双手上升时，同时身体意念慢慢下降，松胯屈膝，两脚踏实，双目平视。

要求：当双手上升身体意念下降之时，身躯各部肌肉均须松弛下沉，使心气下降，便于内气产生。不能耸肩，避免双臂抬得过高，防止重心上浮。

劲别：双臂以掤劲使双手上升，手腕领劲。

丹田呼吸：吸气。

经脉：上肢依手太阴肺经运行。经过肩、上臂内侧、肘内、前臂内侧、列缺穴至大指末端少商穴；内连始于胃，穿膈肌，属于肺，共有 11 个穴位（图12-3）。

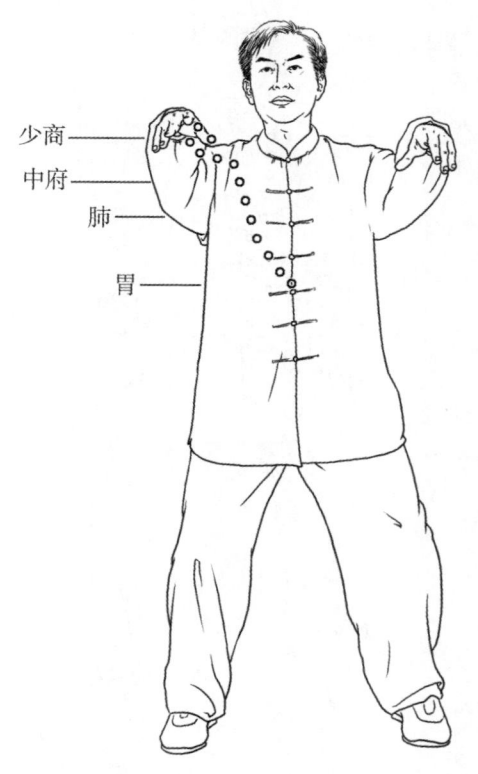

少商

中府

肺

胃

图12-3　手太阴肺经示意图

动作四：身体继续下沉，双手随着下按至腹前。手心向下，双目平视。

要求：双手先捋后按时立身须中正，屈膝松胯，以松胯劲将身体下沉。不要弓腰突臀、身体前斜，膝盖不能过脚尖，双手下按时，领劲点由肘再到腕口处。

劲别：按劲。

丹田呼吸：呼气。

下篇　太极养生之术

经脉：此动作中上肢按手少阳三焦经运行。由中冲穴缠至关冲穴，再由无名指末端开始，沿手背过外关穴，前臂过肘尖、上臂外侧、肩部、缺盆、后项、耳后外眼角；内连由缺盆，散络于心包，属上、中、下三焦，共有 24 个穴位。

下肢按足阳明胃经运行：始于鼻旁，在鼻根交会，向下走行，顺颈动脉过缺盆、过下胸部乳头处、过肚脐两旁，再过下胯关节、顺大腿前侧中心线到膝膑中，直至足背到脚趾末端厉兑穴，共有 45 个穴位（图 12-4）。

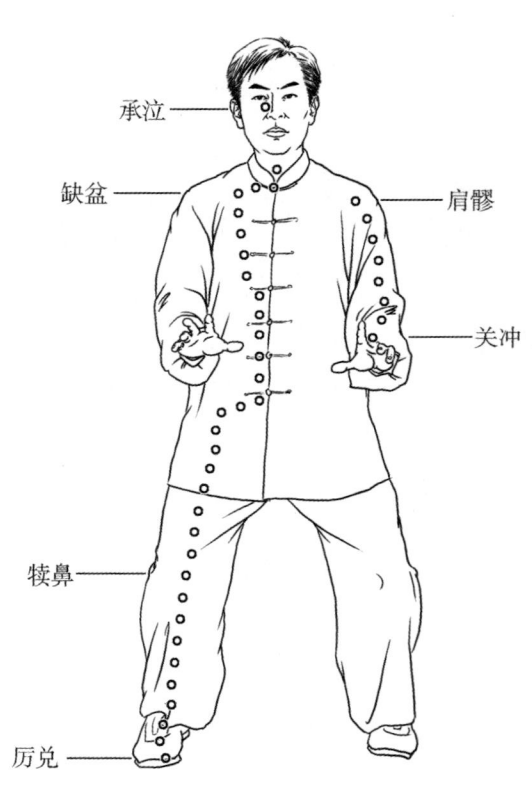

图12-4　手少阳三焦经、足阳明胃经示意图

2. 野马分鬃

动作一：身体微右转下沉，重心在右；左腿提起置于右脚侧成虚步；右手上搠至胸部，左手走下弧置于腹部，双手呈抱球状。

要求：重心转换、双掌相合，特别应注意竖顶、开胸、张肘、松肩、阔背、气沉丹田。

劲别：合劲。

丹田呼吸：吸气。

经脉：左手顺缠，依手太阳小肠经运行。由手小指内侧少冲穴转到外侧少泽穴，沿腕部、尺骨、肘内侧、上臂外后侧、肩关节、大椎运行，内行部分由缺盆处分出，沿食管过膈肌，终于耳屏与下颌关节之间的听宫穴，共有19个穴位（图12-5）。

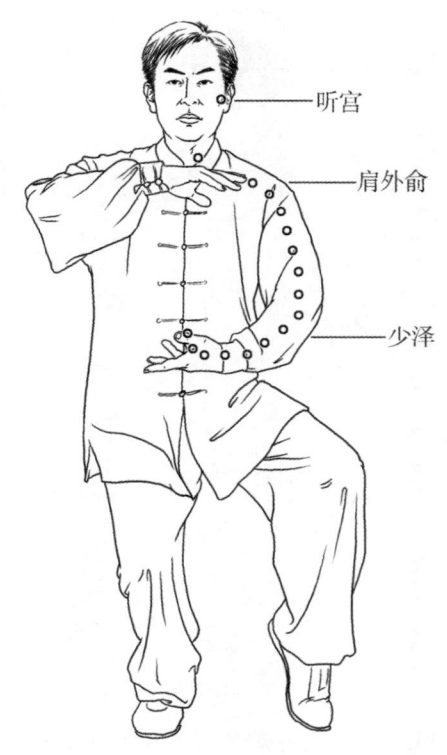

听宫

肩外俞

少泽

图12-5 手太阳小肠经示意图

动作二：左腿向前开步，重心前移，身体左转，逐渐成左弓步。左手顺缠，画上弧于额前；右手顺缠，画下弧于右腿外侧，目视左前方。

要求：以腰催肩，以肩催臂，双臂旋转分开，一气贯通，劲达四梢。须注意左臂滚转向前钻穿，如分开马鬃。

劲别：掤劲，合劲。

丹田呼吸：呼气。

经脉：丹田内气向上肢输送时，催动手太阴肺经运行。起于锁骨外端下方的中府穴，终于示指外侧的少商穴，共11个穴位。

丹田内气向下肢输送时，催动右足依足少阳胆经运行。起始于外眼角瞳子髎穴，沿额角、耳后、颈旁、肩上、缺盆、腋下、胸侧、季肋、膝关节、大腿外侧、膝外侧、腓骨头前、腓骨下段、外踝之前，沿足背第4趾外侧至足窍阴穴，内行进入缺盆，向胸中，散络于肝，属于胆，共有44个穴位。（图12-6）。

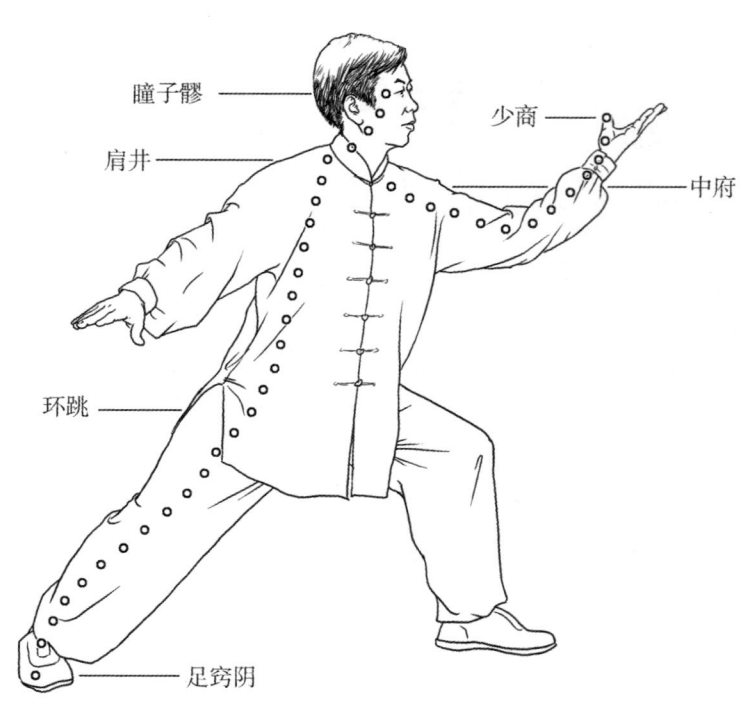

瞳子髎
肩井
少商
中府
环跳
足窍阴

图12-6　手太阴肺经、足少阳胆经示意图

动作三：身体微左转，重心移至左腿，提右脚置于左脚侧成虚步；同时，左手逆缠、右手顺缠，左上右下交叉置于胸前，呈抱球状。

要求：右腿上步要轻灵，右脚脚尖点地，立身须中正。

劲别：合劲，缠丝劲。

丹田呼吸：吸气。

经脉：右手顺缠，依手太阳小肠经运行。起于小指外侧末端少泽穴，终于耳屏与下颌关节之间的听宫穴，共有19个穴位；左手逆缠，依手阳明大肠经运行：

起于示指桡侧指甲后的商阳穴，沿示指侧缘，经第1、第2掌骨间、前臂桡侧、肘外侧、上臂外侧、肩峰部、缺盆，终于鼻唇沟中的迎香穴；内行由缺盆部散络于肺，经过膈肌，属于大肠，共有20个穴位（图12-7）。

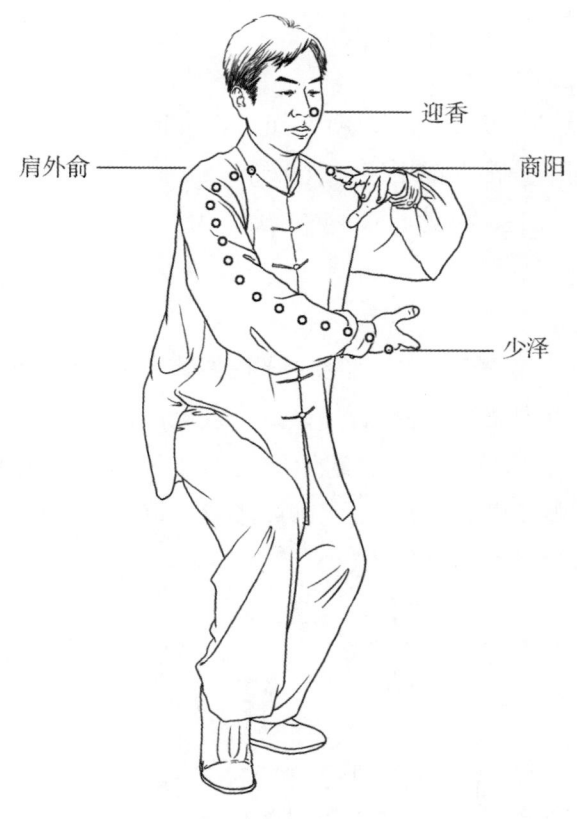

肩外俞

迎香

商阳

少泽

图12-7　手太阳小肠经、手阳明大肠经示意图

（接下按动作二、动作三重复两次）

3. 白鹤亮翅

动作一：右脚跟半步，重心渐移至右脚，成左虚步，双手胸前抱球，左上右下。

要求：上步轻灵，身体中正，重心稳定，勿前仰后合。

劲别：缠丝劲，合劲。

丹田呼吸：吸气。

经脉：右手顺缠，依手太阳小肠经运行：起于小指外侧末端少泽穴，终于耳屏与下颌关节之间的听宫穴，共有19个穴位。

左手逆缠，依手阳明大肠经运行。起于示指桡侧指甲后商阳穴，终于鼻唇沟中的迎香穴，共有 20 个穴位。

本图示和图 12-7 相同。

动作二：左右手分别逆缠分开，左手下按，手心向下，右手上掤，手心向左，目视前方。

要求：结合腰劲，重心右移；右臂先挤，再捋，后向上钻。须注意竖顶，长脊柱，胸不要向上提；上虚下实，气沉丹田。

劲别：挤劲、按劲、捋劲，双手对拉劲。

丹田呼吸：呼气。

经脉：

丹田内气向上肢输送时，右手经脉沿手太阴肺经运行。起于锁骨外端下方的中府穴，终于示指外侧的少商穴，共 11 个穴位。

下肢经脉依足少阴肾经运行。起始于足小趾下面，过涌泉穴，斜向至踝大溪穴，沿小腿内、腘窝内侧、大腿后内侧、腹部、胸部至俞府；内行大腿后侧，通向脊柱内，属于肾，共有 27 个穴位。（图 12-8）

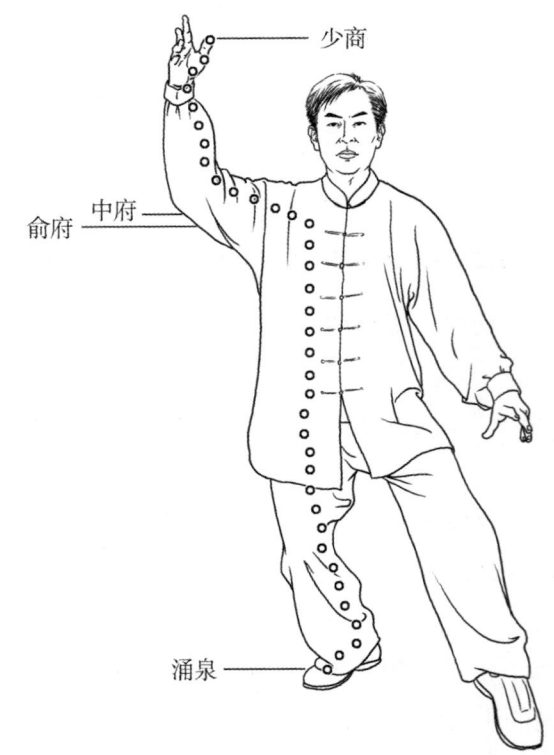

图12-8　手太阴肺经、足少阴肾经示意图

4. 搂膝拗步

动作一：上体螺旋旋转，先微左转再右转，双手随身体右手先下后上，左手先上后下在胸前划弧，最后，右手置于耳侧，左手放于小腹前，左脚后收。

要求：下盘稳固，腰带四肢。右手先顺后逆，左手先逆后顺。须注意意气要圆，开胸张肘，两臂掤圆，松腰、转腰，出披劲儿——身体半边的劲从臂、手出。

劲别：顺逆缠丝，按掤捋劲。

丹田呼吸：吸气。

经脉：

右臂先依手太阳小肠经运行。起于小指外侧末端少泽穴，终于耳屏与下颌关节之间的听宫穴，共有 19 个穴位。后沿手太阴肺经运行，起于锁骨外端下方的中府穴，终于示指外侧的少商穴，共有 11 个穴位。

左臂的经脉运行路线和右手相反，先沿手太阴肺经运行，后沿手太阳小肠经运行。（图 12-9）

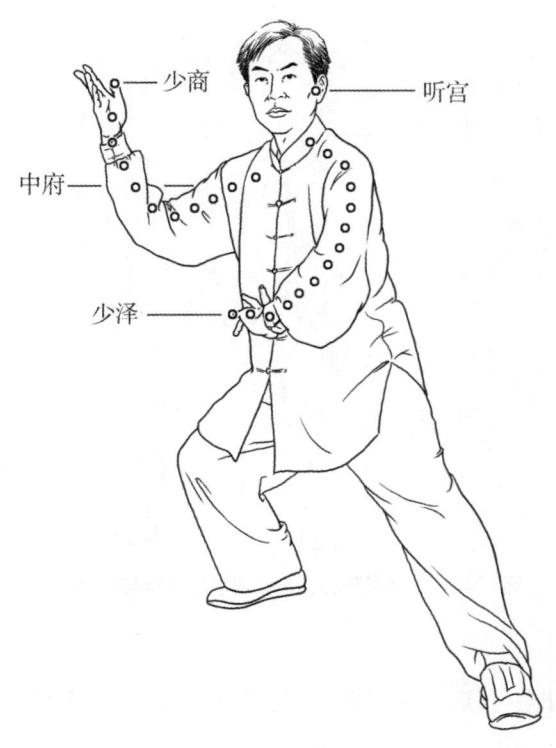

图12-9 手太阳小肠经、手太阴肺经示意图

动作二：身体下沉，左脚向左前方开步，重心渐渐移至左腿，随之左手搂膝，右手向前推出。

要求：腿部重心转换和搂膝、推掌同步进行、协调一致。须注意，提腿时不是用力去提，而是以意提肾，经腿、膝将腿提起；腿向前伸时，应松腰松胯。

劲别：挒劲、按劲，合劲，缠丝劲。

丹田呼吸：呼气。

经脉：上肢动作按手厥阴心包经运行。起于乳头外侧旁的天池穴，过胁部、腋下、上臂内侧、肘内中间、前臂、掌中、中指至末端中冲穴。内行，过膈肌，散络于三焦经，共有9个穴位。

下肢动作按足厥阴肝经运行。起于足大趾背大敦穴，沿足背上离内踝1寸处、小腿内侧、腘内侧、大腿内侧，进入阴部、腹部、肋部，内行进入小腹，终于乳头下两肋的期门穴，散络于胆，属于肝，共有14个穴位。（图12-10）

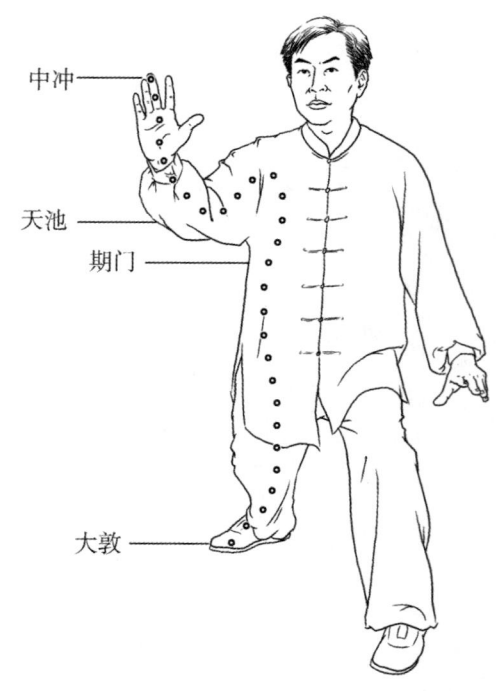

图12-10　手厥阴心包经、足厥阴肝经示意图

动作三、动作四：①后坐撇脚；②跟步举臂，重复搂膝拗步两次。

5. 手挥琵琶

动作： 跟步展手，后坐挑掌，虚步合臂。

要求：意气贯通到手，双手掌心相对，竖在胸前，一上一下，中间如抱琵琶。须注意，双臂之间要有一定距离，劲向下拉。

劲别：掤劲，合劲，缠丝劲。

丹田呼吸：先吸后呼。

经脉：上肢依手厥阴心包经运行。起于乳头外侧旁的天池穴，终于手中指尖端中冲穴，共有 9 个穴位。

下肢依足少阳胆经运行。起始于外眼角瞳子髎穴，终于第 4 足趾外侧端的足窍阴穴，共有 44 个穴位。（图 12-11）

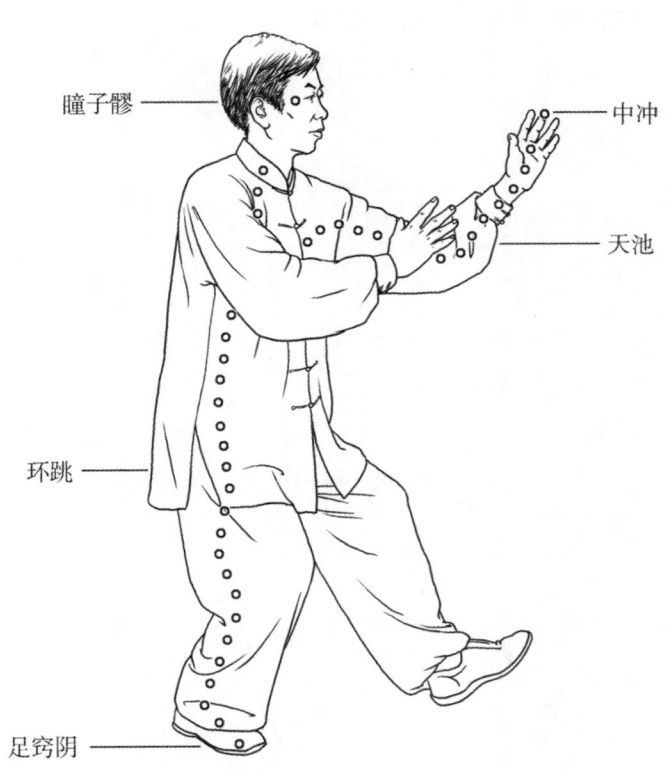

图12-11　手厥阴心包经、足少阳胆经示意图

6. 倒卷肱

动作一： 身体先右转再左转，右掌画下弧后上翻合置于耳侧；提左脚向左

后方退步，脚尖着地，重心在右，目视前方。

要求：右手下沉上翻，以肩为轴，左脚退步时需将右手合至胸前时再退，双手前后有相合之意。须注意，退步走之字，以保持身体平衡；要保持上身竖直，避免前倾、弯腰。

劲别：腰劲旋转，顺逆缠丝劲。

丹田呼吸：吸气。

经脉：右掌向下画弧时依手太阳小肠经运行。起于手小指外侧末端少泽穴，终于耳屏与下颌关节之间的听宫穴，共有 19 个穴位。向上抬起置于耳侧时沿手太阴肺经运行，起于锁骨外端下方的中府穴，终于示指外侧的少商穴，共有 11 个穴。

下肢依足阳明胃经运行。起始于眼眶下缘承泣穴，终于两足趾外侧、指甲角后的厉兑穴，共有 45 个穴位。（图 12-12）

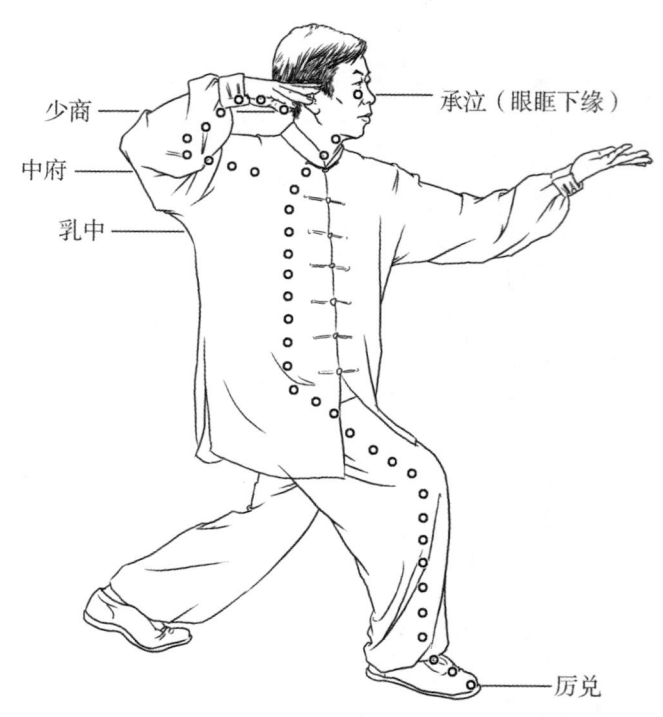

图12-12　手太阴肺经、足阳明胃经示意图

动作二：身体左转，重心移左腿，左手后捋，右手前推，重心在左，目光

四顾。

要求：左手后拉，右手前推，重心移左，协调一致，身法中正。须注意，松腰、换腰，手臂松柔，把劲抖弹出去。

劲别：缠丝劲。

丹田呼吸：呼气。

经脉：右臂依手厥阴心包经运行。起于乳头外侧旁的天池穴，终于手中指尖端中冲穴，共有 9 个穴位。

左腿依足太阴脾经运行。起始于足大趾末端隐白穴，沿足大趾内侧、核骨后、小腿内侧、膝股内侧、腹部、胸部、食管旁，内行进入腹部，终于腋窝下的大包穴，散络于胃，属于脾，共有 21 个穴位。（图 12-13）

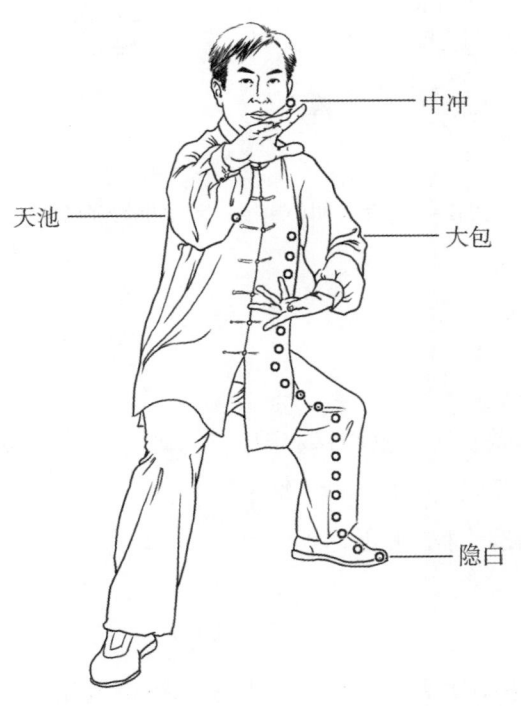

图12-13　手厥阴心包经、足太阴脾经示意图

动作三、动作四：其动作与动作一、动作二相同，但其四肢动作相反，呼吸、经脉相同。如动作四：左臂依手厥阴心包经运行，右腿依足太阴脾经运行。（图12-14）

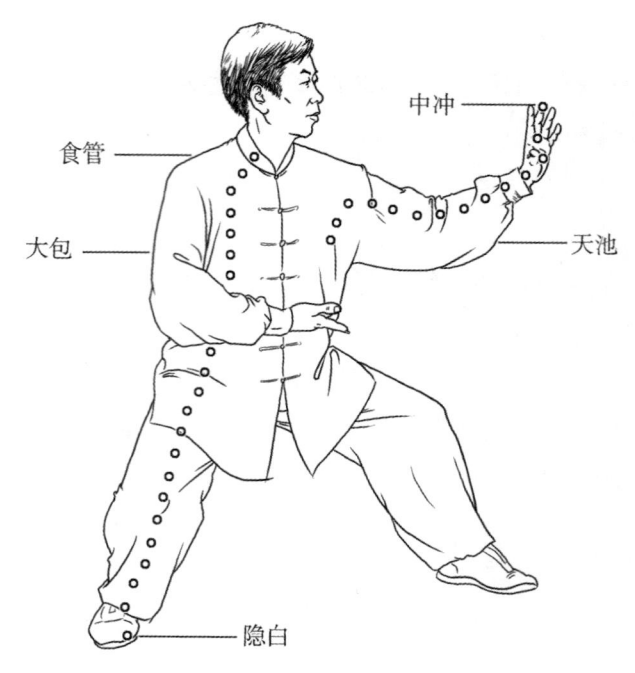

食管

中冲

大包

天池

隐白

图12-14　手厥阴心包经、足太阴脾经示意图

7. 左揽雀尾

动作一：身体微右转，重心移右腿，左脚收于右腿侧成虚步；同时左手顺缠、右手逆缠交叉抱球于胸部。

要求：腰带四肢，身法中正。

劲别：缠丝劲，合劲。

丹田呼吸：吸气。

经脉：右臂依手阳明大肠经运行。起于示指桡侧指甲后商阳穴，终于鼻唇沟中的迎香穴，共有 20 个穴位。

左臂依手太阳小肠经运行。起于手小指外侧末端少泽穴，终于耳屏与下颌关节之间的听宫穴，共有 19 个穴位。（图 12-15）

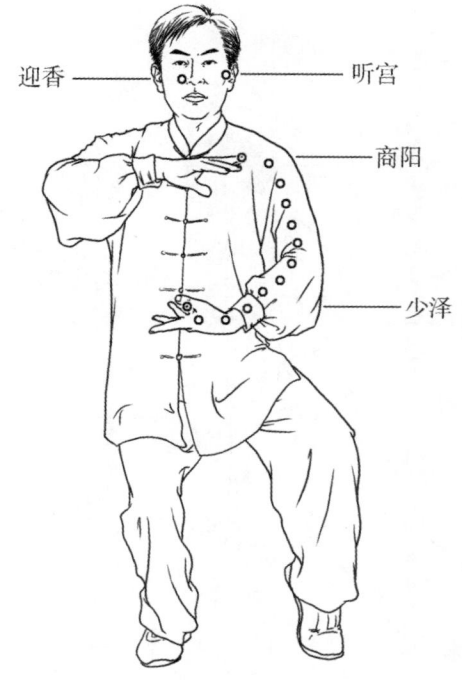

图12-15　手阳明大肠经、手太阴小肠经示意图

动作二：身体左转，向左前方出步，身体重心逐渐由右腿移至左腿，随之双手上下分开，左臂向前掤出，右臂向下抽拉置于右胯旁。

要求：上下一致、周身协调，注重"外三合"。须注意，掤劲要走斜立圆，劲从桡骨头出；要示指调臂，肘下垂、松肩、圆臂、腰向后，意气从中心向四周舒散、膨胀。

劲别：掤劲，对拉劲。

丹田呼吸：呼气。

经脉：右腿依足厥阴肝经运行。起于足大趾外侧大敦穴，终于乳头下两肋的期门穴，共有 14 个穴位。

左臂依手太阴肺经运行。起于锁骨外端下方的中府穴，终于示指外侧的少商穴，共有 11 个穴位。

右臂按手少阳三焦经运行。起于无名指末端的关冲穴，终于眉毛外侧的丝竹空穴，共有 23 个穴位。（图 12-16）

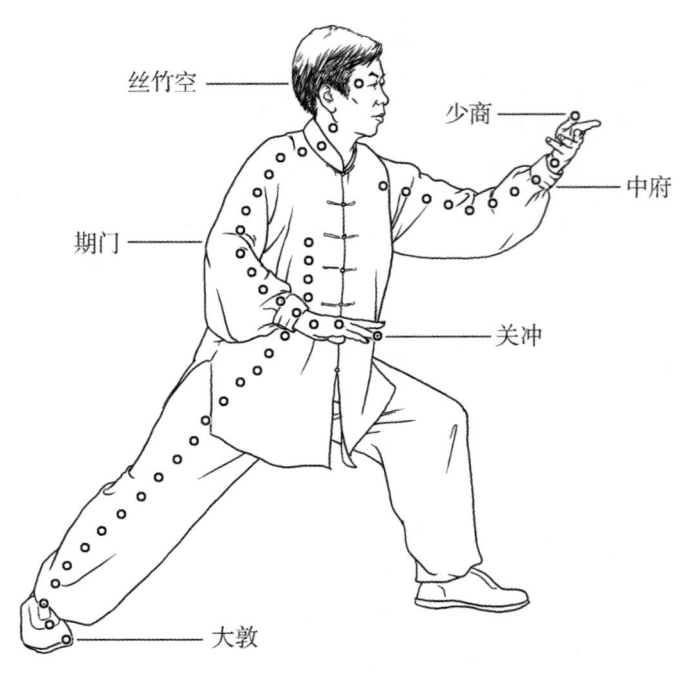

丝竹空

少商

期门

中府

关冲

大敦

图12-16　足厥阴肝经、手太阴肺经、手少阳三焦经示意图

动作三：身体微左转，掤臂展掌，然后身体右转后坐，掌臂下捋。

要求：掌臂上掤时，意气向上，身体下沉；下捋时，塌腰旋胯，双手合劲不丢并加外掤劲，不能偏。

劲别：掤劲，捋劲，缠丝劲。

丹田呼吸：先吸再呼。

经脉：掌臂上掤之时下肢依足阳明胃经运行。起于眼眶下缘承泣穴，终于两足趾外侧，指甲角后的厉兑穴，共有43个穴位。

掌臂下捋之时，下肢依足太阴脾经运行。起始于足大趾末端隐白穴，沿足大趾内侧公孙穴，小腿双内侧、膝胯内侧、腹部、胸部至夹食管旁。内行经腹部属于脾，散络于胃，散布舌下。（图12-17）

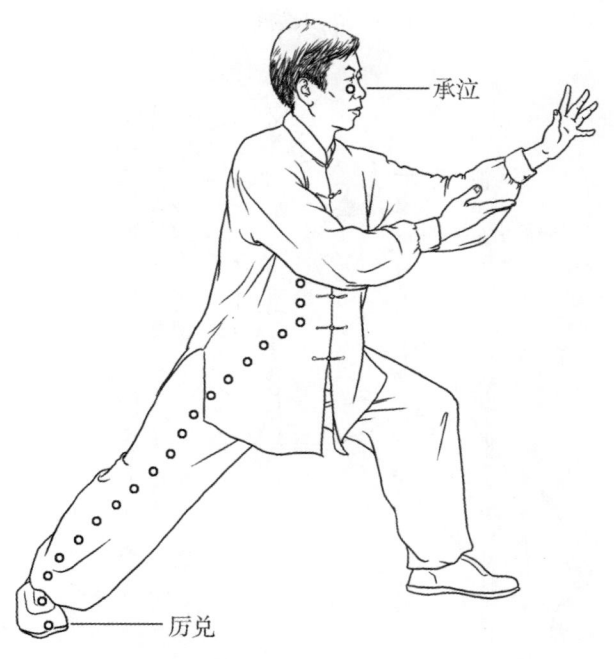

承泣

厉兑

图12-17　足阳明胃经示意图

动作四： 身体左转，右掌搭左腕，弓步前挤。

要求：由捋变挤时，意气下沉，裆走下弧。

劲别：挤劲，合劲。

丹田呼吸：先吸再呼。

经脉：上肢依手厥阴心包经运行。起于乳头外侧的天池穴，终于手中指尖端中冲穴，共9个穴位。

右腿依足厥阴肝经运行。起于足大趾外侧大敦穴，终于乳头下两肋的期门穴，共有14个穴位。（图12-18）

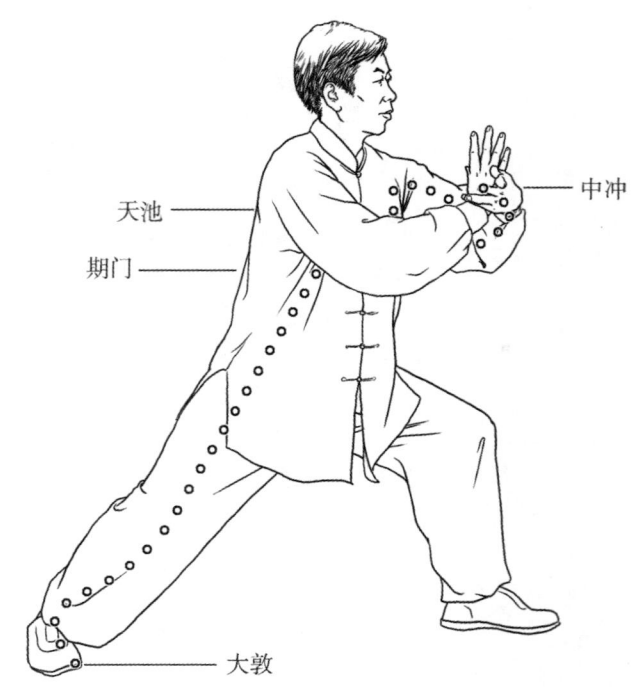

天池

期门

中冲

大敦

图12-18　手厥阴心包经、足厥阴肝经示意图

动作五：身体后坐，双手分开，收掌下捋。

要求：双手下捋时含胸垂肘，掤劲不丢。

劲别：捋劲

丹田呼吸：呼气

经脉：

上肢依手少阳三焦经运行。起始于无名指末端关冲穴，终于眉毛外侧处的丝竹空穴，共有23个穴位。

下肢按足太阳膀胱经运行。起于内眼角的睛明穴，过头顶，沿肩胛、背外侧、胯部、腘窝、腓肠肌部、外踝后方、足小趾外侧至阴穴，内行腰入内，散络于肾，属于膀胱。（图12-19）

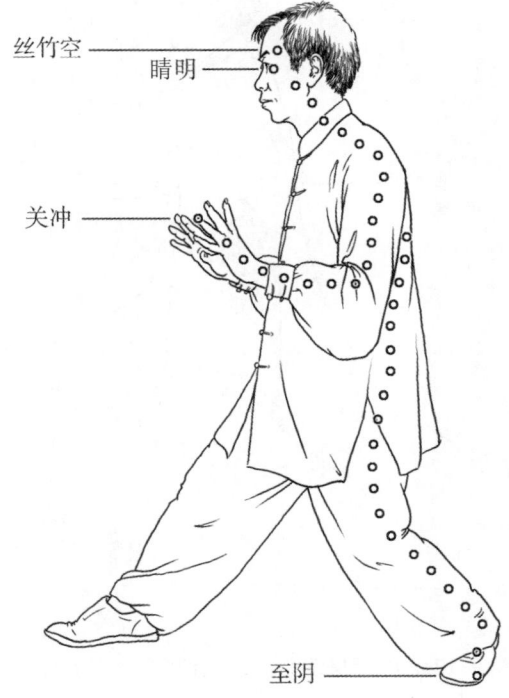

丝竹空 ——
睛明 ——

关冲 ——

至阴 ——

图12-19　手少阳三焦经、足太阳膀胱经示意图

动作六： 弓步向前按掌。

要求：双手前推时，须塌腰松胯，双手和胸肌形成对拉劲。须注意，按时把内气放圆；要身体中正，开胸、张肘、松肩、阔背、两臂前伸圆，两掌心向前。

劲别：按劲。

丹田呼吸：先吸气后呼气。

经脉：

上肢依手厥阴心包经运行。起于乳头外侧的天池穴，终于手中指尖端中冲穴，共有 9 个穴位。

右腿依足厥阴肝经运行。起于足大趾外侧大敦穴，终于乳头下两肋的期门穴，共有 14 个穴位。（图 12-20）

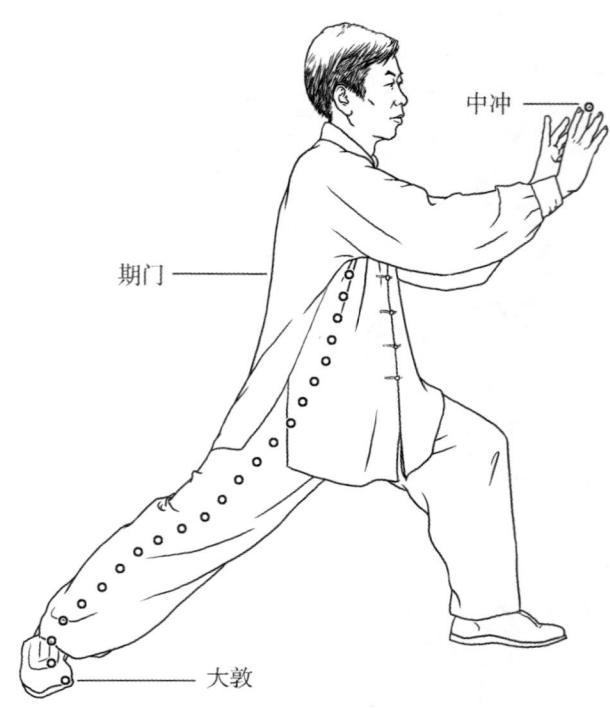

中冲

期门

大敦

图12-20　手厥阴心包经、足厥阴肝经示意图

8. 右揽雀尾

右揽雀尾和左揽雀尾方向相反，其经络运行与之相同。

9. 单鞭

动作一：意气下沉，重心移左，以右脚跟为轴身体左转；双手随身体向左画弧，手心向下；膝随身转里合，目视双手。

要求：双手旋转时须圆滑，不能有抽扯之形，幅度右手大一些，左手小一些。

劲别：双手、双脚为缠丝劲。

经脉：右臂依手厥阴心包经运行。起于乳头外侧的天池穴，终于手中指尖端中冲穴，共有 9 个穴位。

下肢依足太阳膀胱经运行。起于内眼角睛明穴，终于足小趾外侧甲角后的至阴穴，共有 67 个穴位。（图 12-21）

中冲

睛明

天池

至阴

图12-21　手厥阴心包经、足太阳膀胱经示意图

动作二：身体左转，左腿以前脚掌点地，右手逆缠五指合拢；左手心朝上，下沉于左身腹前，重心在右，目视右手。

要求：右手弯勾上提，随身体旋转，塌腰，松肩，沉肘，以腰为轴，节节贯穿。

劲别：缠丝劲，左肘掤劲。

经脉：依足少阴肾经运行。起于足心涌泉穴，终于锁骨下缘的俞府穴，共有27个穴位。（图12-22）

俞府

涌泉

图12-22　足少阴肾经示意图

动作三：身体右转，左腿屈膝提起后脚跟内侧着地向左铲地滑出，脚尖上翘内扣；右手腕领劲，左手下沉合劲，目视左前方，重心在右腿。

要求：右腿支撑重心时上下相合，立身中正，切忌弯腰突臀。

劲别：周身合劲。

经脉：下肢依足少阳胆经运行。起始于外眼角瞳子髎穴，终于第 4 足趾外侧端的足窍阴穴，共有 44 个穴位。（图 12-23）

瞳子髎

环跳

足窍阴

图12-23　足少阳胆经示意图

动作四：身体微右移，重心左移，成立弓步，左手外翻外开至左膝上，放松下沉，目视正前方，重心在左腿。

要求：移重心时裆走下弧线，左膝不能超越左脚尖，左脚尖外摆，而右脚尖内扣，松胯屈膝，虚领顶劲，双臂与双腿有上下相合之意。须注意，意气向外舒散，催动左手臂前伸；左手平侧掌，平腕不塌腕；右勾手要鼓腕，五指自然下垂，不应紧捏在一起，以保持意气通畅。

劲别：缠丝劲，合劲。

经脉：左掌推出时依手厥阴心包经运行。起于乳头外侧的天池穴，终于手中指尖端中冲穴，共有9个穴位。（图12-24）

图12-24　手厥阴心包经示意图

10. 云手

动作一：接单鞭式最后动作，身体微左转，重心向左移，右手勾变掌顺缠画弧沉至腹前，掌心朝左，左肘下垂，左掌与右掌相合。

要求：双手相合，意气合中。左手向下置于裆前，意在手外侧。上手臂护胸，意在拨开进攻的来力；下手撩裆、护裆，向侧下化发。

劲别：掤劲，缠丝劲。

经脉：右手依手太阳小肠经运行。起于小指外侧末端少泽穴，终于耳屏与下颌关节之间的听宫穴，共有19个穴位。

左腿依足少阴肾经运行。起于足心涌泉穴，终于锁骨下缘的俞府穴，共有27个穴位。（图12-25）

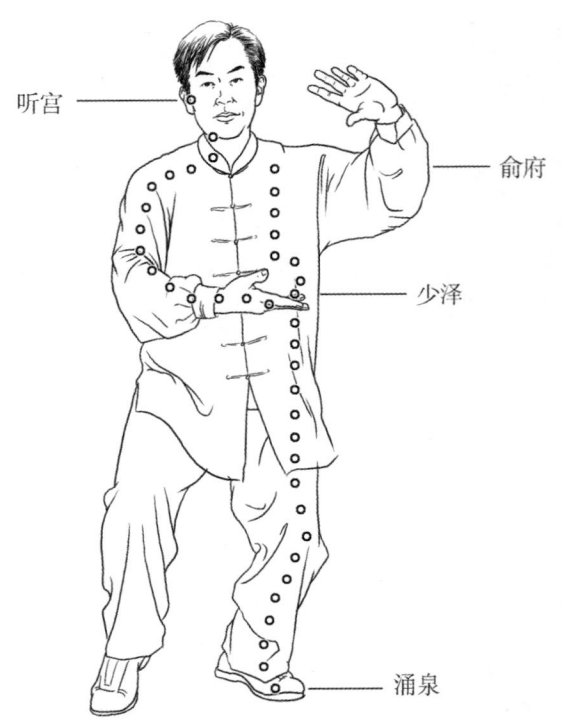

俞府

少泽

涌泉

图12-25　手太阳小肠经、足少阴肾经示意图

　　动作二：身体向右转，重心移右腿，右手缠至眉下外翻上掤，左手画弧下合于腹前，目视左前方。

　　要求：双手相合，意气合中。左手向下置于裆前，意在手外侧。上手臂护胸，意在拨开进攻者之力；下手撩裆、护裆，向侧下化发。

　　劲别：掤劲，缠丝劲。

　　经脉：

　　左臂依手太阳小肠经运行。起于小指外侧末端少泽穴，终于耳屏与下颌关节之间的听宫穴，共有 19 个穴位。

　　右腿依足少阴肾经运行。起于足心涌泉穴，终于锁骨下缘的俞府穴，共有 27 个穴位。（图 12-26）

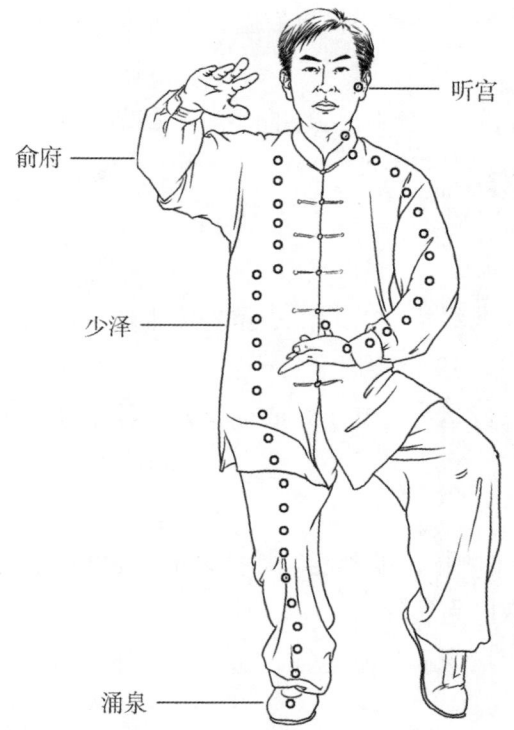

图12-26　手太阳小肠经、足少阴肾经示意图

动作三：身体左转，重心移左腿，左手缠至眉下前方，右手缠至胸腹前，右脚并步在左脚内侧，目视右前方。

要求：双手相合，意气合中。左手向下置于裆前，意在手外侧。上手臂护胸，意在拨开进攻者之力；下手撩裆、护裆，向侧下化发。

劲别：掤劲，缠丝劲。

经脉：依足太阴脾经运行。起于足大趾内侧甲角后的隐白穴，终于腋窝下的大包穴，共有21个穴位（图12-27）。

图12-27　足太阴脾经示意图

动作四： 身体微右转，重心移至右腿，右手向上外翻上挪，左手走下弧里合于腹前，目视左前方。

要求：双手相合，意气合中。左手向下置于裆前，意在手外侧。上手臂护胸，意在拨开进攻的来力；下手撩裆、护裆，向侧下化发。

劲别：挪劲，缠丝劲。

经脉：

右手依手太阳小肠经运行。起于小指外侧末端少泽穴，终于耳屏与下颌关节之间的听宫穴，共有 19 个穴位。

左腿依足少阴肾经运行。起于足心涌泉穴，终于锁骨下缘的俞府穴，共有 27 个穴位。

11. 单鞭

要求：双手旋转时须圆滑，不能有抽扯之形，幅度右手大一些，左手小一些。

劲别：双手、双脚为缠丝劲。

经脉：右臂依手厥阴心包经运行。起于乳头外侧的天池穴，终于手中指尖端中冲穴，共有 9 个穴位。

下肢依足太阳膀胱经运行。起于内眼角睛明穴，终于足小趾外侧甲角后的至阴穴，共有 67 个穴位。

12. 高探马

动作一： 身体左转，重心移左腿，提右腿向前跟半步，右手向上画弧置于耳侧，目视前方。

要求：身法中正不丢。

劲别：缠丝劲，合劲。

经脉：右腿依足少阴肾经运行。起于足心涌泉穴，终于锁骨下缘的俞府穴，共有 27 个穴位（图 12-28）。

俞府

涌泉

图12-28　足少阴肾经示意图

动作二：身体向左转，重心在右腿，右手内转过胸前向前推出，左手收至腹前与脐平，手心向上，目视右前方。

要求：腰带四肢，周身一致。

劲别：合劲，开劲。

经脉：

右手依手厥阴心包经运行。起于乳头外侧旁的天池穴，终于手中指尖端中冲穴，共有 9 个穴位。

右腿依足少阳胆经运行。起始于外眼角瞳子髎穴，终于第 4 足趾外侧端的足窍阴穴，共有 44 个穴位。（图 12-29）

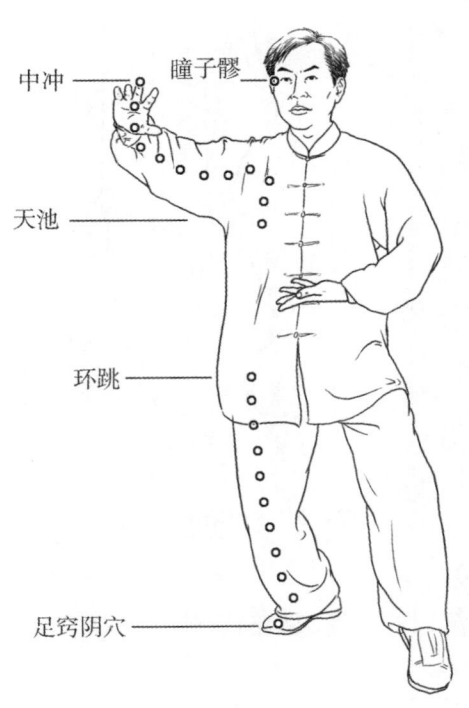

中冲 —— 瞳子髎 ——

天池 ——

环跳 ——

足窍阴穴 ——

图12-29 手厥阴心包经、足少阳胆经示意图

13. 右蹬脚

动作一：身体微左转，左脚踏实，右脚虚，双手画弧交叉相合于胸前后外翻上掤，身体下沉，目视右侧。

要求：全身放松，上下相合，重心稳定。

劲别：掤劲。

经脉：上肢依手太阳小肠经运行。起于小指外侧末端少泽穴，终于耳屏与下颌关节之间的听宫穴，共有 19 个穴位。（图 12-30）

图12-30 手少阳小肠经示意图

动作二：身体下沉，右腿提起蹬向右前方，双手由上而下分开，目视右腿、右手。

要求：左腿支撑重心须稳，双手分开须均匀对称，右脚用后脚掌蹬出，上下相合。注意提腿时脚腕放松，松腰松垮。

劲别：掤劲，合劲。

经脉：

上肢依手厥阴心包经运行。起于乳头外侧旁的天池穴，终于手中指尖端中冲穴，共有 9 个穴位。

下肢依足阳明胃经运行。起于眼眶下缘承泣穴，终于两足趾外侧、指甲后的厉兑穴，共有 45 个穴位。（图 12-31）

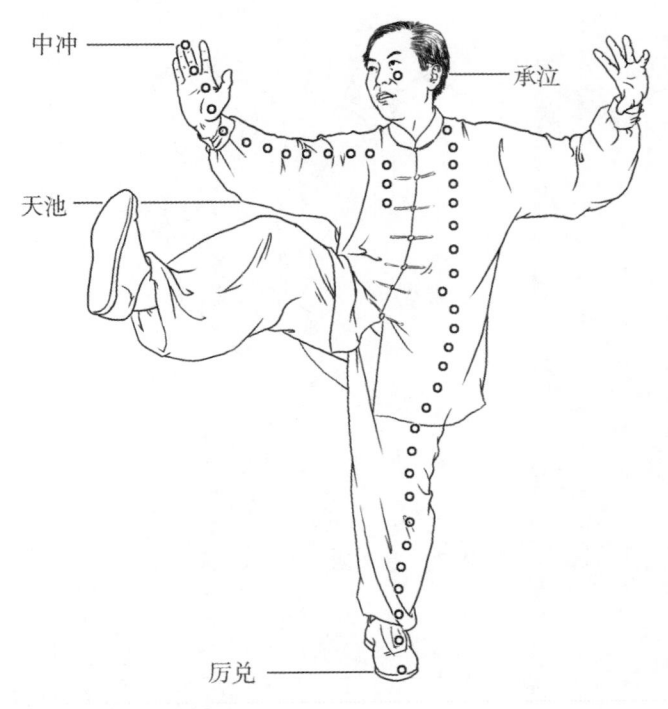

图12-31　手厥阴心包经、足阳明胃经示意图

14. 双峰贯耳

动作一：右脚收回自然下垂，大腿平行于地面；双手从右大腿两侧自然划下，然后右腿落于前侧。

要求：立身中正，重心稳定。

劲别：掤劲，合劲。

丹田呼吸：吸气。

经脉：上肢依手阳明大肠经运行。起于示指桡侧指甲后的商阳穴，终于鼻唇沟中的迎香穴，共有 22 个穴位。（图 12-32）

迎香

商阳

图12-32　手阳明大肠经示意图

动作二：右腿前弓，成右弓步；双掌变拳，向前贯出。

要求：弓步、贯拳同步完成，周身协调一致。注意贯拳时肩须轻沉，不要耸起；两手示指第2关节相对，击打对方双耳或太阳穴。

劲别：掤劲，合劲。

丹田呼吸：呼气。

经脉：上肢依手少阴心经运行。起于腋窝正中的极泉穴，终于小手指桡侧指甲角后的少冲穴，共有9个穴位。（图12-33）

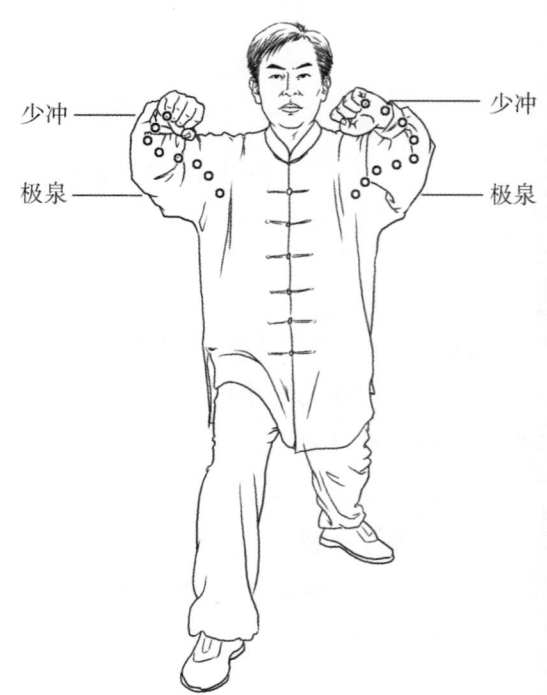

少冲　　　　　　　　　少冲

极泉　　　　　　　　　极泉

图12-33　手少阴心经示意图

15. 转身左蹬脚

转身左蹬脚经脉运行方式和右蹬脚相同，详见上述"13. 右蹬脚"内容。

16. 左下势独立

动作一：收脚勾手，蹲身仆步。

要求：身体下落时重心稳定，左腿仆地灵活，周身协调。须注意，下蹲时上身正直，不要猫腰、倾斜。

劲别：掤劲，合劲。

丹田呼吸：呼气。

经脉：依足太阳膀胱经运行。起于内眼角上的睛明穴，终于足小趾外侧趾甲角后的至阴穴，共有 67 个穴位。（图 12-34）

图12-34　足太阳膀胱经示意图

动作二：穿掌下势，撇脚弓腿。

要求：拧裆、腰，重心走下弧移至左腿，左掌随重心而上，身法中正。须注意，转身、换腰，胸口对准左膝、手指对准鼻尖后再起身，起身时不要猫腰。

丹田呼吸：吸气。

劲别：掤劲，合劲。

经脉：上肢依手太阴肺经运行。起于锁骨外端下方的中府穴，终于示指外侧的少商穴，共有 11 个穴位。（图 12-35）

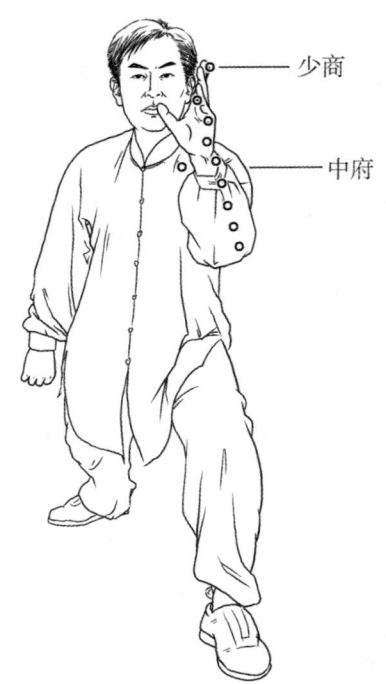

少商

中府

图12-35　手太阴肺经示意图

动作三：扣脚转身，提膝挑掌。

要求：身体须松沉直竖，不要凹胸、猫腰。站立的腿须实中有虚，不要吃力。提起的腿的关节、肌肉均放松，活动自如。脚自然下垂，不要挺绷脚面。

劲别：掤劲，按劲。

丹田呼吸：呼气。

经脉：依足阳明胃经运行。起于眼眶下缘承泣穴，终于两足趾外侧、指甲后的厉兑穴，共有 45 个穴位。（图 12-36）

17. 右下势独立

承泣

厉兑

图12-36　足阳明胃经示意图

右下势独立经脉运行方式和左下势独立相同，详见上述（16.左下势独立）内容。

18. 左右穿梭

动作一：左脚下落成实步，右脚提起置于左脚侧，左顺右逆，双手交叉呈抱球状，左上右下。

要求：立身中正，落脚轻灵，右脚脚尖点地。

劲别：合劲，缠丝劲。

丹田呼吸：吸气。

经脉：

左手依手阳明大肠经运行。起于示指桡侧指甲后商阳穴，终于鼻唇沟中的迎香穴，共有20个穴位。

右手依手太阳小肠经运行。起于小指外侧末端少泽穴，终于耳屏与下颌关节之间的听宫穴，共有19个穴位。（图12-37）

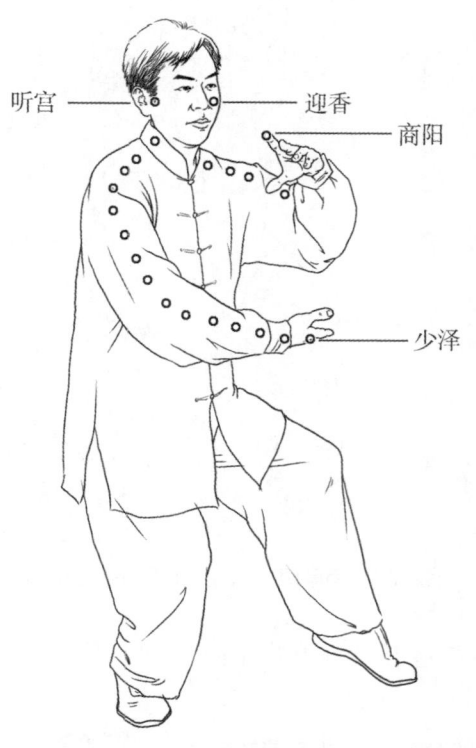

听宫 —— 迎香

商阳

少泽

图12-37　手阳明大肠经、手太阳小肠经示意图

动作二：身体右转，右脚迈出呈右弓步；右手上架，左手前推。

要求：弓步、架推一气呵成，同时完成；右手上架时手臂外旋上升。

劲别：掤劲，挤劲，合劲，缠丝劲。

丹田呼吸：呼气。

经脉：

上肢依手厥阴心包经运行。起于乳头外侧旁的天池穴，终于手中指尖端中冲穴，共有 9 个穴位。

下肢按足厥阴肝经运行。起于足大趾外侧大敦穴，终于乳头下两肋的期门穴，共有 14 个穴位。（图 12-38）

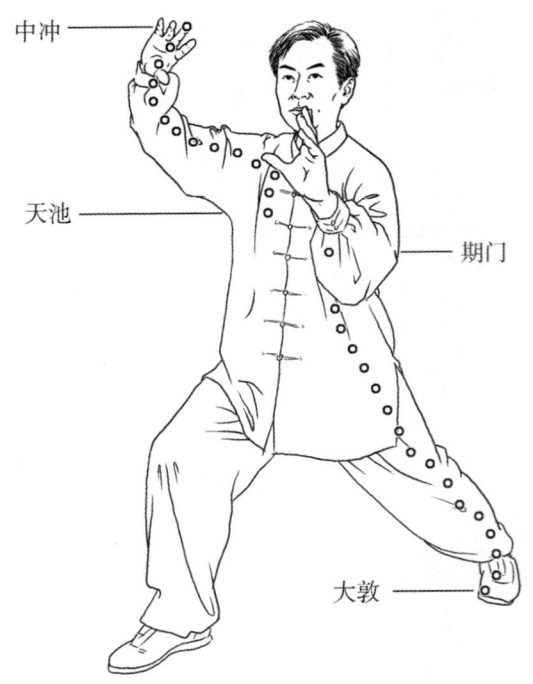

图12-38　手厥阴心包经、足厥阴肝经示意图

（右穿梭与左穿梭经脉运行方式相同）

19. 海底针

动作一：右脚上跟半步，双手下落。

要求：上步轻灵，上下相随。

劲别：按劲。

丹田呼吸：先吸气后呼气。

经脉：依手少阴心经运行。起于腋窝正中的极泉穴，终于手小指桡侧指甲角后的少冲穴，共有 9 个穴位。（图 12-39）

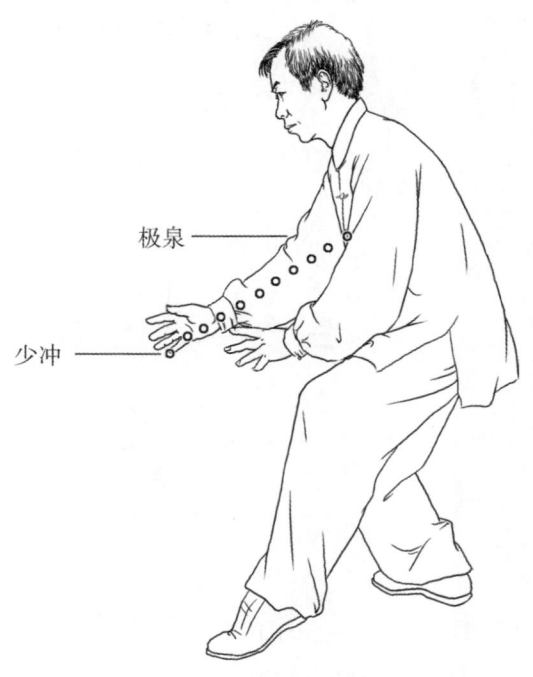

极泉

少冲

图12-39　手少阴心经示意图

动作二：身体微后坐，重心移至右腿，右手弧形上提。

要求：重心稳定，立身中正。

劲别：掤劲，采劲。

丹田呼吸：吸气。

经脉：依手太阴肺经运行。起于锁骨外端下方的中府穴，终于示指外侧的少商穴，共有 11 个穴位。（图 12-40）

少商

中府

图12-40　手太阴肺经示意图

动作三：身体呈左虚步，右掌插向下前方。

要求：弯腰有度，不过分前倾，保持身体平衡；肩关节松活，转动自如，下探的手臂不要用力下垂，以免把肩关节拉僵。

劲别：挤劲。

丹田呼吸：呼气。

经脉：

上肢依手厥阴心包经运行。起于乳头外侧旁的天池穴，终于手中指尖端中冲穴，共有 9 个穴位。

下肢依足少阳胆经运行。起始于外眼角瞳子髎穴，终于第 4 足趾外侧端的足窍阴穴，共有 44 个穴位。（图 12-41）

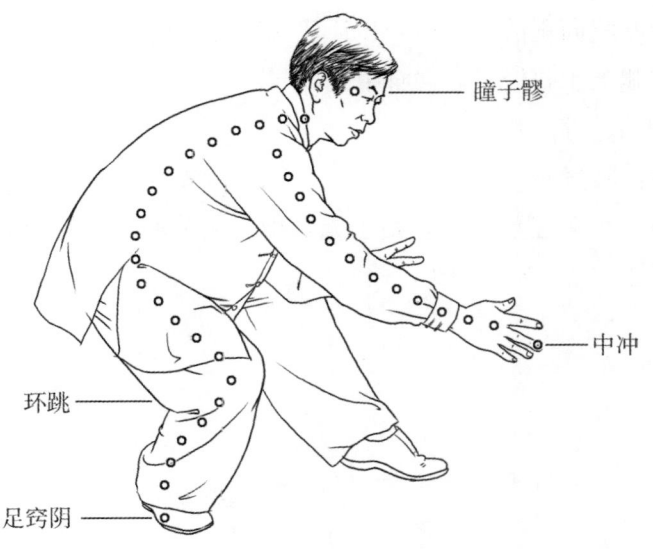

瞳子髎

中冲

环跳

足窍阴

图12-41　手厥阴心包经、足少阳胆经示意图

20. 闪通臂

动作一：身体抬起，随之双臂上举。

要求：身体中正，虚实分明。

劲别：掤劲。

丹田呼吸：吸气。

经脉：依足少阴肾经运行。起于足心涌泉穴，终于锁骨下缘的俞府穴，共有 27 个穴位。（图 12-42）

俞府

涌泉

图12-42　足少阴肾经示意图

277

动作二：左腿向正前方迈出一步，双掌逆缠外翻。

要求：左腿上步要轻灵，立身中正。

劲别：掤劲，缠丝劲。

丹田呼吸：吸气。

经脉：依手少阳三焦经。起始于无名指末端关冲穴，终于眉毛外侧处的丝竹空穴，共有 23 个穴位。（图 12-43）

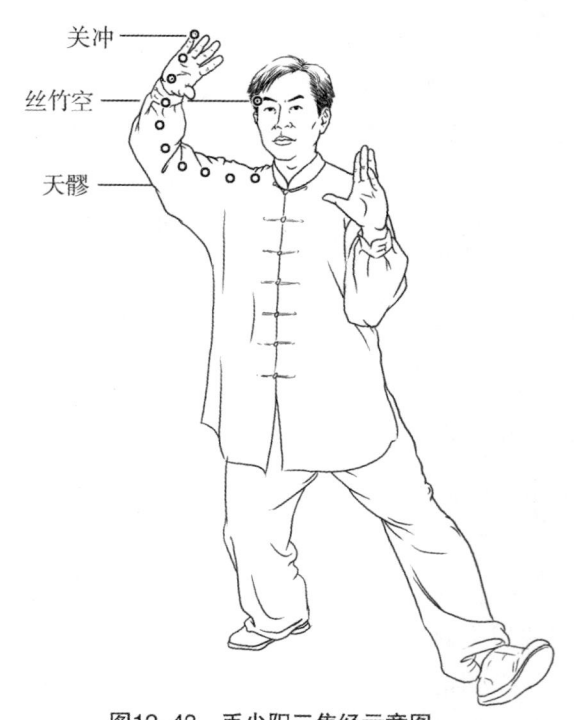

图12-43　手少阳三焦经示意图

动作三：重心由右腿逐渐移到左腿，成右弓步；双手逆缠分开，右手上架，左手前推。

要求：弓步、架推一气呵成，同时完成；右手上架时手臂外旋上升。

劲别：掤劲，挤劲，缠丝劲。

丹田呼吸：呼气。

经脉：

上肢依手厥阴心包经运行。起于乳头外侧旁的天池穴，终于手中指尖端中冲穴，共有 9 个穴位。

下肢依足厥阴肝经运行。起于足大趾外侧大敦穴，终于乳头下两肋的期门穴，共有 14 个穴位。（图 12-44）

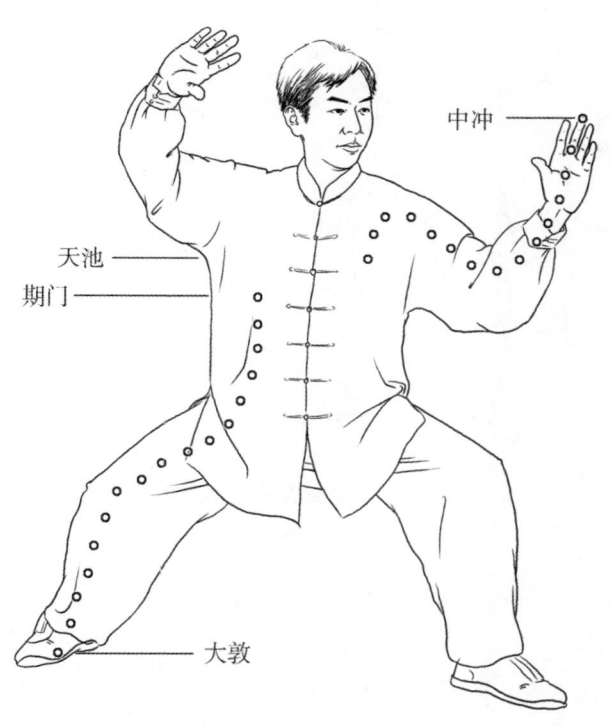

图12-44　手厥阴心包经、足厥阴肝经示意图

21. 转身搬拦捶

动作一：左脚右扣，身体右转，带动双臂弧形旋转；然后，重心完全移至左腿，右脚收回成虚步，右掌变拳置于腹部。

要求：身体旋转时要意气下沉，以保持立身中正，上下相随，内外相合。

劲别：掤劲，捋劲，缠丝劲。

丹田呼吸：先吸气后呼气。

经脉：依足少阴肾经运行。起于足心涌泉穴，终于锁骨下缘的俞府穴，共有 27 个穴位。（图 12-45）

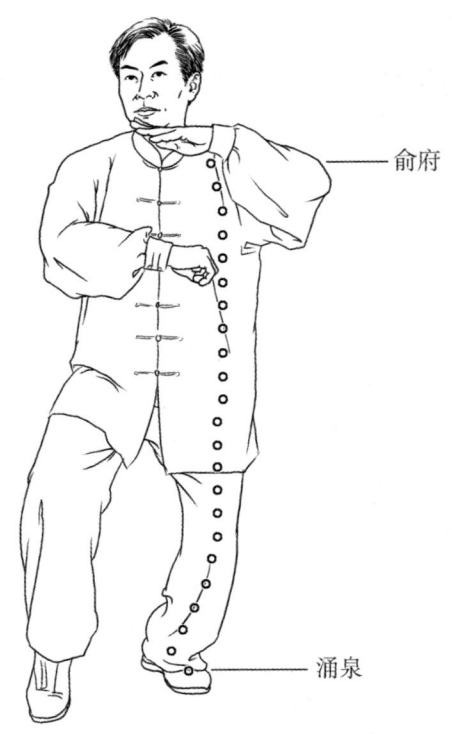

俞府

涌泉

图12-45　足少阴肾经示意图

动作二：身体右转，右腿向斜前方出步，然后，左掌下拦，右腿弓步，右拳弧形向前下搬出。

要求：弓步、下拦、搬拳，一气呵成。出拳时，须拳尖、鼻尖和右脚尖"三尖"相照。

劲别：掤劲，按劲，合劲。

丹田呼吸：先吸气后呼气。

经脉：

右臂依手厥阴心包经运行。起于乳头外侧旁的天池穴，终于手中指尖端中冲穴，共有9个穴位。

下肢依足少阳胆经运行。起于外眼角瞳子髎穴，终于第4足趾外侧端的足窍阴穴，共有44个穴位。（图12-46）

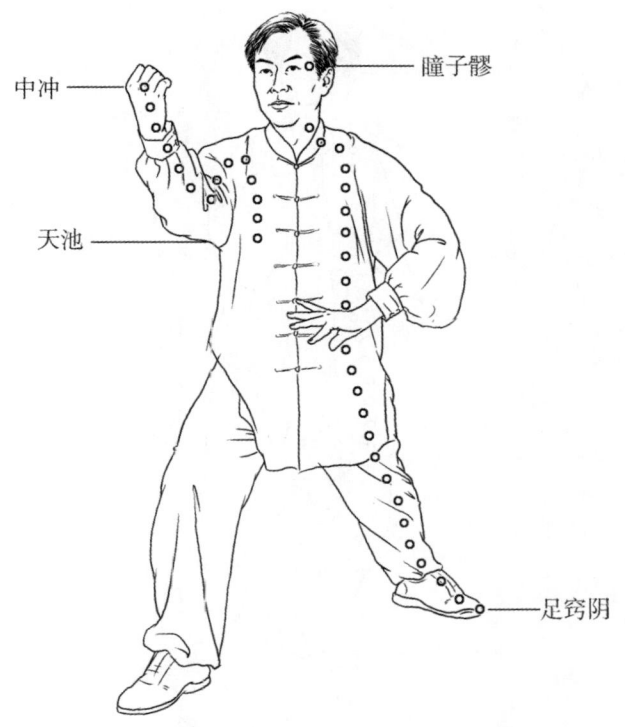

中冲 ——

瞳子髎

天池 ——

—— 足窍阴

图12-46　手厥阴心包经、足少阳胆经示意图

动作三：左脚向前跟步，左掌前拦，右拳回拉。

要求：跟步时屈膝松胯，身体下沉，松肩沉肘；拳掌对拉；手脚相合。

劲别：掤劲，挤劲，合劲。

丹田呼吸：吸气。

经脉：

左臂依手少阴心经运行。起于腋窝正中的极泉穴，终于手小指桡侧指甲角后的少冲穴，共有9个穴位。

下肢依足少阳胆经运行。起于外眼角瞳子髎穴，终于第4足趾外侧端的足窍阴穴，共有44个穴位。（图12-47）

瞳子髎

极泉

足窍阴

图12-47　手少阴心经、足少阳胆经示意图

动作四：左腿上弓，左掌回拉，右拳击出。

要求：弓步、回拉、击拳，一气呵成，同时完成，周身一家。

劲别：合劲。

丹田呼吸：呼气。

经脉：

右臂依手厥阴心包经运行。起于乳头外侧旁的天池穴，终于手中指尖端中冲穴，共有9个穴位。

右腿依足厥阴肝经运行。起于足大趾外侧的大敦穴，终于乳头下两肋的期门穴，共有14个穴位。（图12-48）

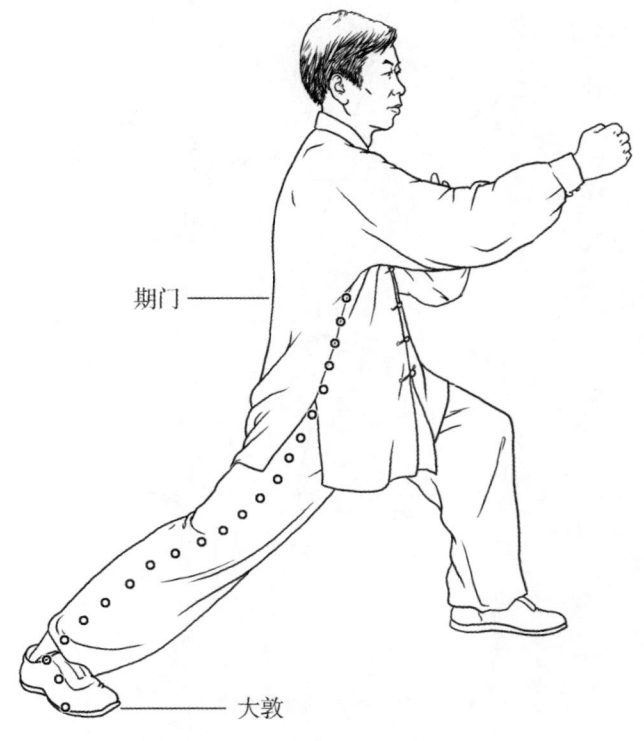

期门 ——

—— 大敦

图12-48　足厥阴肝经示意图

22. 如封似闭

动作一：左手插入右臂下，向前划出，双臂平行时，双掌心翻上。

要求：身体中正，意念下沉。

劲别：掤劲，挤劲。

丹田呼吸：先呼气后吸气。

经脉：依手太阴肺经运行。起于锁骨外端下方的中府穴，终于示指外侧的少商穴，共有 11 个穴位。（图 12-49）

少商

中府

少商

中府

图12-49　手太阴肺经示意图

动作二：身体后坐，双掌下捋。

要求：下捋时含胸垂肘，掤劲不丢。

劲别：捋劲。

丹田呼吸：呼气。

经脉：

上肢依手少阳三焦经运行。起于无名指末端的关冲穴，终于眉毛外侧处的丝竹空穴，共有 23 个穴位。

下肢依足太阳膀胱经运行。起于内眼角睛明穴，终于足小趾外侧甲角后的至阴穴，共有 67 个穴位。（图 12-50）

太极养生的 道与术

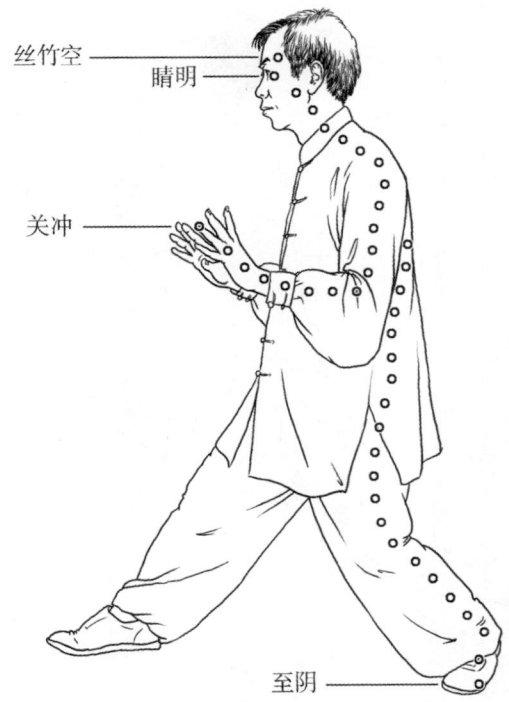

丝竹空 —
睛明 —

关冲 —

至阴 —

图12-50 手少阳三焦经、足太阳膀胱经示意图

动作三：弓步向前按掌。

要求：双手前按时，须塌腰松胯，双手和胸肌形成对拉劲。

劲别：按劲。

丹田呼吸：先吸气后呼气。

经脉：

上肢依手厥阴心包经运行。起于乳头外侧旁的天池穴，终于手中指尖端中冲穴，共有 9 个穴位。

下肢依足厥阴肝经运行。起于足大趾外侧大敦穴，终于乳头下两肋的期门穴，共有 14 个穴位。（图 12-51）

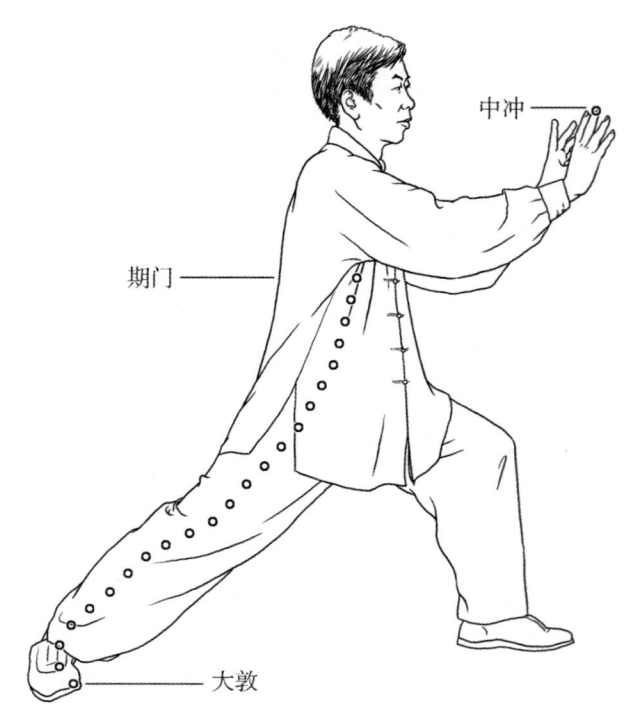

中冲

期门

大敦

图12-51　手厥阴心包经、足厥阴肝经示意图

23. 十字手

动作一：左脚里扣，右脚脚尖、脚掌先后外扣，身体下沉，双手向两侧分开，屈膝、松胯。

要求：松肩沉肘，身体下沉时切勿弯腰。

劲别：掤劲。

丹田呼吸：吸气。

经脉：上肢依手厥阴心包经运行。起于乳头外侧旁的天池穴，终于手中指尖端中冲穴，共有 9 个穴位。（图 12-52）

中冲

天池

图12-52　手厥阴心包经示意图

动作二：右脚收回半步，双手顺缠收回胸前。

要求：松肩沉肘。

劲别：掤劲。

丹田呼吸：先吸气后呼气。

经脉：依手少阴心经运行。起于腋窝正中的极泉穴，终于手小指桡侧指甲角后的少冲穴，共有9个穴位。（图12-53）

24. 收势

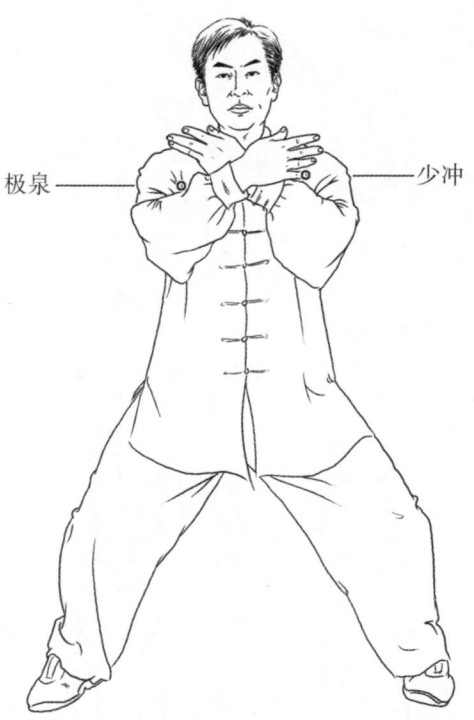

极泉

少冲

图12-53　手少阴心经示意图

动作一：双臂外掤，然后双手分开，顺身体两侧缓缓下按于大腿外侧。

要求：周身放松但双臂掤劲不丢，意形归原。

劲别：掤劲，按劲。

丹田呼吸：先吸气后呼气。

经脉：

上肢按手少阳三焦经运行。起于无名指末端的关冲穴，终于眉毛外侧的丝竹空穴，共有 23 个穴位。

下肢按足阳明胃经运行。起于眼眶下缘承泣穴，终于两足趾外侧、指甲后的厉兑穴，共有 45 个穴位。（图 12-54）

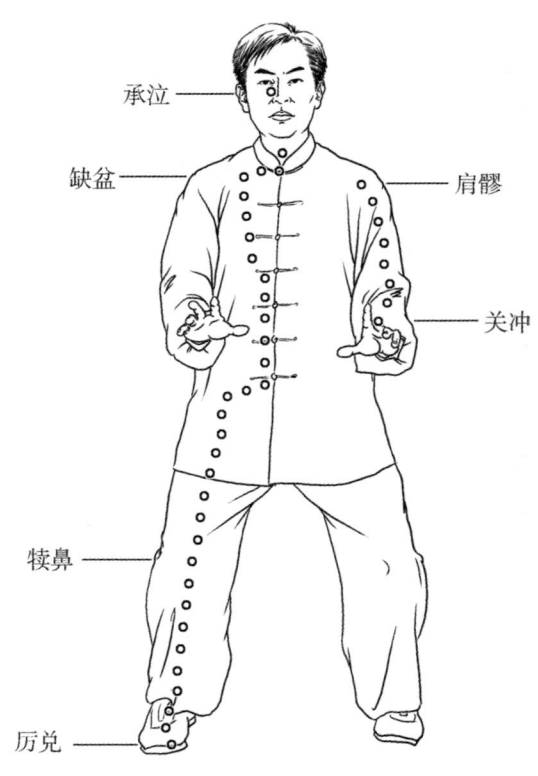

承泣

缺盆

肩髎

关冲

犊鼻

厉兑

图12-54　手少阳三焦经、足阳明胃经示意图

动作二：身体慢慢起立，恢复自然站立状态；左脚收于右脚内侧，双手掌

心朝内贴于大腿外侧，目视前方。

　　要求：心平气和，复归自然。

　　劲别：无。

　　丹田呼吸：气归丹田。

　　经脉：自然运行。（图 12-55）

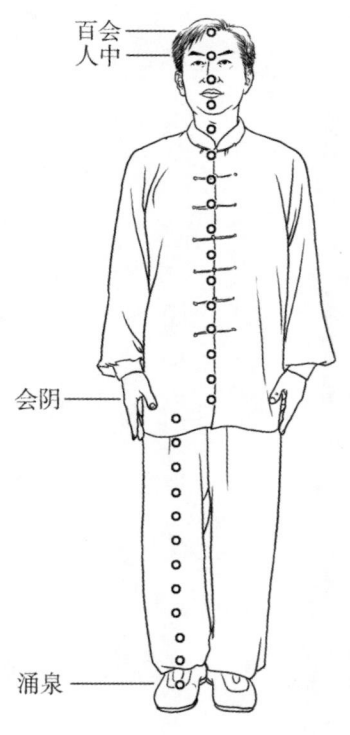

百会——
人中——

会阴——

涌泉——

图12-55